# PRINCIPES DE MACROÉCONOMIE

## GUIDE DE L'ÉTUDIANT

**Marc Prud'homme**
Université d'Ottawa

**Peter Fortura**
Algonquin College

**Shahram Manouchehri**
Grant MacEwan College

N. Gregory Mankiw
Harvard University

Germain Belzile
HEC Montréal

Benoît Pépin
HEC Montréal

MODULO

*Principes de macroéconomie. Guide de l'étudiant* est la traduction et l'adaptation de *Study Guide for use with Principles of Macroeconomics*, Fourth Canadian Edition de Peter Fortura et Shahram Manouchehri. © 2008, Nelson Education. Tous droits réservés. Traduit de l'anglais avec la permission de Nelson Education.

Nous reconnaissons l'aide financière du gouvernement du Canada par l'entremise du Programme d'aide au développement de l'Industrie de l'édition (PADIÉ) pour nos activités d'édition.

**Catalogage avant publication de Bibliothèque et Archives nationales du Québec et Bibliothèque et Archives Canada**

Prud'homme, Marc

    Principes de macroéconomie. Guide de l'étudiant

    Traduction et adaptation de: Study guide for use with Principles of macroeconomics, fourth Canadian edition.

    ISBN   978-2-89650-184-7

    1. Macroéconomie - Problèmes et exercices.   I. Fortura, Peter.   II. Manouchehri, Shahram, 1950-  .   III. Titre.

HB172.5.P74414 2009 Suppl.        339        C2009-941974-2

**Équipe de production**

**Éditrice:** Bianca Lam
**Chargée de projet:** Suzanne Champagne
**Correction d'épreuves:** Joëlle Bouchard, Renée Théorêt
**Montage:** Interscript, une division de Dynagram
**Maquette et coordination de la mise en pages:** Nathalie Ménard
**Couverture:** Julie Bruneau

**MODULO**

*Groupe Modulo est membre de l'Association nationale des éditeurs de livres.*

**Principes de macroéconomie. Guide de l'étudiant**

© Groupe Modulo, 2010
233, avenue Dunbar
Mont-Royal (Québec) H3P 2H4
CANADA
Téléphone : 514 738-9818 / 1 888 738-9818
Télécopieur : 514 738-5838 / 1 888 273-5247
Site Internet : www.groupemodulo.com

Dépôt légal — Bibliothèque et Archives nationales du Québec, 2009
Bibliothèque et Archives Canada, 2009
ISBN 978-2-89650-184-7

Imprimé au Canada
  2 3 4 5   13 12 11 10

# PRÉFACE

**On doit agir pour apprendre ; car on peut bien croire qu'on sait, mais on ne peut en être sûr qu'après avoir agi.**

SOPHOCLE

Les sciences économiques représentent un mode de pensée. Elles offrent une gamme de moyens facilitant la résolution de problèmes et la prise de décisions. Vous croyez peut-être qu'il suffit d'assister à des conférences ou de recourir au bon sens pour bien comprendre les sciences économiques ? Détrompez-vous : l'apprentissage du fonctionnement de l'économie exige une participation active des étudiants. Il faut donc répondre à diverses questions, puis examiner tant les faits sous-tendant les bonnes réponses que les raisonnements aboutissant à des réponses incorrectes.

Ce *Guide de l'étudiant* accompagne le manuel intitulé *Principes de macroéconomie*. Il a été rédigé à votre intention. Il servira de complément à la matière du manuel et à l'enseignement de votre professeur, et facilitera votre étude.

## Les objectifs et la structure du *Guide de l'étudiant*

Le *Guide de l'étudiant* comporte trois grands objectifs. D'abord, il vise à étoffer le manuel qu'il accompagne et à faciliter votre compréhension des notions d'économie qui y sont exposées. Ensuite, il vous offre la possibilité de recourir aux théories et aux outils économiques pour résoudre des problèmes économiques bien réels : c'est justement ce que signifie l'apprentissage par la pratique ! Enfin, il propose des questions et des problèmes qui vous permettront de confirmer la matière bien acquise et de repérer les éléments moins bien compris qui devront faire l'objet d'une étude plus poussée.

Chaque chapitre du guide correspond à un chapitre du manuel et comprend les sections suivantes.

*Aperçu du chapitre.* Cette section décrit d'abord l'objectif principal du chapitre et précise la place qu'occupe ce dernier dans le cadre général du manuel. Il comporte également des indications utiles pour orienter la réflexion des étudiants en vue de mieux comprendre la matière traitée.

*Exercices d'autorévision.* Cette section comprend d'abord des questions de type «vrai ou faux» et des questions à choix multiple. Ces questions offrent un rappel utile de la matière à étudier en vue d'un examen, notamment pour les étudiants qui prendront le temps d'analyser les réponses. La section propose ensuite des questions à réponse brève et des problèmes pratiques, qui constituent des applications et d'importants prolongements de la matière traitée dans le manuel. La section se termine par un problème plus difficile dont la solution fait appel aux principes et aux outils économiques présentés dans le chapitre, ainsi qu'à la pensée critique des étudiants.

*Solutions.* Cette section donne les réponses aux questions et aux problèmes. Elle offre également des explications concernant les réponses incorrectes aux questions de type «vrai ou faux».

## L'utilisation du *Guide de l'étudiant*

Aucun guide de l'étudiant ne saurait remplacer un manuel. Le présent *Guide de l'étudiant* est un complément, et non un substitut, du manuel *Principes de macroéconomie*. L'utilisation optimale d'un guide n'est pas la même pour tous. La plupart des étudiants préfèrent toutefois lire un chapitre complet du manuel, puis consulter la section correspondante du guide, afin de mieux repérer la matière bien comprise et celle à étudier davantage.

Les questions à choix multiple sont généralement celles qui se retrouvent le plus souvent dans un examen. Beaucoup d'étudiants éprouvent des difficultés à répondre à de telles questions parce que certaines des réponses proposées diffèrent parfois très peu l'une de l'autre. Les étudiants devraient donc se préparer en conséquence pour atténuer ces difficultés. Voici quelques suggestions pratiques à cette fin : lisez très attentivement chaque question et chacune des réponses proposées ; éliminez immédiatement toute réponse manifestement incorrecte ; et souvenez-vous que la bonne réponse ne saute pas toujours aux yeux, car la plupart des questions vous obligeront à analyser d'abord les données numériques et graphiques qui y figurent.

# TABLE DES MATIÈRES

**Partie 1 : Introduction**

Chapitre 1 : Dix principes d'économie . . . . . . . . . . . . . . . . . . . . . . . . . . . . . . . . . . . . . . . . . . . 1

Chapitre 2 : Penser comme un économiste . . . . . . . . . . . . . . . . . . . . . . . . . . . . . . . . . . . 13

Chapitre 3 : L'interdépendance et les gains tirés de l'échange . . . . . . . . . . . . . . . . . . . 33

Chapitre 4 : Les forces du marché : l'offre et la demande . . . . . . . . . . . . . . . . . . . . . . . 51

**Partie 2 : Les données de la macroéconomie**

Chapitre 5 : Le revenu d'un pays . . . . . . . . . . . . . . . . . . . . . . . . . . . . . . . . . . . . . . . . . . . 63

Chapitre 6 : La mesure du coût de la vie . . . . . . . . . . . . . . . . . . . . . . . . . . . . . . . . . . . . 77

**Partie 3 : L'économie réelle à long terme**

Chapitre 7 : La production et la croissance . . . . . . . . . . . . . . . . . . . . . . . . . . . . . . . . . 89

Chapitre 8 : L'épargne, l'investissement et le système financier . . . . . . . . . . . . . . . . . 99

Chapitre 9 : Le chômage et son taux naturel . . . . . . . . . . . . . . . . . . . . . . . . . . . . . . . 113

**Partie 4 : La monnaie et les prix à long terme**

Chapitre 10 : Le système monétaire . . . . . . . . . . . . . . . . . . . . . . . . . . . . . . . . . . . . . . . 125

Chapitre 11 : La croissance monétaire et l'inflation . . . . . . . . . . . . . . . . . . . . . . . . . . 137

**Partie 5 : Les principes macroéconomiques des économies ouvertes**

Chapitre 12 : Les principes macroéconomiques des économies ouvertes . . . . . . . . . . 151

Chapitre 13 : Une théorie macroéconomique de l'économie ouverte . . . . . . . . . . . . . 163

**Partie 6 : Les fluctuations économiques à court terme**

Chapitre 14 : L'offre et la demande agrégées . . . . . . . . . . . . . . . . . . . . . . . . . . . . . . . 177

Chapitre 15 : Les impacts des politiques monétaire et budgétaire sur
la demande agrégée . . . . . . . . . . . . . . . . . . . . . . . . . . . . . . . . . . . . . . . . . . . . . . . . . . . . . 191

Chapitre 16 : L'arbitrage à court terme entre l'inflation et le chômage . . . . . . . . . . . 205

**Partie 7 : En dernière analyse**

Chapitre 17 : Les outils de la finance . . . . . . . . . . . . . . . . . . . . . . . . . . . . . . . . . . . . . . 219

Chapitre 18 : Cinq controverses sur la politique macroéconomique . . . . . . . . . . . . . 233

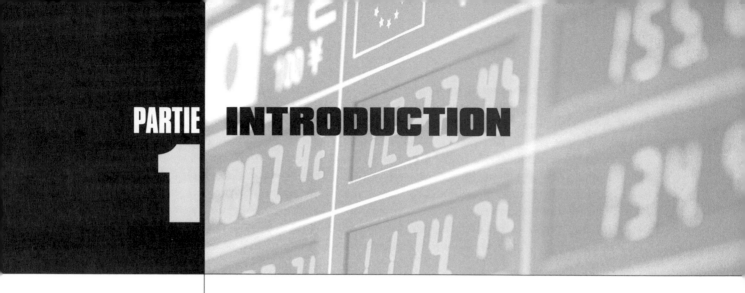

## CHAPITRE 1

# DIX PRINCIPES D'ÉCONOMIE

## APERÇU DU CHAPITRE

### Contexte et objectif

Le chapitre 1 ouvre l'introduction du manuel *Principes de macroéconomie*. Il présente les dix principes fondamentaux sur lesquels se fonde l'étude de l'économie. Le reste du manuel expose les diverses applications de ces dix principes. Le chapitre 2 décrit la façon dont les économistes abordent la résolution des problèmes propres à leur champ d'étude. Le chapitre 3 traite des avantages que le commerce procure aux individus et aux pays. Quant au chapitre 4, il décrit ce que sont l'offre et la demande, et montre en quoi leurs interactions déterminent les prix et les quantités des biens et des services.

L'objectif du chapitre 1 consiste à définir les dix principes d'économie formant l'assise du manuel. Ces dix principes peuvent être répartis en trois grandes catégories : la prise de décisions par les individus, les interactions des individus et le fonctionnement de l'économie dans son ensemble. Des renvois à ces dix principes sont présents tout au long du manuel.

### Indications utiles

1. ***Pratiquez la mise en situation.*** La plupart des situations décrites dans le manuel mettent en scène différents acteurs économiques : acheteurs et vendeurs, prêteurs et emprunteurs, entreprises et travailleurs, etc. Lorsqu'on vous demande de prévoir la réaction d'un acteur économique en présence d'un incitatif, imaginez ce que vous feriez si vous étiez l'acheteur ou le vendeur, le prêteur ou l'emprunteur, le producteur ou le consommateur en question. Ne vous représentez pas uniquement sous les traits de l'acheteur (c'est la tendance habituelle…) ou du vendeur. Vous allez constater qu'un tel jeu de rôle vous amènera souvent à formuler la bonne réponse, dès lors que vous aurez appris à penser comme un économiste, ce qui est précisément l'objet du prochain chapitre.

2. ***Le commerce n'est pas un jeu à somme nulle.*** Certains individus estiment que tout échange ne peut que produire des gagnants et des perdants. Leur conception du commerce se résume ainsi: si, après une vente, le vendeur est heureux du résultat, l'acheteur doit en être déçu, parce que le vendeur a dû soutirer quelque chose à l'acheteur. En d'autres termes, ces individus considèrent le commerce comme un jeu à somme nulle dans lequel le gain d'un des deux joueurs résulte forcément de la perte de l'autre joueur. Ils ne comprennent pas que les deux parties tirent avantage d'une transaction volontaire, car chacune d'elles peut se spécialiser dans le domaine où elle maximise l'efficience de sa production, puis échanger une partie de celle-ci contre des biens que d'autres produisent de manière plus efficiente qu'elle-même. Personne ne subit une perte, parce que le commerce est volontaire. C'est pourquoi une politique gouvernementale qui restreint le commerce amoindrit les gains pouvant en découler.

3. ***Une externalité peut être positive.*** Parce que la pollution constitue l'exemple classique d'une externalité, on se représente souvent celle-ci comme un coût imposé aux citoyens. Or, une externalité peut aussi être positive si elle procure un bienfait à ces mêmes citoyens. Par exemple, la scolarisation est fréquemment évoquée en tant que produit engendrant une externalité positive, parce que lorsque votre voisine poursuit ses études, elle est susceptible de devenir plus raisonnable, plus fiable, plus productive et mieux informée en matière de politique. Bref, c'est une meilleure voisine. Tout autant que les externalités négatives, les externalités positives peuvent motiver une intervention gouvernementale favorisant l'efficience.

# EXERCICES D'AUTORÉVISION

## Questions de type « vrai ou faux »

_____ 1. Lorsque le gouvernement redistribue les revenus en haussant d'une part, l'impôt perçu auprès des riches et, d'autre part, l'aide sociale versée aux pauvres, l'économie devient plus efficiente.

_____ 2. Lorsque les économistes affirment «on n'a rien pour rien», ils veulent dire que toutes les décisions économiques comportent des arbitrages.

_____ 3. Le concept de main invisible énoncé par Adam Smith signifie que les entreprises fouillent dans les poches des consommateurs comme si elles disposaient d'une main invisible.

_____ 4. Les individus rationnels vont toujours adopter les comportements qui maximisent leurs chances d'atteindre leurs objectifs.

_____ 5. Le Canada tirerait avantage de l'imposition de barrières commerciales aux pays asiatiques, parce qu'il devrait alors produire lui-même plus de voitures et plus de vêtements.

_____ 6. Le bruit ambiant qu'émet un avion en vol peut être considéré comme une externalité.

_____ 7. L'imposition d'une taxe sur la bière constitue un incitatif amenant les individus à accroître leur consommation de bière.

_____ 8. Un incitatif est un facteur qui amène un individu à agir.

_____ 9. Sylvie est plus rapide pour faire le ménage, tandis que Bernard est plus habile pour préparer les repas. Si Bernard se spécialise dans les tâches en cuisine et que Sylvie se spécialise dans les tâches ménagères, le ménage de la maison et la préparation des repas vont nécessiter moins d'heures de travail que s'ils se partageaient également l'ensemble de ces tâches.

_____ 10. Une inflation forte et persistante résulte souvent d'une croissance modérée de l'offre de monnaie dans l'économie.

_____ 11. À court terme, une diminution de l'inflation entraîne généralement une baisse du chômage.

_____ 12. Un fabricant d'automobiles devrait toujours s'efforcer de produire plus de voitures tant que l'entreprise est rentable, même si le coût de production des unités additionnelles est supérieur aux recettes que le fabricant touche pour ces unités.

_____ 13. Les agriculteurs vont bénéficier de l'économie de marché tant que seront maintenus les droits de propriété.

_____ 14. Pour un étudiant, le coût de renonciation de sa présence à une partie de basket-ball comprend le prix d'achat du billet pour la partie ainsi que la valeur du temps d'étude qu'il aurait pu consacrer à la préparation de son examen du lendemain.

_____ 15. Le niveau de vie relativement élevé dont jouissent les travailleurs canadiens résulte du fait que le salaire minimum au Canada est supérieur à la moyenne dans le reste du monde.

## Questions à choix multiple

1. Laquelle des actions suivantes comporte un arbitrage ?
    A. Acheter une voiture.
    B. Faire des études universitaires.
    C. Regarder une partie de hockey le samedi soir.
    D. Faire une sieste.
    E. Toutes ces actions comportent un arbitrage.

2. Les arbitrages sont inévitables parce que les besoins sont illimités et que les ressources sont :
    A. efficientes.
    B. économiques.
    C. rares.
    D. illimitées.
    E. marginales.

3. L'économie est l'étude des moyens :
    A. permettant de pleinement satisfaire nos besoins illimités.
    B. qu'utilise la société pour gérer ses ressources rares.
    C. permettant de réduire nos besoins jusqu'à ce que nous soyons satisfaits.
    D. permettant d'éviter de faire des arbitrages.
    E. qu'utilise la société pour gérer ses ressources illimitées.

4. Une personne rationnelle n'entreprendra une action que si :
    A. cette action lui rapporte un revenu.
    B. cette action a un caractère éthique.
    C. cette action comporte un coût marginal supérieur à son bénéfice marginal.
    D. cette action comporte un bénéfice marginal supérieur à son coût marginal.
    E. Aucune de ces réponses.

5. Une hausse des impôts et des prestations sociales :
    A. démontre qu'il existe des choses gratuites.
    B. amoindrit le pouvoir de marché.
    C. accentue l'efficience au détriment de l'équité.
    D. accentue l'équité au détriment de l'efficience.
    E. Aucune de ces réponses.

6. Supposons que vous avez eu la chance de trouver un billet de 20 $. Si vous décidez d'acheter un billet **pour assister à une partie de hockey**, alors le coût de renonciation de votre décision est :
    A. nul, parce que vous avez trouvé ces 20 $.
    B. de 20 $ (parce que vous auriez pu acheter d'autres choses avec ces 20 $).
    C. de 20 $ (parce que vous auriez pu acheter d'autres choses avec ces 20 $), plus la valeur du temps que vous allez consacrer à regarder la partie.

D. de 20 $ (parce que vous auriez pu acheter d'autres choses avec ces 20 $), plus la valeur du temps que vous allez consacrer à regarder la partie, plus le coût du repas que vous allez prendre durant la partie.

E. Aucune de ces réponses.

7. Le commerce extérieur :

A. permet à un pays d'avoir accès à des produits plus variés et moins coûteux que s'il tentait de tout produire lui-même.

B. permet à un pays d'éviter les arbitrages.

C. rend un pays plus équitable.

D. accentue la rareté des ressources.

E. Aucune de ces réponses.

8. Puisque les individus réagissent aux incitatifs, si le salaire des comptables était deux fois plus élevé que celui des enseignants, on s'attendrait à ce que :

A. les étudiants délaissent les programmes d'enseignement en faveur des programmes de comptabilité.

B. les étudiants délaissent les programmes de comptabilité en faveur des programmes d'enseignement.

C. moins d'étudiants fréquentent l'université.

D. Aucune de ces réponses.

9. Laquelle des activités suivantes est la plus susceptible de produire une externalité ?

A. Un étudiant regarde la télévision à la maison.

B. Une étudiante organise une petite fête dans sa chambre de la résidence des étudiants.

C. Une étudiante lit un roman par plaisir.

D. Un étudiant mange un sandwich dans la cafétéria de l'université.

10. Lequel des produits suivants est le moins susceptible de produire une externalité ?

A. Des cigarettes.

B. Une chaîne audiovisuelle domestique.

C. Des vaccins.

D. La fréquentation scolaire.

E. Des aliments.

11. Laquelle des situations suivantes illustre un fort pouvoir de marché ?

A. L'influence d'un agriculteur sur le prix du maïs.

B. L'influence de Honda sur le prix des voitures.

C. L'influence de Microsoft sur le prix des systèmes d'exploitation des ordinateurs de bureau.

D. L'influence d'un étudiant sur les droits de scolarité à l'université.

12. Laquelle des affirmations suivantes sur une économie de marché est vraie ?

A. Les participants au marché agissent comme s'ils étaient orientés par une main invisible pour prendre des décisions qui maximisent le bien-être collectif.

B. Les impôts et les taxes contribuent à ce que les prix révèlent, à l'intention des producteurs et des consommateurs, l'ampleur des coûts et des bénéfices.

C. S'ils disposaient d'un ordinateur assez puissant, des planificateurs pourraient rendre la production plus efficiente que ne le feraient des marchés libres.

D. La force d'un système de marché réside dans sa tendance à répartir également entre les consommateurs l'ensemble des biens et services produits.

13. Selon le concept de « main invisible » tel que l'a décrit Adam Smith,

    A. le gouvernement agit discrètement pour assurer le fonctionnement efficient d'une économie de marché.

    B. les individus qui se soucient du bien public vont favoriser d'une manière presque invisible un accroissement du bien-être collectif.

    C. les marchés fonctionnent même en l'absence de droits de propriété.

    D. de nombreux vendeurs et acheteurs agissant strictement pour leur propre intérêt peuvent favoriser le bien-être économique général sans même s'en apercevoir.

    E. Toutes ces réponses sont bonnes.

14. Les travailleurs canadiens bénéficient d'un niveau de vie plus élevé que dans la plupart des autres pays parce que :

    A. les syndicats canadiens ont obtenu de très fortes augmentations de salaire pour leurs membres.

    B. les gouvernements ont mis en œuvre des politiques protectionnistes qui ont placé les industries canadiennes à l'abri de la concurrence étrangère.

    C. les provinces canadiennes offrent, en moyenne, un salaire minimum plus élevé que dans le reste du monde.

    D. les travailleurs canadiens sont, en moyenne, très productifs.

    E. Aucune de ces réponses.

15. Lorsque l'inflation est forte et persistante, c'est parce que :

    A. les syndicats ont exigé et obtenu pour leurs membres des augmentations de salaire plus élevées que ce qu'ont reçu les travailleurs non syndiqués.

    B. l'OPEP a haussé le prix du pétrole au-dessus de son prix d'équilibre.

    C. les banques centrales ont fait augmenter l'offre de monnaie trop rapidement.

    D. les lois et les règlements antipollution imposés aux fabricants entraînent une trop forte augmentation des coûts de production.

16. À court terme,

    A. une hausse de l'inflation engendre une hausse temporaire du chômage.

    B. une baisse de l'inflation engendre une hausse temporaire du chômage.

    C. il n'y pas de corrélation entre l'inflation et le chômage.

    D. Aucune de ces réponses.

17. Une hausse du prix du bœuf est un signal :

    A. invitant les consommateurs à acheter plus de bœuf.

    B. invitant les consommateurs à acheter moins de porc.

    C. invitant les producteurs à produire plus de bœuf.

    D. inexistant, parce que les prix, dans un système de marché, sont établis par des commissions de planification.

18. À la suite d'une étude de marché ayant déterminé que les ventes de hot-dogs au cours du prochain mois s'élèveraient à 2000 $, vous avez dépensé 1000 $ jusqu'à maintenant pour la construction d'un kiosque de vente de hot-dogs. Au moment où s'achève la construction de votre kiosque, on publie une évaluation révisée des ventes qui n'est maintenant plus que de 800 $. Compte tenu de cette nouvelle évaluation et du fait que des dépenses de 300 $ seraient nécessaires pour parachever le kiosque, devriez-vous mener à terme la construction de votre kiosque ?

    A. Oui.

    B. Non.

    C. L'information donnée est insuffisante pour qu'il soit possible de répondre à cette question.

19. À propos de la question 18, votre décision devrait découler de l'application de la règle suivante : la construction du kiosque de hot-dogs doit être menée à terme à condition que les coûts de parachèvement soient inférieurs à :

A. 100 $.

B. 300 $.

C. 500 $.

D. 800 $.

E. Aucune de ces réponses.

20. Lequel des éléments suivants ne fait pas partie du coût de renonciation de vos vacances ?

A. La somme d'argent que vous auriez gagnée si vous aviez travaillé au lieu de prendre des vacances.

B. La somme d'argent que vous avez consacrée à votre alimentation.

C. La somme d'argent que vous avez consacrée à l'achat de votre billet d'avion.

D. La somme d'argent que vous avez consacrée à l'achat d'un billet pour un spectacle sur Broadway.

21. La productivité peut être accrue au moyen :

A. d'une hausse du salaire minimum.

B. d'une hausse des salaires des travailleurs syndiqués.

C. d'une hausse de la scolarisation des travailleurs.

D. de restrictions imposées au commerce extérieur.

## Questions à réponse brève

1. L'air est-il rare ? L'air pur est-il rare ? _____

_____

_____

2. Quel est le coût de renonciation que comporte l'épargne d'une partie de votre salaire ? _____

_____

_____

3. Pourquoi faut-il faire un arbitrage entre l'équité et l'efficience ? _____

_____

_____

4. Contrairement aux diamants, l'eau est un élément nécessaire à la vie. Le bénéfice marginal issu de la consommation d'un verre d'eau additionnel est-il supérieur au bénéfice marginal tiré de l'acquisition d'un diamant additionnel d'un carat ? Expliquez pourquoi. _____

_____

_____

5. Votre voiture nécessite une mise au point. Vous avez déjà déboursé 800 $ pour faire réparer la transmission, mais la mise au point n'est pas terminée. Si vous vendiez votre voiture dans son état actuel, vous pourriez en obtenir 2000 $. Si la mise au point était terminée, vous pourriez alors en obtenir

2500 $. Les dernières réparations nécessaires pour achever la mise au point sont évaluées à 300 $. Cette dépense supplémentaire de 300 $ peut-elle se justifier sur le plan économique ? Expliquez pourquoi.

_____

_____

6. À votre avis, pourquoi, après l'ajout de coussins de sécurité gonflables dans les voitures, la baisse du nombre de décès dans des accidents de la circulation n'a-t-elle pas été aussi importante que ce qui avait été initialement prévu ? _____

_____

_____

7. Supposons qu'un pays a certains avantages pour la culture de produits agricoles (parce qu'il compte sur de plus grandes terres fertiles et sur des agriculteurs plus efficients), tandis qu'un autre pays possède d'autres avantages pour la production de biens manufacturés (parce qu'il dispose d'un meilleur système scolaire et d'un plus grand nombre d'ingénieurs). Si chaque pays concentrait sa production dans son domaine de spécialisation et pratiquait le commerce pour obtenir les autres produits qui lui sont nécessaires, la production totale serait-elle plus forte ou plus faible que si chaque pays s'efforçait de produire lui-même tous ses produits agricoles et ses biens manufacturés ? Expliquez pourquoi.

_____

_____

_____

_____

8. Dans _Recherches sur la nature et les causes de la richesse des nations_, Adam Smith a affirmé ceci : « Ce n'est pas en raison de la générosité du boulanger que vous recevez du pain. » À votre avis, que voulait-il dire ? _____

_____

_____

9. Si une société accroît son épargne et consacre les sommes ainsi dégagées à l'achat de biens d'équipement additionnels, alors la productivité augmentera et le niveau de vie s'élèvera par la suite. Quel est le coût de renonciation de cette future hausse du niveau de vie ? _____

_____

_____

10. Si le gouvernement faisait rapidement doubler la quantité de monnaie en circulation, en quoi cela aurait-il une incidence sur le niveau des prix dans l'économie ? _____

_____

_____

11. Une société a pour objectif la répartition équitable des ressources. Comment procéderiez-vous à la répartition des ressources si tous les membres de la société étaient aussi talentueux et travaillaient aussi fort les uns que les autres ? Que feriez-vous si les différents membres de cette société possédaient des talents différents et que certains travaillaient plus fort que d'autres ? _____

_____

_____

12. Pourquoi les droits de propriété sont-ils importants dans une économie de marché ? _____

_____

_____

## Problèmes pratiques

1. Les individus réagissent aux incitatifs. Les gouvernements peuvent modifier les incitatifs et, par conséquent, le comportement des individus au moyen de politiques publiques. Cependant, il arrive parfois qu'une politique publique ait des conséquences n'ayant pas été initialement prévues.

   Tentez de déterminer une conséquence imprévue de chacune des politiques publiques suivantes.

   a) Pour aider les travailleurs à faible revenu, le gouvernement augmente le salaire minimum à 25 $ l'heure. _____

   _____

   _____

   b) Pour aider les sans-abri, le gouvernement instaure un contrôle des loyers pour les logements locatifs. Les loyers ne peuvent dorénavant être supérieurs à 100 $ par mois. _____

   _____

   _____

   c) Pour restreindre la consommation d'essence, le gouvernement hausse de 2 $ le litre la taxe sur l'essence. _____

   _____

   _____

   d) Pour réduire la consommation de drogues illégales, le gouvernement accroît les effectifs policiers chargés de repérer les revendeurs de drogues. _____

   _____

   _____

   e) Pour faire augmenter la population de loups, le gouvernement interdit de les tuer. _____

   _____

   _____

   _____

2. Le coût de renonciation représente ce à quoi on doit renoncer pour obtenir quelque chose. Puisqu'il n'y a rien de gratuit, à quoi faudrait-il probablement renoncer pour obtenir ce qui suit ?

   a) Sylvie peut travailler à temps plein ou fréquenter l'université. Elle choisit de fréquenter l'université.

   _____

   _____

   _____

b) Sylvie peut travailler à temps plein ou fréquenter l'université. Elle choisit de travailler à temps plein. _____

_____

_____

c) M. Jodoin possède une terre de 100 hectares. Il peut cultiver du maïs, qui donne un rendement de 100 tonnes par hectare, ou des haricots, dont le rendement est de 40 tonnes par hectare. Il décide de cultiver du maïs. _____

d) M. Jodoin possède une terre de 100 hectares. Il peut cultiver du maïs, qui donne un rendement de 100 tonnes par hectare, ou des haricots, dont le rendement est de 40 tonnes par hectare. Il décide de cultiver des haricots. _____

e) Dans les problèmes a) et b) ainsi que c) et d) précédents, lequel des deux éléments représente le coût de renonciation de l'autre — l'université pour le travail ou le travail pour l'université? Le maïs pour les haricots ou les haricots pour le maïs? _____

_____

_____

## Pensée critique

Supposons que votre université décide de faire passer de 300 $ à 50 $ par semestre le prix du permis de stationnement sur le campus.

1. À votre avis, quelle serait l'incidence de cette décision sur le nombre d'étudiants qui envisageraient de garer leur voiture dans le stationnement de l'université? _____

_____

_____

2. À votre avis, quelle serait l'incidence de cette décision sur la quantité de temps nécessaire pour trouver une place de stationnement? _____

_____

_____

3. En ce qui a trait au coût de renonciation, est-ce que la baisse du prix du permis de stationnement entraînerait forcément une diminution du véritable coût du stationnement? _____

_____

_____

4. Est-ce que le coût de renonciation du stationnement serait le même pour des étudiants sans emploi à temps partiel et pour des étudiants ayant un emploi à temps partiel à 15 $ l'heure? _____

_____

_____

## SOLUTIONS

### Questions de type « vrai ou faux »

1. Faux; l'économie devient moins efficiente, parce que l'incitatif à travailler fort est moins mis en valeur.

2. Vrai.

3. Faux; la « main invisible » désigne le fait que les marchés amènent des individus favorisant leur propre intérêt à entreprendre des actions donnant des résultats collectifs souhaitables.

4. Vrai.

5. Faux; tous les pays obtiennent des bienfaits du commerce volontaire.

6. Vrai.

7. Faux; une hausse du prix fait diminuer la quantité demandée.

8. Vrai.

9. Vrai.

10. Faux; une forte inflation résulte d'une croissance monétaire excessive.

11. Faux; une baisse de l'inflation tend à faire augmenter le chômage.

12. Faux; un fabricant ne devrait produire que si le bénéfice marginal excède le coût marginal.

13. Vrai.

14. Vrai.

15. Faux; les travailleurs canadiens bénéficient d'un niveau de vie élevé parce qu'ils sont productifs.

### Questions à choix multiple

| | | | |
|---|---|---|---|
| 1. E | 7. A | 12. A | 17. C |
| 2. C | 8. A | 13. D | 18. A |
| 3. B | 9. B | 14. D | 19. D |
| 4. D | 10. E | 15. C | 20. B |
| 5. D | 11. C | 16. B | 21. C |
| 6. C | | | |

### Questions à réponse brève

1. Non, car vous ne devez renoncer à rien pour en avoir. Oui, car vous ne pouvez avoir tout l'air pur que vous voulez sans renoncer à quelque chose pour l'obtenir (dispositifs antipollution sur les voitures, etc.).

2. Les produits que vous auriez obtenus si vous aviez dépensé cette somme d'argent (consommation courante).

3. Le prélèvement des impôts et des taxes et le versement de prestations sociales atténuent les inégalités entre les individus, mais ils amoindrissent les incitatifs à travailler fort, ce qui fait diminuer la production totale.

4. Le bénéfice marginal d'un verre d'eau additionnel est généralement plus faible, parce que l'eau est tellement abondante qu'un verre additionnel a peu de valeur. Dans le cas des diamants, l'inverse est vrai.

5. Oui, parce que le bénéfice marginal de la mise au point complète de la voiture est de 2500 \$ – 2000 \$ = 500 \$, alors que son coût marginal s'élève à 300 \$. Le coût initial des réparations est sans objet ici.

6. Le coût d'un accident s'est amoindri. Les incitatifs en ont été modifiés de sorte que les individus roulent plus vite et ont plus d'accidents.

7. La production totale serait supérieure si les pays se spécialisaient et pratiquaient le commerce, parce que chacun se concentrerait dans le domaine où il est le plus efficient.

8. Le boulanger produit le meilleur pain possible, non pas par générosité, mais parce qu'il a tout intérêt à le faire. Agir en faveur de son intérêt personnel peut maximiser les bienfaits collectifs.

9. Il faut renoncer à une certaine consommation aujourd'hui.

10. Les prix seraient environ deux fois plus élevés.

11. L'équité exigerait que chacun reçoive une même part. L'équité exigerait que tous ne reçoivent pas une même part.

12. Un cultivateur ne cultiverait rien s'il craignait de se faire voler ses récoltes. Tous comptent sur le gouvernement pour faire respecter leurs droits sur les biens qu'ils produisent.

## Problèmes pratiques

1. a) Beaucoup aimeraient travailler pour 25 \$ l'heure, mais peu d'entreprises accepteraient d'embaucher des travailleurs à faible productivité et de leur verser un tel salaire. Il s'ensuivrait alors une hausse du chômage.

   b) De nombreux locataires aimeraient louer un logement pour 100 \$ par mois, mais peu de propriétaires offriraient un logement à ce prix. Un tel contrôle des loyers ferait alors augmenter le nombre des sans-abri.

   c) Une hausse du prix de l'essence induirait un recours moins fréquent à la voiture. Il s'ensuivrait alors une baisse des accidents de la circulation, une usure moins rapide des routes et des voitures, et une diminution de la demande de voitures et de réparations des routes.

   d) Une baisse du nombre de revendeurs restreint la disponibilité des drogues, ce qui fait alors augmenter le prix de ces dernières et attire plus de revendeurs sur ce marché.

   e) L'imposition de restrictions sur l'abattage des loups entraîne une diminution des populations d'animaux dont se nourrissent les loups (lièvres, chevreuils, etc.).

2. a) Elle renonce à un revenu tiré du travail (et elle doit payer des droits de scolarité).

   b) Elle renonce à l'obtention d'un diplôme universitaire et au revenu plus élevé que celui-ci lui aurait apporté pendant toute sa vie (mais elle n'a pas à payer de droits de scolarité).

   c) Il renonce à 4000 tonnes de haricots.

   d) Il renonce à 10 000 tonnes de maïs.

   e) Chacun est le coût de renonciation de l'autre, parce que chaque décision exige de renoncer à quelque chose.

## Pensée critique

1. Un plus grand nombre d'étudiants vont vouloir garer leur voiture dans le stationnement du campus.

2. Il faudrait beaucoup plus de temps pour trouver une place de stationnement.

3. Non, parce qu'il faudrait désormais tenir compte de la valeur du temps consacré à la recherche d'une place de stationnement.

4. Non. Lorsqu'ils cherchent une place de stationnement, les étudiants ayant un revenu d'emploi subissent une perte de revenu supérieure à celle des étudiants n'ayant pas un revenu d'emploi. Il s'ensuit que leur coût de renonciation est plus élevé.

# PARTIE 1

## CHAPITRE 2

# PENSER COMME UN ÉCONOMISTE

## APERÇU DU CHAPITRE

### Contexte et objectif

Le chapitre 2 est le deuxième d'une section de quatre chapitres qui constitue l'introduction du manuel. Le chapitre 1 présente dix principes d'économie qui sont évoqués tout au long du manuel. Le chapitre 2 expose la façon dont les économistes abordent les problèmes propres à leur champ d'étude. Le chapitre 3 traite des avantages que le commerce procure aux individus et aux pays. Quant au chapitre 4, il décrit ce que sont l'offre et la demande, et montre en quoi leurs interactions déterminent les prix et les quantités des biens et des services.

L'objectif du chapitre 2 consiste à décrire clairement la façon dont les économistes abordent les problèmes économiques. Peu à peu, vous allez apprendre à traiter des problèmes similaires à l'aide de la démarche rationnelle et systématique qu'adoptent les économistes. Vous allez aussi étudier la pertinence de recourir à la méthode scientifique en sciences économiques, le rôle des postulats dans la mise au point d'un modèle, ainsi que l'application de deux modèles spécifiques. Vous allez enfin apprendre à faire une importante distinction entre les deux rôles que peuvent assumer les économistes : le rôle du scientifique, qui s'efforce de décrire le fonctionnement du monde économique, et le rôle du conseiller politique, qui tente d'améliorer ledit fonctionnement.

### Indications utiles

1. ***Les coûts de renonciation ne sont généralement pas constants le long d'une courbe des possibilités de production.*** Vous noterez que la courbe des possibilités de production apparaissant dans le graphique de la page suivante présente une forme arquée vers l'extérieur. Cette courbe illustre les arbitrages que doit faire une économie ne produisant que du papier et des crayons.

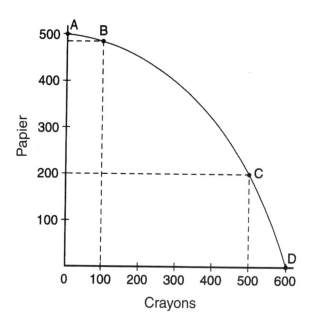

Si on part du point où l'économie consacre toutes ses ressources à la production de papier, on voit que la production de 100 crayons impose un coût de renonciation de seulement 25 unités de papier (du point A au point B). Ce faible coût de renonciation s'explique ainsi: lorsque des ressources utilisées pour la production de papier sont réorientées vers la production de crayons, cette réorientation porte d'abord sur les ressources les mieux adaptées à la production de crayons et les moins bien adaptées à la production de papier. C'est pourquoi la hausse de la production de crayons n'entraîne qu'une très faible baisse de la production de papier. Cependant, si l'économie se trouvait au point C, le coût de renonciation de la production de 100 crayons additionnels (du point C au point D) s'élèverait à 200 unités de papier. S'il en est ainsi, c'est parce que la réorientation porte maintenant sur des ressources extrêmement bien adaptées à la production de papier et mal adaptées à la production de crayons. Il s'avère donc que lorsque la production de tout bien spécifique augmente, le coût de renonciation par unité tend à s'élever, parce que les ressources sont spécialisées, c'est-à-dire qu'elles ne sont pas également bien adaptées à la production de chaque type de bien.

L'explication ci-dessus s'applique aux deux directions de déplacement possibles sur la courbe des possibilités de production. Par exemple, si on part du point D (production maximale de crayons), une faible baisse de la production de crayons (100 unités) libère assez de ressources pour entraîner une forte hausse de la production de papier (200 unités). Cependant, le déplacement du point B au point A induit une hausse de la production de papier de seulement 25 unités.

2. ***Une courbe des possibilités de production illustre uniquement les choix disponibles, et non le meilleur point de production.*** Lorsque les étudiants se servent d'une courbe des possibilités de production, ils font souvent l'erreur de croire qu'un point situé près du milieu de la courbe est le meilleur. Ils portent un tel jugement subjectif, parce que le point situé au milieu semble correspondre au nombre total maximal d'unités des deux biens produits. Il est toutefois utile ici de se poser la question suivante: à partir de la courbe des possibilités de production du graphique précédent, quel serait le meilleur point de production si le papier se vendait 10 $ la feuille et que les crayons valaient 1 ¢ la douzaine? Il faudrait alors orienter les ressources vers la production de papier. Que se passerait-il si le papier se vendait 1 ¢ la feuille et que les crayons valaient 50 $ chacun? Il faudrait alors orienter les ressources vers la production de crayons. Manifestement, le choix du bien à produire se fait en fonction du prix respectif des différents biens pouvant être produits. Il est maintenant clair qu'une courbe des possibilités de production ne fait qu'illustrer les choix disponibles et ne révèle pas à elle seule le meilleur choix à faire.

3. ***En matière économique, les désaccords sont intéressants, mais le consensus est plus important.*** Les économistes ont la réputation d'être en désaccord entre eux, parce qu'ils ont tendance à mettre en relief leurs divergences d'opinions. S'il est vrai que leurs désaccords sont intéressants pour eux, les questions sur lesquelles ils sont d'accord sont plus importantes pour vous, les étudiants. Un grand nombre de principes économiques reçoivent un appui presque unanime de la part des économistes. Le manuel se concentre d'abord et avant tout sur les domaines suscitant l'accord entre économistes, plutôt que leur désaccord.

## EXERCICES D'AUTORÉVISION

### Questions de type « vrai ou faux »

_____ 1. Les modèles économiques doivent refléter la réalité, sans quoi ils sont dénués d'intérêt pour les économistes.

_____ 2. Les postulats rendent le monde plus facile à comprendre, parce qu'ils simplifient la réalité complexe et nous aident à concentrer notre attention sur les éléments importants de la question étudiée.

_____ 3. Il est raisonnable de postuler que le monde ne comprend qu'une seule personne, lorsqu'il s'agit d'établir un modèle du commerce international.

_____ 4. Lorsqu'on adopte une démarche scientifique, on doit s'efforcer d'être objectif.

_____ 5. Si le fonctionnement d'une économie se situe sur sa courbe des possibilités de production, cela doit signifier que l'utilisation des ressources est efficiente.

_____ 6. Si le fonctionnement d'une économie se situe sur sa courbe des possibilités de production, elle doit réduire sa production d'un bien pour pouvoir hausser sa production d'un autre bien.

_____ 7. Les points situés à l'extérieur de la courbe des possibilités de production représentent une production réalisable mais inefficiente.

_____ 8. Si une économie connaît un taux de chômage important, c'est parce que sa production correspond à un point situé à l'intérieur de la courbe des possibilités de production.

_____ 9. La courbe des possibilités de production est arquée vers l'extérieur, parce que les arbitrages mesurés entre la production accrue d'un bien et la production moindre d'un autre bien sont constants.

_____ 10. Une hausse de la production résultant d'un progrès technologique susciterait un déplacement de la courbe des possibilités de production vers l'extérieur.

_____ 11. La macroéconomie s'intéresse à la prise de décisions par les ménages et les entreprises et à leurs interactions dans des marchés spécifiques.

_____ 12. «Une hausse de l'inflation entraîne généralement une baisse à court terme du chômage» : il s'agit là d'un énoncé normatif.

_____ 13. Lorsqu'ils formulent des énoncés positifs, les économistes se prononcent d'abord en tant que scientifiques.

_____ 14. Les énoncés positifs peuvent être réfutés au moyen de données empiriques.

_____ 15. La plupart des économistes considèrent que les tarifs douaniers et les quotas d'importation altèrent généralement le bien-être économique.

# Questions à choix multiple

1. La méthode scientifique exige que :
   A. les scientifiques utilisent des éprouvettes et assurent la propreté de leurs laboratoires.
   B. les scientifiques soient objectifs.
   C. les scientifiques utilisent des instruments de précision.
   D. seules les théories incorrectes soient vérifiées.
   E. seules les théories correctes soient vérifiées.

2. Laquelle des personnes suivantes est la plus susceptible d'apporter des faits à caractère scientifique pour étayer une théorie ?
   A. Un économiste qui a été embauché par le Syndicat canadien des travailleurs et travailleuses de l'automobile et qui étudie l'incidence du commerce international sur l'industrie de l'automobile.
   B. Un animateur de tribune téléphonique à la radio qui recueille des données sur les réactions des marchés à la fiscalité.
   C. Un économiste qui occupe un poste permanent au sein d'une université prestigieuse et qui analyse l'incidence d'une proposition de fusions bancaires sur le bien-être des Canadiens.
   D. Un avocat qui a été embauché par General Motors et qui étudie l'incidence des coussins gonflables sur la sécurité des passagers.

3. Lequel des énoncés suivants, au sujet du diagramme des flux circulaires, est vrai ?
   A. Les facteurs de production appartiennent à des ménages.
   B. Lorsque Sylvie travaille pour Bell Canada et reçoit un chèque de paie, cette transaction se déroule dans le marché des biens et services.
   C. Lorsque Molson vend une caisse de bière, cette transaction se déroule dans le marché des facteurs de production.
   D. Les facteurs de production appartiennent à des entreprises.
   E. Aucune de ces réponses.

4. Lequel des cas suivants comporte le postulat le plus raisonnable ?
   A. Pour évaluer la vitesse de la chute d'un ballon de plage, un physicien postule que cette chute a lieu dans le vide.
   B. Pour évaluer l'incidence de la croissance monétaire sur l'inflation, un économiste postule que la monnaie en circulation comprend uniquement des pièces métalliques.
   C. Pour évaluer l'incidence de la fiscalité sur la répartition des revenus, un économiste postule que le niveau de revenu est le même pour tous.
   D. Pour évaluer les avantages du libre-échange, un économiste postule l'existence de seulement deux personnes et deux biens au sein de l'économie.

5. Les modèles économiques sont :
   A. créés pour reproduire la réalité.
   B. fondés sur des postulats.
   C. généralement faits de bois et de plastique.
   D. inutiles s'ils sont simples.

6. Lequel des éléments suivants n'est pas un facteur de production ?
   A. La terre.
   B. La main-d'œuvre.
   C. Le capital.

D. L'argent.

E. Ce sont tous des facteurs de production.

7. Les points situés sur la courbe des possibilités de production sont :

A. efficients.

B. inefficients.

C. inatteignables.

D. normatifs.

E. Aucune de ces réponses.

8. Lequel des éléments suivants n'entraînera pas un déplacement de la courbe des possibilités de production d'un pays vers l'extérieur ?

A. Une hausse des capitaux propres.

B. Une avancée technologique.

C. Une baisse du chômage.

D. Une hausse de la main-d'œuvre disponible.

9. La croissance économique est illustrée par :

A. un déplacement le long d'une courbe des possibilités de production, qui se caractérise par une hausse des capitaux propres et une baisse des biens de consommation.

B. un déplacement de la courbe des possibilités de production vers l'extérieur.

C. un déplacement de la courbe des possibilités de production vers l'intérieur.

D. un déplacement à partir de l'intérieur de la courbe jusqu'à un point situé sur la courbe.

Reportez-vous au graphique suivant pour répondre aux questions 10 à 13.

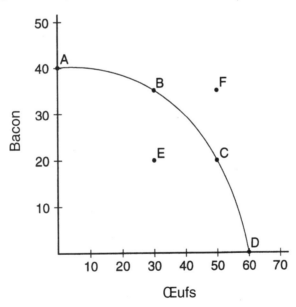

10. Lorsque l'économie se situe au point C, le coût de renonciation de la production de 15 unités additionnelles de bacon est de :

A. 10 œufs.

B. 20 œufs.

C. 30 œufs.

D. 40 œufs.

E. 50 œufs.

11. Lorsque l'économie se situe au point E,

   A. le coût de renonciation de la production de 20 œufs additionnels est de 10 unités de bacon.

   B. le coût de renonciation de la production de 20 œufs additionnels est de 20 unités de bacon.

   C. le coût de renonciation de la production de 20 œufs additionnels est de 30 unités de bacon.

   D. la production de 20 œufs additionnels n'a aucune incidence sur la production du bacon.

12. Le point F représente :

   A. une combinaison de production qui peut être obtenue si la production d'œufs est réduite de 20 unités.

   B. une combinaison de production inefficiente, parce que des ressources demeurent inutilisées.

   C. une combinaison de production qui peut être obtenue moyennant une avancée technologique appropriée.

   D. Aucune de ces réponses.

13. Dans le cas d'un déplacement du point A au point D,

   A. le coût de renonciation de la production d'œufs, exprimé en quantité de bacon, demeure constant.

   B. le coût de renonciation de la production d'œufs, exprimé en quantité de bacon, diminue.

   C. le coût de renonciation de la production d'œufs, exprimé en quantité de bacon, augmente.

   D. l'économie devient plus efficiente.

   E. l'économie devient moins efficiente.

14. Laquelle des activités suivantes relève de la microéconomie ?

   A. L'analyse de l'incidence de la monnaie sur l'inflation.

   B. L'analyse de l'incidence de la mondialisation sur le chômage au Canada.

   C. L'analyse de l'incidence du budget du gouvernement sur l'épargne.

   D. L'analyse de l'incidence des prix du pétrole sur la production d'automobiles.

15. Lequel des énoncés suivants au sujet de la microéconomie et de la macroéconomie est faux ?

   A. L'étude de très grandes industries relève de la macroéconomie.

   B. La macroéconomie s'intéresse aux phénomènes touchant l'ensemble de l'économie.

   C. La microéconomie est la pierre d'assise de la macroéconomie.

   D. La microéconomie et la macroéconomie disposent chacune de son propre ensemble de modèles économiques.

16. Lequel des énoncés suivants est normatif ?

   A. L'impression d'une grande quantité de monnaie engendre de l'inflation.

   B. Les individus travaillent plus fort lorsque leur salaire est plus élevé.

   C. Le taux de chômage devrait être plus bas.

   D. De forts déficits budgétaires du gouvernement contribuent à ralentir la croissance économique.

17. Lequel des énoncés suivants reflète la démarche scientifique d'un économiste ?

   A. Une baisse des prestations d'assurance emploi entraînera une diminution du taux de chômage.

   B. Il faut que le taux de chômage diminue, parce que le chômage sape la dignité des individus qui en sont touchés.

   C. Il faut que le taux d'inflation diminue, parce que l'inflation détruit l'épargne des personnes âgées.

   D. Le gouvernement devrait hausser le montant des subventions versées aux universités, parce que l'avenir de notre pays repose sur l'éducation.

18. Les énoncés positifs :

    A. relèvent de la microéconomie.

    B. relèvent de la macroéconomie.

    C. sont des énoncés normatifs qui comportent des jugements de valeur.

    D. sont des énoncés descriptifs qui peuvent être vérifiés.

19. Supposons que deux économistes discutent de politiques relatives au chômage.

    Un économiste dit : « Le gouvernement devrait lutter contre le chômage, parce que le chômage est le pire de tous les problèmes sociaux. » L'autre économiste lui répond : « Foutaise ! Le pire problème social n'est pas le chômage, mais l'inflation. » Ces deux économistes :

    A. sont en désaccord, parce qu'ils portent des jugements scientifiques différents.

    B. sont en désaccord, parce qu'ils défendent des valeurs différentes.

    C. sont en désaccord, parce qu'au moins un des deux est incompétent.

    D. ne sont pas du tout en désaccord, en réalité, malgré ce que laissent croire les apparences.

20. Supposons que deux économistes discutent de politiques relatives au chômage.

    Un économiste dit : « Le gouvernement pourrait faire baisser le chômage de 1 % s'il haussait ses dépenses de 5 milliards de dollars. » L'autre économiste lui répond : « Foutaise ! Si le gouvernement haussait ses dépenses de 5 milliards de dollars, le chômage ne baisserait que de 1/10 % et cette baisse ne serait que temporaire ! » Ces deux économistes :

    A. sont en désaccord, parce qu'ils portent des jugements scientifiques différents.

    B. sont en désaccord, parce qu'ils défendent des valeurs différentes.

    C. sont en désaccord, parce qu'au moins un des deux est incompétent.

    D. ne sont pas du tout en désaccord, en réalité, malgré ce que laissent croire les apparences.

## Questions à réponse brève

1. Décrivez la méthode scientifique. _____

   _____

   _____

2. Quel est le rôle des postulats dans toute science ? _____

   _____

   _____

3. Est-ce qu'un modèle plus réaliste est toujours préférable ? _____

   _____

   _____

   _____

4. Pourquoi une courbe des possibilités de production a-t-elle une pente négative (pente vers le bas et vers la droite) ? _____

   _____

   _____

   _____

5. Pourquoi la courbe des possibilités de production est-elle souvent arquée vers l'extérieur ? _____

_____

_____

_____

6. Quels sont les deux grands sous-domaines des sciences économiques ? Lequel de ces sous-domaines constitue la pierre d'assise de l'autre ? Expliquez pourquoi. _____

_____

_____

_____

_____

_____

7. Lorsqu'un économiste formule un énoncé normatif, le fait-il davantage à titre de scientifique ou de conseiller politique ? Expliquez pourquoi. _____

_____

_____

_____

_____

8. Quels énoncés sont vérifiables : les énoncés positifs ou les énoncés normatifs ? Expliquez pourquoi.

_____

_____

9. Donnez deux raisons pour lesquelles les économistes sont parfois en désaccord. _____

_____

_____

10. Énumérez deux propositions économiques avec lesquelles plus de 90 % des économistes sont d'accord.

_____

_____

_____

## Problèmes pratiques

1. Indiquez les parties du diagramme des flux circulaires qui sont directement associées aux transactions suivantes.

a) Marie achète une voiture fabriquée par General Motors et la paie 25 000 $. _____

_____

_____

_____

b) General Motors verse à Julien, travailleur sur une chaîne de montage, un salaire mensuel de 5000 $.

_____

_____

_____

_____

c) Julien paie 15 $ pour sa coupe de cheveux. _____

_____

_____

_____

_____

d) Les actions de General Motors que possède Marie lui ont rapporté des dividendes de 10 000 $ cette année. _____

_____

_____

_____

2. Le tableau suivant contient les données relatives à la courbe des possibilités de production de l'entreprise Le Monde du sport.

| Bâtons | Raquettes |
|--------|-----------|
| 0 | 420 |
| 100 | 400 |
| 200 | 360 |
| 300 | 300 |
| 400 | 200 |
| 500 | 0 |

a) Placez ces points sur le graphique ci-dessous et reliez-les pour former la courbe des possibilités de production de l'entreprise Le Monde du sport.

Raquettes

Bâtons

b) Si Le Monde du sport produit maintenant 100 bâtons et 400 raquettes, quel est le coût de renonciation de la production de 100 bâtons additionnels ? _____

_____

_____

c) Si Le Monde du sport produit maintenant 300 bâtons et 300 raquettes, quel est le coût de renonciation de la production de 100 bâtons additionnels ? _____

_____

_____

d) Pourquoi le coût de renonciation de la production de 100 bâtons est-il plus élevé dans le problème c) que dans le problème b) ? _____

_____

_____

_____

e) Supposons que Le Monde du sport produit maintenant 200 bâtons et 200 raquettes. Combien de bâtons additionnels l'entreprise pourrait-elle produire sans réduire sa production de raquettes ? Combien de raquettes additionnelles l'entreprise pourrait-elle produire sans réduire sa production de bâtons ? _____

_____

_____

_____

f) Est-ce que la production de 200 bâtons et de 200 raquettes est considérée comme efficiente ? Expliquez pourquoi. _____

_____

_____

3. La courbe des possibilités de production suivante illustre les arbitrages possibles entre les biens de consommation et les biens d'équipement. Supposons que deux pays (Fêtard et Parcimonieux) se retrouvent devant la même courbe des possibilités de production illustrée ci-dessous.

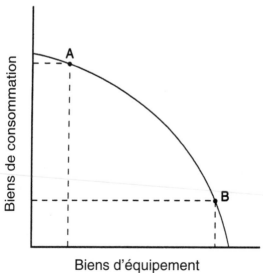

a) Supposons que Fêtard choisit la production correspondant au point A, tandis que Parcimonieux choisit la production correspondant au point B. Lequel de ces deux pays connaîtra probablement une plus forte croissance économique à l'avenir ? Pourquoi ? _____

_____

_____

_____

b) Dans ce modèle, quel est le coût de renonciation associé à l'obtention d'une plus forte croissance économique à l'avenir ? _____

_____

_____

c) Expliquez l'incidence de la croissance économique sur une courbe des possibilités de production comme celle qui figure à la page précédente. Le déplacement de la courbe des possibilités de production de Parcimonieux serait-il plus ou moins prononcé que celui de la courbe des possibilités de production de Fêtard ? Pourquoi ? _____

_____

_____

d) Illustrez le déplacement de la courbe des possibilités de production que causerait une avancée technologique ne touchant que la production des biens d'équipement.

e) Est-ce que le déplacement de la courbe des possibilités de production dans le problème d) signifie que toute production additionnelle doit se limiter aux biens d'équipement ? Expliquez pourquoi.

_____

_____

_____

## Pensée critique

Vous regardez _Le Téléjournal_ de Radio-Canada. On présente un débat sur les avantages et les inconvénients du libre-échange (l'absence de barrières en matière de commerce international). Radio-Canada a invité deux économistes de renom, aux vues divergentes, pour débattre de la question : l'un d'eux est favorable au libre-échange, alors que l'autre y est opposé. Votre colocataire réagit ainsi : « Ces économistes ne comprennent pas ce qui se passe. Ils ne sont jamais d'accord entre eux. L'un d'eux dit que le libre-échange va nous enrichir, tandis que l'autre affirme qu'il va engendrer une pauvreté massive. Si les experts n'arrivent pas à s'entendre, comment peut-on espérer que le citoyen moyen puisse déterminer si le libre-échange est la meilleure option ? »

1. Pouvez-vous expliquer à votre colocataire pourquoi il est possible que les économistes diffèrent d'opinion sur cette question ? _____

_____

_____

_____

_____

_____

2. Supposons que vous constatez que 93 % des économistes estiment que le libre-échange constitue généralement la meilleure option. Est-ce que cela modifierait la réponse que vous avez donnée au problème 1. ci-dessus en ce qui concerne les raisons pour lesquelles il est possible que les économistes diffèrent d'opinion sur cette question ? _____

_____

_____

_____

_____

3. Supposons que vous vous apercevez plus tard que bon nombre des économistes opposés au libre-échange travaillent pour un syndicat. Est-ce que cela vous aiderait à expliquer pourquoi il semble exister des divergences de vues sur cette question ? _____

_____

_____

_____

_____

##  SOLUTIONS

### Questions de type « vrai ou faux »

1. Faux; un modèle économique est une simplification de la réalité.

2. Vrai.

3. Faux; il doit y avoir au moins deux individus pour que le commerce se pratique.

4. Vrai.

5. Vrai.

6. Vrai.

7. Faux; les points situés à l'extérieur de la courbe des possibilités de production ne peuvent pas encore être atteints.

8. Vrai.

9. Faux; elle est bombée vers l'extérieur, non pas parce que les arbitrages sont constants, mais parce qu'ils augmentent.

10. Vrai.

11. Faux; la macroéconomie est l'étude des phénomènes touchant l'ensemble d'une économie.

12. Faux; il s'agit d'un énoncé positif.

13. Vrai.

14. Vrai.

15. Vrai.

### Questions à choix multiple

| | | | |
|---|---|---|---|
| 1. B | 6. D | 11. D | 16. C |
| 2. C | 7. A | 12. C | 17. A |
| 3. A | 8. C | 13. C | 18. D |
| 4. D | 9. B | 14. D | 19. B |
| 5. B | 10. B | 15. A | 20. A |

### Questions à réponse brève

1. C'est la formulation et la vérification objectives d'une théorie, au moyen d'observations, d'essais et de nouvelles observations.

2. Leur rôle est de simplifier la réalité afin qu'on puisse en cerner les facteurs fondamentaux.

3. Pas toujours. Un modèle réaliste est plus complexe. Il peut porter à confusion et faire perdre de vue ce qui est vraiment important.

4. Parce que, dans une économie efficiente, toute production choisie comporte un coût de renonciation. Pour avoir un bien en plus grande quantité, on doit renoncer à une certaine quantité d'un autre bien.

5. Parce que les ressources sont spécialisées et qu'elles ne sont donc pas également adaptées à la production de différents biens.

6. La microéconomie et la macroéconomie. La microéconomie est un peu la pierre d'assise de la macroéconomie. Ainsi, lors de l'analyse d'une grande question comme le chômage, on doit prendre en compte les réactions des individus devant des incitatifs comme les salaires et l'aide sociale.

7. À titre de conseiller politique, car un énoncé normatif est une description de ce que devrait être la réalité et il se fonde quelque peu sur des jugements de valeur.

8. Un énoncé positif décrit des faits et peut être réfuté après un réexamen des données.

9. Les économistes ne portent pas tous les mêmes jugements scientifiques. Ils n'ont pas tous le même système de valeurs.

10. L'imposition d'un plafond sur les loyers amoindrit la quantité et la qualité des logements disponibles. Les tarifs et les quotas d'importation altèrent généralement le bien-être économique collectif.

## Problèmes pratiques

1. a) Les 25 000 $ dépensés passent des ménages au marché des biens et services. La voiture passe du marché des biens et services aux ménages. Le revenu de 25 000 $ passe du marché des biens et services aux entreprises, tandis que la voiture passe des entreprises au marché des biens et services.

   b) Le salaire de 5000 $ passe des entreprises au marché des facteurs de production. Les intrants passent du marché des facteurs de production aux entreprises. Le travail passe des ménages au marché des facteurs de production, tandis que le revenu de 5000 $ passe du marché des facteurs de production aux ménages.

   c) Les 15 $ dépensés passent des ménages au marché des biens et services. Le service passe du marché des biens et services aux ménages. Le service passe des entreprises au marché des biens et services, en échange d'un revenu de 15 $.

   d) Le profit de 10 000 $ passe des entreprises au marché des facteurs de production. Le capital passe du marché des facteurs de production aux entreprises. Le capital passe des ménages au marché des facteurs de production, en échange d'un revenu de 10 000 $.

2. a)

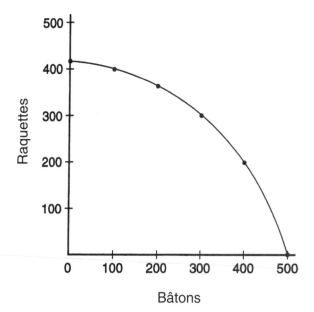

b) 40 raquettes.

c) 100 raquettes.

d) Parce que, comme la production de bâtons est plus élevée, les ressources les mieux adaptées à la fabrication de bâtons sont déjà utilisées. Il faut donc encore plus de ressources pour produire 100 bâtons additionnels, ce qui entraîne une plus forte baisse de la production de raquettes.

e) 200 bâtons. 160 raquettes.

f) Non. L'utilisation des ressources n'est pas efficiente s'il est possible de hausser la production moyennant un coût de renonciation nul.

3. a) Parcimonieux. Le capital (usines et équipements) étant un facteur de production, accroître maintenant la production de capital fera augmenter la production future.

b) Moins de biens de consommation sont produits maintenant. Voilà ce à quoi il faut renoncer.

c)

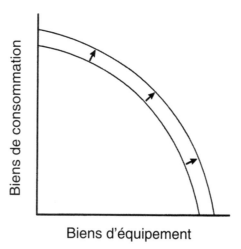

Le déplacement de la courbe des possibilités de production de Parcimonieux sera plus prononcé, parce que ce pays a connu une plus forte hausse des facteurs de production (capital).

d)

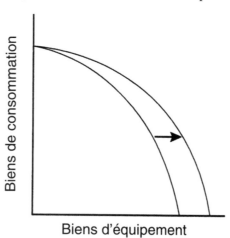

e) Non, le déplacement vers l'extérieur élargit les choix possibles, tant pour les biens de consommation que pour les biens d'équipement.

## Pensée critique

1. Les économistes peuvent porter des jugements scientifiques différents. Les économistes peuvent avoir des systèmes de valeurs différents.

2. Ceux qui s'opposent au libre-échange ont probablement un système de valeurs différent. Il y a peu de désaccords sur cette question au sein du courant dominant de la pensée économique.

3. Oui. Cela indique que la présence d'entraves au commerce international peut être avantageuse pour certains groupes (la main-d'œuvre syndiquée), mais qu'elle ne l'est probablement pas pour la population dans son ensemble. Ceux qui s'opposent au libre-échange défendent leurs propres intérêts.

#  ANNEXE

## Questions de type « vrai ou faux »

_____ 1. Dans le système de coordonnées en $x$ et en $y$, la coordonnée en $x$ indique l'emplacement horizontal d'un point, alors que la coordonnée en $y$ indique l'emplacement vertical de ce point.

_____ 2. Dans le système de coordonnées en $x$ et en $y$, lorsque la pente d'une droite est orientée vers le haut, il y a une corrélation positive entre les deux variables mesurées sur chaque axe.

_____ 3. Pour la plupart des biens, il y a une corrélation positive entre le prix et la quantité demandée.

_____ 4. Si trois variables sont corrélées, l'une d'elles doit être maintenue constante lorsqu'on reporte les deux autres dans le système de coordonnées en $x$ et en $y$.

_____ 5. Si trois variables sont corrélées, une modification de la variable non représentée dans le système des coordonnées en $x$ et en $y$ entraînera un déplacement le long de la courbe tracée dans ce système.

_____ 6. La pente d'une droite est égale à la variation de $y$ divisée par la variation de $x$ sur la droite.

_____ 7. Lorsque la pente d'une droite est négative, il y a une corrélation positive entre les deux variables mesurées sur chaque axe.

_____ 8. Il y a une corrélation positive entre le fait d'être en position couchée et la mort. Si on concluait qu'il est risqué d'être en position couchée, on commettrait alors l'erreur d'omettre une variable, parce que les personnes grièvement malades ont tendance à être en position couchée.

_____ 9. La causalité inverse signifie que, lorsqu'on croit que A cause B, il est possible que, en réalité, B cause A.

_____ 10. Puisque des personnes apportent un parapluie le matin pour se rendre au travail et qu'il pleut ensuite en après-midi, le fait d'apporter un parapluie doit causer la pluie.

## Problèmes pratiques

1. Les paires ordonnées suivantes de prix et de quantité demandée représentent la demande de tasses de café de la part de Julien.

| Prix d'une tasse de café | Quantité de café demandée |
|---|---|
| 5 $ | 2 tasses |
| 4 $ | 4 tasses |
| 3 $ | 6 tasses |
| 2 $ | 8 tasses |
| 1 $ | 10 tasses |

a) Sur le graphique ci-dessous, placez et reliez les paires ordonnées.

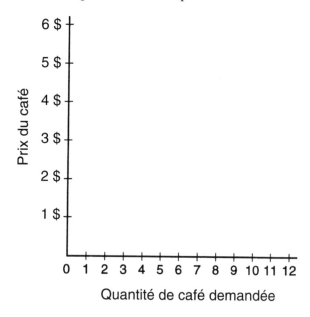

b) Quelle est la pente de la courbe de la demande de café lorsque le prix de la tasse de café passe de 5 $ à 4 $ ?

_____

c) Quelle est la pente de la courbe de la demande de café lorsque le prix de la tasse de café passe de 2 $ à 1 $ ?

_____

d) La corrélation entre le prix du café et la quantité de café demandée par Julien est-elle positive ou négative ? Expliquez votre réponse. _____

_____

_____

_____

e) Lorsque le prix du café passe de 2 $ à 4 $ la tasse, qu'arrive-t-il à la quantité demandée ? S'agit-il d'un déplacement le long de la courbe ou d'un déplacement de la courbe ? _____

_____

_____

f) Supposons que le revenu de Julien double et passe de 20 000 $ à 40 000 $ par année. Voici les nouvelles paires ordonnées représentant la demande de café de la part de Julien. Placez ces paires ordonnées sur le graphique figurant à la question a) de la page précédente.

| Prix d'une tasse de café | Quantité de café demandée |
|---|---|
| 5 $ | 4 tasses |
| 4 $ | 6 tasses |
| 3 $ | 8 tasses |
| 2 $ | 10 tasses |
| 1 $ | 12 tasses |

g) Est-ce que le doublement du revenu de Julien a entraîné un déplacement le long de la courbe de demande ou un déplacement de la courbe? Expliquez pourquoi. _____

_____

_____

_____

2. Un extraterrestre arrive sur la Terre et observe ce qui suit : lorsque des personnes apportent un parapluie le matin, il pleut généralement en après-midi. L'extraterrestre conclut que les parapluies causent la pluie.

a) Quelle erreur l'extraterrestre a-t-il commise ? _____

_____

b) Quel rôle les anticipations ont-elles joué dans l'erreur de l'extraterrestre ? _____

_____

_____

_____

c) Si la pluie est véritablement causée par l'humidité, la température, les vents, etc., quelle autre erreur l'extraterrestre a-t-il commise lorsqu'il a conclu que les parapluies causent la pluie ? _____

_____

_____

# SOLUTIONS AUX PROBLÈMES DE L'ANNEXE

## Questions de type « vrai ou faux »

1. Vrai.

2. Vrai.

3. Faux ; il s'agit d'une corrélation négative.

4. Vrai.

5. Faux ; la modification d'une variable non représentée sur le graphique entraînera un déplacement de la courbe.

6. Vrai.

7. Faux ; une pente négative correspond à une corrélation négative.

8. Vrai.

9. Vrai.

10. Faux ; c'est là un exemple de causalité inverse.

## Problèmes pratiques

1.  a)

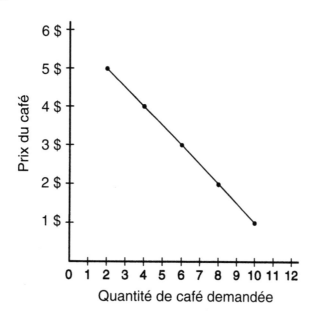

b) –1/2.

c) –1/2.

d) La corrélation est négative, puisqu'une augmentation du prix est associée à une diminution de la quantité demandée, c'est-à-dire que la pente de la courbe de la demande est orientée vers le bas.

e) La demande diminue de 4 tasses. Il s'agit d'un déplacement le long de la courbe.

f)

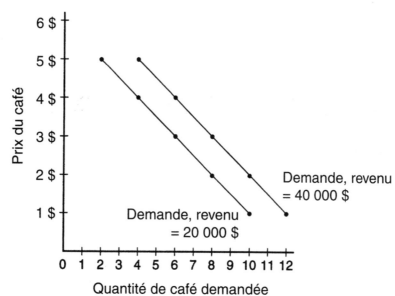

g) Un déplacement de la courbe, puisque la variable modifiée (le revenu) n'est représentée sur aucun des deux axes.

2. a) Une erreur de causalité inverse.

b) Puisque la pluie est prévisible, le fait de s'attendre à ce qu'il pleuve amène des personnes à apporter un parapluie avant le début de la pluie, ce qui laisse croire que les parapluies causent la pluie.

c) Une erreur d'omission de variables.

# L'INTERDÉPENDANCE ET LES GAINS TIRÉS DE L'ÉCHANGE

## APERÇU DU CHAPITRE

### Contexte et objectif

Le chapitre 3 est l'avant-dernier de l'introduction du manuel. Le chapitre 1 présente dix principes d'économie. Le chapitre 2 expose la façon dont les économistes abordent la résolution de problèmes. Le chapitre 3 décrit les gains que les individus et les pays tirent de l'échange (ce qui représente un des dix principes formulés dans le chapitre 1). Quant au chapitre 4, il décrit ce que sont l'offre et la demande, et montre en quoi leurs interactions déterminent les prix et les quantités des biens et des services.

L'objectif du chapitre 3 consiste à démontrer que tous peuvent tirer des gains de l'échange. L'échange permet aux différents groupes de se spécialiser dans la production de biens pour laquelle ils disposent d'un avantage comparatif, puis d'échanger une partie de ces biens contre les biens que produisent d'autres groupes. La production totale augmente en raison de la spécialisation, puis l'échange permet à tous de partager l'abondance qui en résulte. Cela s'avère ainsi avantageux tant pour les pays que pour les individus. Puisque tous peuvent tirer des gains de l'échange, les restrictions imposées au commerce ont tendance à amoindrir le bien-être.

### Indications utiles

1. ***Voici un exemple détaillé d'un avantage comparatif.*** Voici un exemple qui va illustrer la plupart des concepts analysés dans le chapitre 3. Il vous offre un modèle à suivre afin de répondre aux questions figurant à la fin du chapitre correspondant au manuel et de résoudre les problèmes qui suivent dans le *Guide de l'étudiant*.

Supposons que nous disposons des données de la page suivante au sujet de la productivité industrielle au Japon et en Corée. Il s'agit du nombre d'unités produites par heure de travail.

| | Acier | Téléviseurs |
|---|---|---|
| Japon | 6 | 3 |
| Corée | 8 | 2 |

Un travailleur japonais peut produire 6 unités d'acier ou 3 téléviseurs par heure de travail. Un travailleur coréen peut produire 8 unités d'acier ou 2 téléviseurs par heure de travail.

On peut tracer la courbe des possibilités de production de chaque pays, après avoir postulé que chaque pays ne comprend qu'un seul travailleur et que celui-ci ne travaille qu'une heure. Pour tracer la courbe, il suffit de placer les points sur un graphique et de les relier par une ligne. Par exemple, le Japon peut produire 6 unités d'acier ou 3 téléviseurs. Il peut aussi consacrer une demi-heure à la production de chacun de ces biens et obtenir ainsi 3 unités d'acier et 11/2 téléviseur. Toute autre proportion de l'heure de travail peut être consacrée à chacune des deux activités productrices. La courbe des possibilités de production est rectiligne dans ces cas, parce que la main-d'œuvre peut passer, à un taux constant, de la production d'un bien à la production de l'autre bien. Ce qui précède s'applique aussi à la Corée. Sans échange, la courbe des possibilités de production est identique à la courbe des possibilités de consommation.

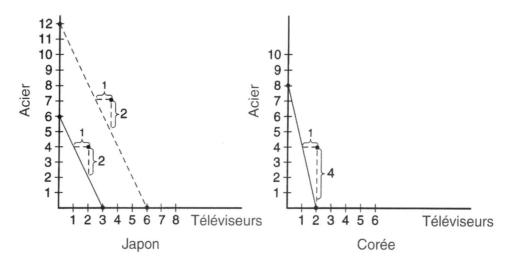

L'avantage comparatif détermine la spécialisation et l'échange. Le coût de renonciation d'un téléviseur au Japon est de 2 unités d'acier, ce que montre la pente de la courbe des possibilités de production dans le graphique ci-dessus. Par ailleurs, le coût de renonciation de 1 unité d'acier au Japon est de 1/2 téléviseur. En Corée, le coût de renonciation de 1 téléviseur est de 4 unités d'acier et le coût de renonciation de 1 unité d'acier est de 1/4 de téléviseur. Puisque le coût de renonciation d'un téléviseur est plus faible au Japon, ce pays dispose d'un avantage comparatif pour la production de téléviseurs et devrait se spécialiser dans cette production. De même, puisque le coût de renonciation de l'acier est plus faible en Corée, ce pays dispose d'un avantage comparatif pour la production d'acier et devrait se spécialiser dans cette production.

Quelle est la fourchette des prix auxquels chacun de ces pays serait prêt à échanger?

Si le Japon se spécialise dans la production de téléviseurs et en produit 3, il serait prêt à échanger des téléviseurs contre de l'acier, à condition que le prix de l'acier soit inférieur à 1/2 téléviseur par unité d'acier, parce que c'était le prix japonais d'une unité d'acier avant l'échange. La Corée serait prête à se spécialiser dans la production d'acier et à en échanger contre des téléviseurs, à condition que le prix d'un téléviseur soit inférieur à 4 unités d'acier, parce que c'était le prix coréen d'un téléviseur avant l'échange. En résumé, le prix final doit se situer entre les arbitrages originaux que chaque pays affrontait en l'absence d'échange. Ainsi, un téléviseur coûtera entre 2 et 4 unités d'acier et une unité d'acier coûtera entre 1/4 et 1/2 téléviseur.

2. *L'échange permet aux pays d'avoir une consommation qui se situe à l'extérieur de leur courbe initiale des possibilités de production.* Supposons que le Japon et la Corée s'entendent sur un prix d'échange de 3 unités d'acier contre 1 téléviseur (ou de 1/3 de téléviseur contre 1 unité d'acier). Nous vous donnons maintenant ce prix, car les données du problème ne vous permettent pas de calculer le prix d'échange final, mais seulement la fourchette dans laquelle doit se trouver ce prix. Le prix que nous vous donnons est à mi-chemin entre les deux prix auxquels chaque pays est soumis en l'absence d'échange. La fourchette des prix d'échange va de 2 à 4 unités d'acier contre 1 téléviseur.

Si le Japon se spécialise dans la production de téléviseurs, en produit 3 et en exporte 1 en échange de 3 unités d'acier, il sera en mesure de consommer 2 téléviseurs et 3 unités d'acier. Si nous plaçons ce point (2 téléviseurs et 3 unités d'acier) sur le graphique du Japon, nous constatons qu'il se situe à l'extérieur de sa courbe des possibilités de production. Si la Corée se spécialise dans la production d'acier, en produit 8 unités et en exporte 3 en échange de 1 téléviseur, elle sera en mesure de consommer 5 unités d'acier et 1 téléviseur. Si nous plaçons ce point (5 unités d'acier et 1 téléviseur) sur le graphique de la Corée, nous constatons qu'il se situe également à l'extérieur de sa courbe des possibilités de production.

C'est là le gain tiré de l'échange. L'échange permet aux pays (et aux individus) de se spécialiser. La spécialisation fait augmenter la production mondiale. Après l'échange, les pays ont une consommation située à l'extérieur de leur courbe respective des possibilités de production. Ainsi, l'échange est analogue à un progrès technologique. Il permet aux pays de se déplacer au-delà de leur courbe actuelle des possibilités de production.

3. *Seul l'avantage comparatif est important — l'avantage absolu est sans intérêt.* Dans l'exemple précédent, le Japon avait un avantage absolu pour la production de téléviseurs, car il pouvait en produire 3 à l'heure pendant que la Corée ne pouvait en produire que 2. Pour sa part, la Corée avait un avantage absolu dans la production d'acier, car elle pouvait en produire 8 unités à l'heure pendant que le Japon ne pouvait en produire que 6.

Pour démontrer que c'est l'avantage comparatif, et non l'avantage absolu, qui détermine la spécialisation et l'échange, nous allons modifier les données de l'exemple précédent et conférer au Japon un avantage absolu pour la production des deux biens. Nous allons ainsi supposer que le Japon devient deux fois plus productif que dans l'exemple précédent, c'est-à-dire qu'un travailleur peut désormais produire 12 unités d'acier ou 6 téléviseurs à l'heure.

|  | Acier | Téléviseurs |
|---|---|---|
| Japon | 12 | 6 |
| Corée | 8 | 2 |

Le Japon possède maintenant un avantage absolu pour la production des deux biens. La nouvelle courbe des possibilités de production du Japon est représentée par la ligne pointillée dans le graphique précédent. Est-ce que cela modifie l'analyse? Pas du tout. Le coût de renonciation de chaque bien au Japon est le même, soit 2 unités d'acier pour 1 téléviseur ou 1/2 téléviseur pour 1 unité d'acier (et la situation de la Corée ne change pas, elle non plus). Le Japon dispose donc du même avantage comparatif qu'auparavant et se spécialisera dans la production de téléviseurs, tandis que la Corée se spécialisera dans la production d'acier. Toutefois, puisque la productivité a doublé au Japon, toute sa gamme de choix et, par conséquent, son bien-être matériel, se sont améliorés.

# EXERCICES D'AUTORÉVISION

## Questions de type « vrai ou faux »

_____ 1. Si le Japon a un avantage absolu pour la production d'un bien, il doit forcément posséder aussi un avantage comparatif pour la production de ce même bien.

_____ 2. L'avantage comparatif, et non l'avantage absolu, est le facteur déterminant le choix du produit qui fera l'objet d'une spécialisation de la production.

_____ 3. Pour déterminer le pays qui possède l'avantage absolu, on doit comparer les niveaux de productivité.

_____ 4. Viser l'autosuffisance est le meilleur moyen d'accroître son propre bien-être matériel.

_____ 5. Pour déterminer le pays qui possède l'avantage comparatif, on doit comparer les coûts de renonciation.

_____ 6. Pour un pays qui vit en autarcie, la courbe des possibilités de production est identique à la courbe des possibilités de consommation.

_____ 7. Si les travailleurs d'un pays peuvent produire 5 hamburgers à l'heure ou 10 frites à l'heure, alors, en l'absence d'échange avec d'autres pays, le prix de 1 frite sera de 2 hamburgers.

_____ 8. Si des producteurs ont des coûts (de renonciation) de production différents, alors ils seront en mesure, s'ils ont recours à l'échange, d'avoir une consommation située à l'extérieur de leur courbe des possibilités de production.

_____ 9. Dans un monde ne comprenant que deux pays, si l'échange n'avantage qu'un seul de ces pays, alors l'autre pays doit être désavantagé par cet échange.

_____ 10. Les individus talentueux qui sont les meilleurs dans tout ce qu'ils font auront toujours un avantage comparatif pour la production de quoi que ce soit.

_____ 11. Les gains tirés de l'échange peuvent se mesurer selon la hausse de la production totale et de la consommation totale qui découle de la spécialisation.

_____ 12. Lorsqu'un pays élimine une barrière au commerce comme un quota d'importation, tous les travailleurs de ce pays en bénéficient.

_____ 13. Si, à la suite de vastes progrès technologiques, l'Allemagne a doublé sa productivité dans tous les secteurs où elle produit quelque chose, alors on peut s'attendre à ce que ses précédents champs de spécialisation n'aient pas changé du tout. Cela s'explique par le fait que les secteurs où elle disposait d'un avantage comparatif demeurent les mêmes à la suite de la hausse de productivité.

_____ 14. Si un pays développé possède un avantage absolu, par rapport à des pays moins développés, pour la production de tous ses biens et services, alors il aurait avantage à vivre en autarcie en imposant des barrières commerciales ou à restreindre le commerce avec les pays moins développés.

_____ 15. Si les gains tirés de l'échange reposent uniquement sur le concept d'avantage comparatif et si tous les pays ont les mêmes coûts (de renonciation) de production, alors aucun gain ne peut être tiré de l'échange.

## Questions à choix multiple

1. Si un pays a un avantage absolu pour la production d'un bien, cela signifie :
    A. qu'il peut produire ce bien à un coût de renonciation inférieur à celui de son partenaire commercial.
    B. qu'il peut produire ce bien en utilisant moins de ressources que ne le fait son partenaire commercial.
    C. qu'il a intérêt à restreindre l'importation de ce bien.
    D. qu'il se spécialisera dans la production de ce bien et l'exportera.
    E. Aucune de ces réponses.

2. Si un pays a un avantage comparatif pour la production d'un bien, cela signifie :

   A. qu'il peut produire ce bien à un coût de renonciation inférieur à celui de son partenaire commercial.

   B. qu'il peut produire ce bien en utilisant moins de ressources que ne le fait son partenaire commercial.

   C. qu'il a intérêt à restreindre l'importation de ce bien.

   D. qu'il doit être le seul pays ayant la capacité de produire ce bien.

   E. Aucune de ces réponses.

3. Lequel des énoncés suivants au sujet de l'échange est vrai ?

   A. Le commerce international sans barrières profite également à tous les citoyens d'un pays.

   B. Les personnes compétentes dans toutes les activités ne peuvent tirer parti de l'échange.

   C. L'échange peut profiter à tous les membres de la société, parce qu'il permet aux individus de se spécialiser dans des activités où ils disposent d'un avantage absolu.

   D. L'échange peut profiter à tous les membres de la société, parce qu'il permet aux individus de se spécialiser dans des activités où ils disposent d'un avantage comparatif.

4. Selon le principe d'avantage comparatif,

   A. les pays ayant un avantage comparatif pour la production de tous les biens n'ont pas besoin de se spécialiser.

   B. les pays devraient se spécialiser dans la production des biens qui profitent plus à leurs consommateurs qu'à ceux des autres pays.

   C. les pays devraient se spécialiser dans la production des biens nécessitant l'emploi de ressources moindres que celles que devraient utiliser leurs partenaires commerciaux.

   D. les pays devraient se spécialiser dans la production des biens dont le coût de renonciation est inférieur à celui de leurs partenaires commerciaux.

5. Lequel des énoncés suivants est vrai ?

   A. L'autarcie constitue la voie menant à la prospérité pour la plupart des pays.

   B. Un pays en autarcie peut avoir un niveau de consommation situé à l'extérieur de sa courbe des possibilités de production.

   C. Un pays en autarcie peut, au mieux, avoir un niveau de consommation situé sur sa courbe des possibilités de production.

   D. Seuls les pays ayant un avantage absolu pour la production de tous les biens devraient s'efforcer de de vivre en autarcie.

6. Supposons que les travailleurs d'un pays peuvent produire 4 montres à l'heure ou 12 bagues à l'heure. En l'absence d'échange,

   A. le prix national de 1 bague est de 3 montres.

   B. le prix national de 1 bague est de 1/3 de montre.

   C. le prix national de 1 bague est de 4 montres.

   D. le prix national de 1 bague est de 1/4 de montre.

   E. le prix national de 1 bague est de 12 montres.

7. Supposons que les travailleurs d'un pays peuvent produire 4 montres à l'heure ou 12 bagues à l'heure. En l'absence d'échange,

   A. le coût de renonciation de 1 montre est de 3 bagues.

   B. le coût de renonciation de 1 montre est de 1/3 de bague.

   C. le coût de renonciation de 1 montre est de 4 bagues.

   D. le coût de renonciation de 1 montre est de 1/4 de bague.

   E. le coût de renonciation de 1 montre est de 12 bagues.

Le tableau ci-dessous montre le nombre d'unités par mois qu'un travailleur peut produire en Australie et en Corée. Reportez-vous à ce tableau pour répondre aux questions 8 à 15.

| | Aliments | Appareils électroniques |
|---|---|---|
| Australie | 20 | 5 |
| Corée | 8 | 4 |

8. Lequel des énoncés suivants au sujet de l'avantage absolu est vrai?

   A. L'Australie a un avantage absolu pour la production d'aliments, tandis que la Corée a un avantage absolu pour la production d'appareils électroniques.

   B. La Corée a un avantage absolu pour la production d'aliments, tandis que l'Australie a un avantage absolu pour la production d'appareils électroniques.

   C. L'Australie a un avantage absolu pour la production d'aliments et d'appareils électroniques.

   D. La Corée a un avantage absolu pour la production d'aliments et d'appareils électroniques.

9. Le coût de renonciation de 1 appareil électronique en Australie est de:

   A. 5 unités d'aliments.

   B. 1/5 d'unité d'aliments.

   C. 4 unités d'aliments.

   D. 1/4 d'unité d'aliments.

10. Le coût de renonciation de 1 appareil électronique en Corée est de:

   A. 2 unités d'aliments.

   B. 1/2 unité d'aliments.

   C. 4 unités d'aliments.

   D. 1/4 d'unité d'aliments.

11. Le coût de renonciation de 1 unité d'aliments en Australie est de:

   A. 5 appareils électroniques.

   B. 1/5 d'appareil électronique.

   C. 4 appareils électroniques.

   D. 1/4 d'appareil électronique.

12. Le coût de renonciation de 1 unité d'aliments en Corée est de:

   A. 2 appareils électroniques.

   B. 1/2 appareil électronique.

   C. 4 appareils électroniques.

   D. 1/4 d'appareil électronique.

13. Lequel des énoncés suivants au sujet de l'avantage comparatif est vrai?

   A. L'Australie a un avantage comparatif pour la production d'aliments, tandis que la Corée a un avantage comparatif pour la production d'appareils électroniques.

   B. La Corée a un avantage comparatif pour la production d'aliments, tandis que l'Australie a un avantage comparatif pour la production d'appareils électroniques.

   C. L'Australie a un avantage comparatif pour la production d'aliments et d'appareils électroniques.

   D. La Corée a un avantage comparatif pour la production d'aliments et d'appareils électroniques.

   E. Aucun des deux pays n'a un avantage comparatif, parce que le coût de renonciation de la production des deux biens est le même dans les deux pays.

14. La Corée devrait :
    A. se spécialiser dans la production d'aliments, exporter des aliments et importer des appareils électroniques.
    B. se spécialiser dans la production d'appareils électroniques, exporter des appareils électroniques et importer des aliments.
    C. produire les deux biens, parce qu'aucun des deux pays n'a un avantage comparatif pour la production de l'un ou l'autre des deux biens.
    D. ne produire aucun des deux biens, parce qu'elle a un désavantage absolu pour la production des deux biens.

15. Le prix des appareils électroniques peut être exprimé en quantité d'unités d'aliments. Quelle est la fourchette de prix des appareils électroniques qui permettrait aux deux pays de tirer un gain de l'échange ?
    A. Le prix doit être supérieur à 1/5 d'unité d'aliments et inférieur à 1/4 d'unité d'aliments.
    B. Le prix doit être supérieur à 4 unités d'aliments et inférieur à 5 unités d'aliments.
    C. Le prix doit être supérieur à 1/4 d'unité d'aliments et inférieur à 1/2 d'unité d'aliments.
    D. Le prix doit être supérieur à 2 unités d'aliments et inférieur à 4 unités d'aliments.

16. Supposons que le monde comprend deux pays : les États-Unis et le Canada. Supposons également qu'il existe seulement deux biens : des aliments et des vêtements. Lequel des énoncés suivants est vrai ?
    A. Si les États-Unis ont un avantage absolu pour la production d'aliments, alors le Canada doit avoir un avantage absolu pour la production de vêtements.
    B. Si les États-Unis ont un avantage comparatif pour la production d'aliments, alors le Canada doit avoir un avantage comparatif pour la production de vêtements.
    C. Si les États-Unis ont un avantage comparatif pour la production d'aliments, ils doivent aussi avoir un avantage comparatif pour la production de vêtements.
    D. Si les États-Unis ont un avantage comparatif pour la production d'aliments, le Canada pourrait aussi avoir un avantage comparatif pour la production d'aliments.
    E. Aucune de ces réponses.

Reportez-vous aux courbes des possibilités de production ci-dessous pour répondre aux questions 17 à 19. On suppose que les deux pays comptent sur le même nombre de travailleurs, disons 20 millions, et que les nombres sur les deux axes représentent la quantité de tonnes produites par mois.

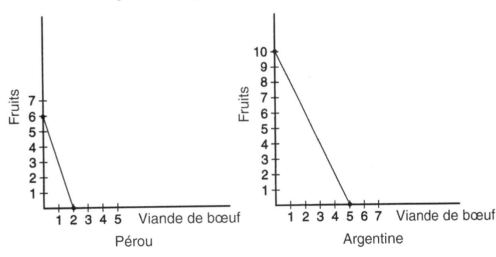

17. L'Argentine a un avantage comparatif pour la production :

  A. de fruits et de viande de bœuf.

  B. de fruits.

  C. de viande de bœuf.

  D. d'aucun de ces deux biens.

18. Le Pérou va exporter :

  A. des fruits et de la viande de bœuf.

  B. des fruits.

  C. de la viande de bœuf.

  D. aucun de ces deux biens.

19. Le coût de renonciation de la production d'une tonne de viande de bœuf au Pérou est de :

  A. 1/3 de tonne de fruits.

  B. 1 tonne de fruits.

  C. 2 tonnes de fruits.

  D. 3 tonnes de fruits.

  E. 6 tonnes de fruits.

20. Julien est un comptable spécialisé en fiscalité. Il exige 100 $ l'heure pour produire des déclarations d'impôt. Il est également capable d'entrer des données dans un tableau à une vitesse de 5000 caractères à l'heure. Il peut aussi embaucher un assistant pour effectuer cette entrée de données, mais le meilleur assistant qu'il a trouvé ne peut le faire qu'à une vitesse de 2500 caractères à l'heure. Lequel des énoncés suivants est vrai ?

  A. Julien ne devrait pas embaucher l'assistant et devrait effectuer lui-même l'entrée des données, parce que l'assistant ne peut le faire aussi rapidement que lui.

  B. Julien devrait embaucher l'assistant à condition de lui verser un salaire inférieur à 100 $ l'heure.

  C. Julien devrait embaucher l'assistant à condition de lui verser un salaire inférieur à 50 $ l'heure.

  D. Aucune de ces réponses.

## Questions à réponse brève

1. Pourquoi la plupart des individus choisissent-ils de devenir interdépendants plutôt qu'autosuffisants ?

_____

_____

_____

_____

2. Pourquoi est-ce l'avantage comparatif, plutôt que l'avantage absolu, qui constitue le facteur déterminant des décisions prises en matière d'échange ? _____

_____

_____

_____

3. Quels sont les gains tirés de l'échange ? _____

_____

_____

_____

4. Pourquoi les barrières commerciales sont-elles susceptibles de réduire le bien-être économique ?

_____

_____

_____

_____

5. Supposons qu'un avocat touchant 200 $ l'heure est également capable de faire du traitement de texte à une vitesse de 200 mots par minute. Cet avocat peut-il justifier l'embauche d'une secrétaire capable de faire du traitement de texte à une vitesse de seulement 50 mots par minute ? Expliquez pourquoi.

_____

_____

_____

_____

6. Commentez cet énoncé : un pays à la fine pointe de la technologie, qui est meilleur qu'un pays voisin pour la production de presque tous les biens, aurait intérêt à cesser d'échanger avec ce pays moins productif, parce que ce dernier constitue un fardeau pour le pays plus avancé, plutôt que de lui procurer des avantages.

_____

_____

_____

_____

_____

## Problèmes pratiques

1. Annick étudie à l'université. Elle suit des cours à temps plein et ne peut consacrer que 5 heures par semaine à son passe-temps préféré. Elle a un tempérament d'artiste et peut fabriquer 2 cocottes d'argile à l'heure ou 4 bols de café à l'heure.

   a) Dessinez sa courbe des possibilités de production de cocottes d'argile et de bols de café, selon la quantité produite chaque semaine.

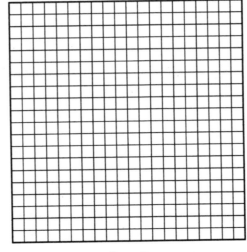

Cocottes

b) Quel est le coût de renonciation d'une cocotte ? De 10 cocottes ? _____

_____

_____

c) Quel est le coût de renonciation d'un bol ? De 10 bols ? _____

_____

_____

d) Pourquoi sa courbe des possibilités de production est-elle rectiligne plutôt qu'arquée vers l'extérieur, comme celles qui figurent dans le chapitre 2 ? _____

_____

_____

2. Supposons qu'un travailleur en Allemagne peut produire 15 ordinateurs par mois ou 5 tonnes de céréales par mois, alors qu'un travailleur en Pologne peut produire 4 ordinateurs par mois ou 4 tonnes de céréales par mois. Pour simplifier les choses, nous allons postuler que chacun de ces deux pays ne compte qu'un seul travailleur.

a) Remplissez le tableau suivant.

|  | Ordinateurs | Céréales |
|---|---|---|
| Allemagne |  |  |
| Pologne |  |  |

b) Tracez la courbe des possibilités de production de chaque pays.

ALLEMAGNE

POLOGNE

c) Quel est le coût de renonciation d'un ordinateur en Allemagne ? Quel est le coût de renonciation d'une tonne de céréales en Allemagne ? _____

_____

_____

d) Quel est le coût de renonciation d'un ordinateur en Pologne ? Quel est le coût de renonciation d'une tonne de céréales en Pologne ? _____

_____

_____

e) Quel pays a un avantage absolu pour la production d'ordinateurs ? Pour la production de céréales ?

_____

_____

_____

f) Quel pays a un avantage comparatif pour la production d'ordinateurs ? Pour la production de céréales ?

_____

_____

_____

_____

_____

g) D'après les données disponibles, dans la production de quel bien chaque pays devrait-il se spécialiser ? Expliquez pourquoi. _____

_____

_____

_____

_____

h) Quelle est la fourchette de prix des ordinateurs et des céréales qui permettrait aux deux pays de tirer des gains de l'échange ? _____

_____

_____

_____

i) Supposons que l'Allemagne et la Pologne s'entendent sur le prix suivant : 2 ordinateurs pour 1 tonne de céréales, soit 1/2 tonne de céréales pour 1 ordinateur. Supposons aussi que chaque pays se spécialise entièrement dans la production du bien pour lequel il détient un avantage comparatif et que, par conséquent, les deux pays s'échangent 4 ordinateurs contre 2 tonnes de céréales. Placez les points de consommation finale sur chacune des courbes tracées pour le problème b) de la page précédente. La consommation de ces pays se situe-t-elle à l'intérieur ou à l'extérieur de leur courbe respective des possibilités de production ? _____

_____

_____

_____

_____

j) Supposons que la productivité d'un travailleur en Pologne double de sorte que ce dernier peut désormais produire 8 ordinateurs par mois ou 8 tonnes de céréales par mois. Quel pays dispose dorénavant d'un avantage absolu pour la production d'ordinateurs? Pour la production de céréales?

_____

_____

_____

_____

k) Après le doublement de la productivité en Pologne, quel pays dispose désormais d'un avantage comparatif pour la production d'ordinateurs? Pour la production de céréales? L'avantage comparatif a-t-il changé par rapport à ce qu'il était initialement (avant le doublement de la productivité en Pologne)? Le bien-être économique des résidents de chacun de ces deux pays a-t-il changé?

_____

_____

_____

_____

_____

l) En quoi votre analyse serait-elle modifiée si vous supposiez, de façon plus réaliste, que chacun de ces deux pays compte 10 millions de travailleurs plutôt qu'un seul?_____

_____

_____

_____

_____

3. Supposons qu'un travailleur au Canada peut produire 4 voitures par mois ou 20 ordinateurs par mois, alors qu'un travailleur en Russie peut produire 1 voiture par mois ou 5 ordinateurs par mois. Pour simplifier les choses, nous allons de nouveau postuler que chaque pays compte un seul travailleur.

a) Remplissez le tableau suivant.

| | Voitures | Ordinateurs |
|---|---|---|
| Canada | | |
| Russie | | |

b) Quel pays dispose d'un avantage absolu pour la production de voitures? Pour la production d'ordinateurs?_____

_____

_____

c) Quel pays dispose d'un avantage comparatif pour la production de voitures? Pour la production d'ordinateurs? _____

_____

_____

_____

d) Y a-t-il des gains à tirer de l'échange? Expliquez pourquoi. _____

_____

_____

_____

e) Votre réponse donnée au problème d) ci-dessus vous aide-t-elle à repérer une source possible de gains à tirer de l'échange? _____

_____

_____

_____

f) Qu'est-ce qui pourrait expliquer que deux pays peuvent avoir des coûts de renonciation différents en matière de production? (Un effort d'imagination est nécessaire ici, car cette question n'a pas été directement traitée dans le chapitre 3.) _____

_____

_____

_____

_____

## Pensée critique

Vous regardez un débat électoral à la télévision. Un des candidats affirme ceci : « Nous devons faire cesser l'afflux de voitures importées dans notre pays. Si nous limitons l'importation de voitures, notre industrie automobile nationale sera en meilleure position et tous les Canadiens en bénéficieront. »

1. Est-il probable que les Canadiens bénéficieraient de la restriction de l'importation de voitures au pays? Expliquez pourquoi. _____

_____

_____

_____

_____

2. Est-ce qu'un groupe spécifique de Canadiens bénéficierait de la restriction de l'importation de voitures au pays? Expliquez pourquoi. _____

_____

_____

_____

_____

3. Dans le monde réel, est-ce que chaque citoyen du pays bénéficie de la suppression des restrictions sur les importations? Expliquez pourquoi. _____

_____

_____

_____

_____

_____

## SOLUTIONS

### Questions de type « vrai ou faux »

1. Faux ; un avantage absolu concerne les quantités d'entrants utilisés pour la production, tandis qu'un avantage comparatif concerne les coûts de renonciation.
2. Vrai.
3. Vrai.
4. Faux ; une limitation de l'échange élimine les gains qui peuvent en être tirés.
5. Vrai.
6. Vrai.
7. Faux ; le prix de 1 frite est de 1/2 hamburger.
8. Vrai.
9. Faux ; l'échange volontaire profite aux deux parties qui échangent.
10. Faux ; si le coût de renonciation de la production d'un bien est faible, alors le coût de renonciation de la production de l'autre bien est élevé.
11. Vrai.
12. Faux ; cela peut nuire aux travailleurs actifs dans l'industrie concernée.
13. Vrai.
14. Faux ; l'échange volontaire profite à toutes les parties qui échangent.
15. Vrai.

### Questions à choix multiple

| | | | |
|---|---|---|---|
| 1. B | 6. B | 11. D | 16. B |
| 2. A | 7. A | 12. B | 17. C |
| 3. D | 8. C | 13. A | 18. B |
| 4. D | 9. C | 14. B | 19. D |
| 5. C | 10. A | 15. D | 20. C |

### Questions à réponse brève

1. Parce qu'un consommateur a accès à des biens beaucoup plus variés, à un coût beaucoup plus faible, que s'il les produit lui-même. En d'autres termes, des gains peuvent être tirés de l'échange.

2. Ce qui est important en matière d'échange, c'est la différence entre les coûts d'un pays en l'absence d'échange et les coûts d'un autre pays. Cette différence découle des coûts de renonciation relatifs aux pays concernés.

3. Il s'agit de la production et de la consommation additionnelles qui proviennent de pays ayant des coûts de renonciation différents et se spécialisant dans la production du bien pour lequel leur coût de renonciation national est le plus faible.

4. Parce que cela oblige les individus à produire des biens à un coût plus élevé que celui qui résulterait de l'échange.

5. Oui. Tant que la secrétaire gagne moins de 50 $ l'heure, l'avocat est gagnant.

6. Ce n'est pas vrai. Tous les pays peuvent tirer des gains de l'échange si leurs coûts de renonciation sont différents. Même le pays le moins productif aura un avantage comparatif pour la production d'un bien et pourra échanger ce bien avec le pays plus développé à un coût inférieur au coût de renonciation de ce pays plus développé.

## Problèmes pratiques

1. a)

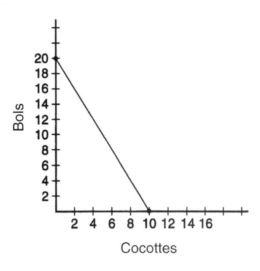

b) 2 bols. 20 bols.

c) 1/2 cocotte. 5 cocottes.

d) Parce que, ici, les ressources utilisées pour la production d'un bien peuvent être réorientées à un taux constant vers la production d'un autre bien.

2. a)

|  | Ordinateurs | Céréales |
|---|---|---|
| Allemagne | 15 | 5 |
| Pologne | 4 | 4 |

b)

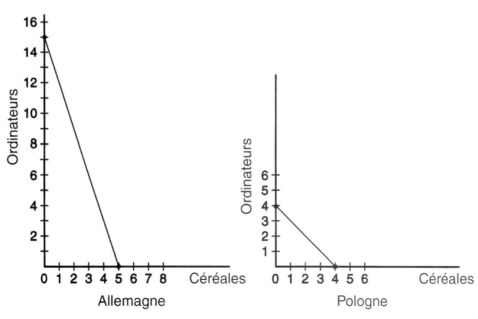

c) 1/3 de tonne de céréales. 3 ordinateurs.

d) 1 tonne de céréales. 1 ordinateur.

e) L'Allemagne, parce qu'un travailleur peut en produire 15, comparativement à 4 en Pologne. L'Allemagne, parce qu'un travailleur peut en produire 5 tonnes, comparativement à 4 tonnes en Pologne.

f) L'Allemagne, parce que le coût de renonciation d'un ordinateur est de seulement 1/3 de tonne de céréales, comparativement à 1 tonne en Pologne. La Pologne, parce que le coût de renonciation de 1 tonne de céréales est de seulement 1 ordinateur, comparativement à 3 en Allemagne.

g) L'Allemagne devrait produire des ordinateurs, tandis que la Pologne devrait produire des céréales, parce que le coût de renonciation des ordinateurs est plus faible en Allemagne et que le coût de renonciation des céréales est plus faible en Pologne. En d'autres termes, chaque pays dispose d'un avantage comparatif pour la production d'un de ces biens.

h) 1 tonne de céréales doit coûter moins de 3 ordinateurs à l'Allemagne. 1 ordinateur doit coûter moins de 1 tonne de céréales à la Pologne.

i)

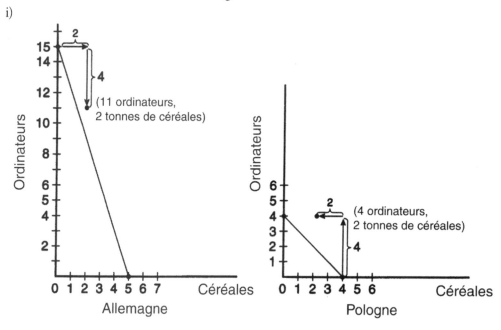

Leur consommation se situe à l'extérieur de leur courbe respective des possibilités de production.

j) L'Allemagne, parce qu'un travailleur peut en produire 15, comparativement à 8 en Pologne. La Pologne, parce qu'un travailleur peut en produire 8 tonnes, comparativement à 5 tonnes en Allemagne.

k) L'Allemagne dispose d'un avantage comparatif pour la production d'ordinateurs. La Pologne dispose d'un avantage comparatif pour la production de céréales. L'avantage comparatif n'a pas changé. La situation de la Pologne s'est améliorée, parce que ce pays a désormais un plus large éventail de choix.

l) Ni l'avantage absolu ni l'avantage comparatif ne changeraient. L'échelle des deux graphiques précédents serait modifiée par un facteur de 10 millions.

3. a)

|  | Voitures | Ordinateurs |
|---|---|---|
| Canada | 4 | 20 |
| Russie | 1 | 5 |

b) Le Canada, parce qu'un travailleur peut en produire 4, comparativement à 1. Le Canada, parce qu'un travailleur peut en produire 20, comparativement à 5.

c) Dans les deux pays, le coût de renonciation de 1 voiture est de 5 ordinateurs. Dans les deux pays, le coût de renonciation de 1 ordinateur est de 1/5 de voiture. Aucun des deux pays ne dispose donc d'un avantage comparatif pour la production de l'un ou l'autre des deux biens.

d) Non. Chaque pays peut faire le même arbitrage entre les deux biens à l'échelle nationale.

e) Oui. Les coûts de renonciation de la production de biens doivent être différents d'un pays à l'autre pour que des gains puissent être tirés de l'échange.

f) Les ressources ou la technologie peuvent être différentes selon les pays concernés. Par exemple, la scolarisation des travailleurs, la qualité des terres ou la technologie disponible peuvent différer.

## Pensée critique

1. Non. Si le Canada importe des voitures, c'est parce que le coût de renonciation de la production de voitures est plus faible dans d'autres pays qu'au Canada.

2. Oui, ceux qui sont directement associés à l'industrie automobile nationale, comme les actionnaires (propriétaires) des producteurs nationaux de voitures et les travailleurs de l'industrie automobile nationale.

3. Non. Lorsque les restrictions sur les importations sont supprimées, le pays bénéficie de l'accroissement de l'échange, mais les individus actifs dans l'industrie nationale concernée peuvent en pâtir.

# PARTIE 1

## CHAPITRE 4

# LES FORCES DU MARCHÉ : L'OFFRE ET LA DEMANDE

## APERÇU DU CHAPITRE

### Contexte et objectif

Les chapitres précédents donnent un aperçu du mode de pensée économique en vue d'expliciter le fonctionnement d'une économie de marché comme celle du Canada. Une des pierres angulaires d'une économie de marché réside dans les interactions de l'offre et de la demande. Malheureusement, ces deux derniers termes ne sont pas toujours bien compris : un perroquet peut apprendre à répéter l'expression « l'offre et la demande » sans jamais en comprendre la signification… Chaque jour, on peut trouver dans les journaux des exemples d'emploi erroné de cette expression. Celle-ci porte un sens très spécifique en économie qui diffère sensiblement de son sens courant. Le chapitre 4 décrit ce que sont l'offre et la demande aux yeux d'un économiste et montre en quoi leurs interactions déterminent les prix et les quantités des biens et services. Il analyse également les divers facteurs qui modifient l'offre ou la demande et, en fin de compte, les quantités disponibles et les prix en vigueur sur les marchés.

### Indications utiles

1. ***L'offre désigne la volonté de vendre.*** Dans le langage courant, l'offre correspond souvent aux stocks réels d'un produit ou d'une ressource qui sont disponibles pour la vente. En économie, cependant, l'offre désigne la « volonté de vendre ». Par exemple, les journaux rapportent souvent les fluctuations de l'offre de pétrole mondiale, mais ils renvoient en fait aux stocks ou aux réserves de pétrole. L'offre de pétrole représente la volonté de vendre ces stocks ou ces réserves, et non les stocks eux-mêmes.

2. ***La demande désigne la volonté d'acheter.*** La demande ne se limite pas aux besoins des consommateurs. Elle représente des besoins s'appuyant sur des moyens financiers pour les satisfaire et sur la volonté de dépenser ces moyens financiers.

3. *Un marché est un ensemble d'acheteurs et de vendeurs.* Un marché n'est pas un lieu physique. Il correspond plutôt aux interactions d'acheteurs et de vendeurs. Ces interactions peuvent se dérouler dans un lieu physique : par exemple, une vente aux enchères peut constituer un marché distinct. Toutefois, les acheteurs et les vendeurs peuvent aussi interagir à l'échelle nationale ou même mondiale, notamment grâce à l'expansion des communications électroniques. C'est le cas des marchés monétaires, qui relient des acheteurs et des vendeurs dans divers pays du monde.

4. *La demande correspond à toute la courbe.* La demande désigne toute la courbe de la demande, et non un seul point de cette courbe. Elle représente la totalité des combinaisons prix-quantité qui sont acceptables aux yeux des consommateurs. C'est pourquoi nous ne considérons pas qu'une hausse des ventes attribuable à une baisse des prix représente une hausse de la demande. Il y a, bien sûr, une hausse de la quantité demandée, mais il ne s'agit pas d'une hausse (ou d'un déplacement vers la droite) de la demande elle-même.

5. *La quantité demandée est un point de la courbe de la demande.* La modification d'un prix entraîne un changement de la quantité demandée, mais pas de la demande elle-même.

6. *L'offre correspond à toute la courbe.* L'offre désigne toute la courbe de l'offre, et non un seul point de cette courbe. Tout déplacement de l'offre doit découler d'une modification des facteurs sous-jacents qu'on maintient constants lorsqu'on trace une courbe de l'offre. Un changement de prix signifie simplement un déplacement jusqu'à un nouveau point, représentant une nouvelle quantité, de la courbe de l'offre déjà tracée. Bien entendu, une hausse de prix incite les offreurs à vendre davantage, mais on considère que cette réaction à une hausse de prix constitue une augmentation de la quantité offerte, plutôt qu'une augmentation (ou un déplacement) de l'offre elle-même.

7. *La quantité offerte est un point de la courbe de l'offre.* La modification d'un prix entraîne un changement de la quantité offerte, mais la courbe de l'offre elle-même ne se déplace pas. La quantité offerte à un prix donné correspond à la quantité que les offreurs veulent vendre à ce prix.

# EXERCICES D'AUTORÉVISION

## Questions de type « vrai ou faux »

_____ 1. Une baisse du prix des boissons gazeuses entraîne un déplacement vers la droite de la demande de boissons gazeuses (hausse de la demande).

_____ 2. L'offre de pétrole est fixe, parce qu'il existe une quantité finie de réserves de ce combustible fossile.

_____ 3. Au prix d'équilibre, la quantité que les offreurs veulent vendre est exactement égale à la quantité que les demandeurs veulent acheter.

_____ 4. Les progrès technologiques entraînent une baisse de l'offre (déplacement de la courbe de l'offre vers la gauche).

_____ 5. Une hausse des prix des matières premières entraîne généralement une baisse de l'offre (déplacement de la courbe de l'offre vers la gauche).

_____ 6. Si les offreurs s'attendent à une hausse prochaine des prix, il pourrait en résulter une augmentation des prix dès maintenant, car les offreurs pourraient décider de réduire la production actuelle dans l'espoir de vendre davantage d'unités aux futurs prix plus élevés.

_____ 7. Un marché est un lieu physique où interagissent des acheteurs et des vendeurs.

_____ 8. Lorsqu'un prix devient inférieur à son niveau d'équilibre, il en résulte une offre excédentaire du produit concerné.

_____ 9. Lorsqu'un marché se caractérise par la demande excédentaire d'un bien, il s'ensuit générale-ment une hausse de son prix jusqu'à ce que le marché converge vers son niveau d'équilibre.

_____ 10. Une hausse de l'offre d'un bien entraîne une augmentation du prix d'équilibre et de la quantité de ce bien.

_____ 11. Une hausse égale de l'offre et de la demande de bonne volonté entraîne généralement une aug-mentation de son prix d'équilibre et de sa quantité.

_____ 12. Une hausse de l'offre, qu'accompagne une baisse égale de la demande, entraîne une diminution du prix d'équilibre, mais ne modifie pas la quantité d'équilibre.

_____ 13. La courbe de l'offre de marché est la somme verticale de toutes les courbes de l'offre indivi-duelle.

_____ 14. Dans l'hypothèse où la pizza et la bière sont complémentaires, si le prix de la pizza baisse, alors il en résulte une hausse de la demande de bière.

_____ 15. Dans l'hypothèse où la pizza et les hamburgers sont des substituts, si le prix de la pizza baisse, alors il en résulte une hausse de la demande de hamburgers.

## Questions à choix multiple

1. Lequel des événements suivants entraînerait une baisse (déplacement de la courbe vers la gauche) de la demande de bière ?
   A. Une étude récente de Santé Canada conclut que la bière fait diminuer le risque de maladie cardiaque.
   B. Le prix de la bière passe à 5 $ la bouteille.
   C. Les bars commencent à donner des grignotines épicées à leurs clients.
   D. Le prix du vin, un substitut proche, baisse.
   E. Il y a une augmentation de la population ayant l'âge légal pour boire de la bière.

2. Si les acheteurs croient que le prix de l'essence va bientôt augmenter, la conséquence immédiate la plus probable sera la suivante :
   A. une baisse (déplacement vers la gauche) de la demande d'essence, en raison d'une modification des préférences.
   B. une baisse (déplacement vers la gauche) de la demande d'essence, en raison d'un déplacement vers des substituts.
   C. une hausse de la quantité demandée, en raison de la modification de l'offre.
   D. une hausse (déplacement vers la droite) de la demande d'essence, en raison d'une modification des attentes.
   E. aucune modification de la demande ; seule l'offre va changer.

3. Si une percée technologique en génie génétique permettait un doublement du rendement à l'hectare de la culture du maïs, la conséquence la plus probable serait la suivante :
   A. une baisse (déplacement vers la gauche) de l'offre de maïs, en raison de la hausse des coûts qu'induit la nouvelle technologie.
   B. une hausse (déplacement vers la droite) de l'offre de maïs, en raison de la baisse des coûts de pro-duction.
   C. une hausse de la demande de maïs, en raison de la forte baisse de son prix.
   D. une hausse de la quantité offerte, en raison de la volonté accrue de vendre du maïs.

4. À un événement sportif tenu à l'université, un étudiant avance l'affirmation suivante à l'intention d'un ami : « Ce stade de football est un bon exemple du caractère irréaliste des sciences économiques. Mon professeur d'économie prétend que, selon une prétendue "loi de l'offre", l'offre varie directement en fonction du prix. Pourtant, tout le monde peut voir que l'offre de sièges dans le stade est toujours de 10 000, peu importe le prix d'un billet ! » En quoi cette affirmation est-elle erronée ?

 A. Il s'agit simplement d'une exception à la loi de l'offre ; cela ne signifie pas que cette loi ne s'applique pas à la plupart des cas.

 B. L'offre n'est pas toujours de 10 000 sièges ; c'est la quantité offerte qui est toujours la même.

 C. L'offre ne désigne pas les stocks d'un bien qui sont disponibles, mais plutôt la volonté de vendre.

 D. L'offre ne varie pas toujours directement en fonction du prix ; c'est la quantité offerte qui varie en fonction du prix.

 E. Les réponses c) et d) sont correctes.

Reportez-vous au graphique ci-dessous pour répondre aux questions 5 à 8.

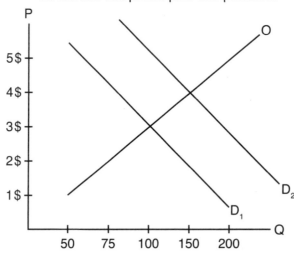

Le marché des pizzas pour une personne

5. Dans le graphique ci-dessus, quels sont les prix et quantité d'équilibre initiaux ?

 A. P = 2 $ ; Q = 75.

 B. P = 2 $ ; Q = 150.

 C. P = 3 $ ; Q = 100.

 D. P = 4 $ ; Q = 75.

 E. P = 4 $ ; Q = 150.

6. Lequel des événements suivants entraînerait un déplacement vers la droite de la demande de pizzas de la part des étudiants de l'université ?

 A. Une hausse de l'aide financière accordée aux étudiants de l'université.

 B. Des pizzas offertes à moitié prix à tous les détenteurs d'une carte d'identité de l'université.

 C. Une hausse du prix d'un complément, comme la bière.

 D. Une baisse du prix d'un substitut, comme les hamburgers.

 E. Une baisse du nombre d'étudiants qui fréquentent l'université.

7. Après une hausse de la demande, quels seront les nouveaux prix et quantité d'équilibre ?

 A. P = 2 $ ; Q = 75.

 B. P = 2 $ ; Q = 150.

 C. P = 3 $ ; Q = 100.

D. $P = 4\$$ ; $Q = 75$.

E. $P = 4\$$ ; $Q = 150$.

8. La hausse de la demande aurait l'effet suivant sur l'offre :

A. une baisse (déplacement vers la gauche).

B. une hausse (déplacement vers la droite).

C. d'abord une hausse, puis une baisse.

D. soit une hausse, soit une baisse, selon l'ampleur de la modification de la demande.

E. ni une hausse, ni une baisse, mais la quantité offerte augmenterait.

Reportez-vous au graphique ci-dessous pour répondre aux questions 9 à 12.

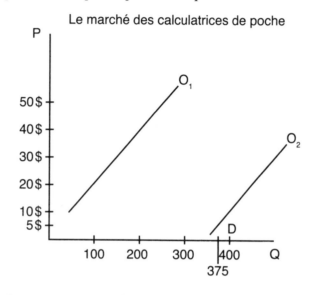

Le marché des calculatrices de poche

9. Dans le graphique ci-dessus, quels sont les prix et quantité d'équilibre initiaux ?

A. $P = 5\$$ ; $Q = 375$.

B. $P = 10\$$ ; $Q = 350$.

C. $P = 20\$$ ; $Q = 100$.

D. $P = 30\$$ ; $Q = 250$.

E. $P = 40\$$ ; $Q = 200$.

10. Parmi les choix suivants, quel est le facteur qui entraînerait une hausse (déplacement vers la droite) de l'offre ?

A. Un progrès technologique.

B. Une hausse des coûts de la main-d'œuvre.

C. Une baisse du nombre de vendeurs.

D. Une hausse de la demande.

E. Une hausse du prix.

11. À la suite de la hausse de l'offre, quels sont les nouveaux prix et quantité d'équilibre ?

A. $P = 5\$$ ; $Q = 375$.

B. $P = 10\$$ ; $Q = 350$.

C. $P = 20\$$ ; $Q = 100$.

D. $P = 30\$$ ; $Q = 250$.

E. $P = 40\$$ ; $Q = 200$.

12. Supposons qu'un événement a entraîné un déplacement de la courbe de la demande de calculatrices vers la droite, tandis qu'un autre événement indépendant a suscité un déplacement de la courbe de l'offre vers la droite également, mais moins prononcé que celui de la courbe de la demande. Quel serait l'effet net de ces deux déplacements sur l'équilibre?

    A. Une hausse de la quantité, mais une légère baisse du prix.

    B. Une hausse de la quantité et du prix.

    C. Une baisse de la quantité et du prix.

    D. Une hausse du prix, mais une baisse de la quantité.

    E. Une hausse du prix, mais un effet indéterminé sur la quantité.

13. La courbe de l'offre représente:

    A. la volonté de vendre.

    B. les stocks.

    C. l'inventaire des stocks.

    D. la volonté d'acheter.

    E. la production totale.

14. La courbe de l'offre d'un bien ou d'un service reflète:

    A. le prix visé par les vendeurs.

    B. le prix minimum acceptable pour les vendeurs.

    C. le prix maximum acceptable pour les vendeurs.

    D. le prix moyen acceptable pour les vendeurs.

    E. les stocks de produits finis des vendeurs.

15. Si la quantité d'équilibre augmente, mais que le prix d'équilibre demeure le même, c'est en raison:

    A. d'une hausse de l'offre et de la demande.

    B. d'une hausse de la demande et d'une baisse de l'offre.

    C. d'une baisse de la demande et d'une hausse de l'offre.

    D. d'une baisse de l'offre et de la demande.

16. Si le prix d'équilibre augmente, mais que la quantité d'équilibre demeure la même, c'est très probablement en raison:

    A. d'une hausse de l'offre et de la demande.

    B. d'une hausse de la demande et d'une baisse de l'offre.

    C. d'une baisse de la demande et d'une hausse de l'offre.

    D. d'une baisse de l'offre et de la demande.

17. Si les prix et quantité d'équilibre augmentent, c'est en raison:

    A. d'une hausse de la demande et du maintien de l'offre.

    B. d'une hausse de la demande et d'une baisse de l'offre.

    C. d'une baisse de la demande et d'une hausse de l'offre.

    D. d'une baisse de l'offre et de la demande.

18. Si un gel détruisait la moitié de la récolte de café en Amérique du Sud, il en résulterait probablement une hausse du prix du café,

    A. ce qui ferait diminuer la demande de café et augmenter la demande de thé.

    B. ce qui ferait diminuer la quantité de café demandée et augmenter la demande de thé.

    C. ce qui ferait diminuer la demande de café et de thé.

    D. ce qui ferait diminuer la quantité de café et de thé demandée.

    E. ce qui ferait diminuer la demande de café et augmenter l'offre de café.

19. Un bien est dit inférieur lorsque sa demande :
    A. augmente à mesure que le revenu augmente.
    B. diminue à mesure que le revenu augmente.
    C. est indépendante du revenu.
    D. est faible en raison de la faible qualité de ce bien.
    E. est élevée parce que ce bien doit être souvent remplacé.

20. Supposons que, en semaine, il y a une pénurie de places de stationnement dans le centre-ville de Montréal. Cette pénurie pourrait être éliminée au moyen :
    A. d'une mesure gouvernementale imposant une baisse du prix.
    B. d'une hausse de la quantité demandée.
    C. d'une hausse du prix.
    D. d'une baisse de l'offre.
    E. dans ce marché spécifique, la pénurie ne peut pas être éliminée.

## Questions à réponse brève

1. Qu'arriverait-il à la demande de pommes si le revenu des consommateurs augmentait et que les pommes constituaient un bien normal ? En quoi votre réponse serait-elle différente si les pommes constituaient un bien inférieur ? _____

   _____

   _____

2. Expliquez pourquoi le prix d'un complément ou d'un substitut peut modifier la demande d'un bien, même si le prix du bien lui-même ne change pas la demande. _____

   _____

   _____

   _____

   _____

## Problèmes pratiques

Le tableau de l'offre et de la demande ci-dessous comprend des prix et des quantités hypothétiques dans le marché du maïs. La quantité initiale offerte correspond à $Q_o$, et la quantité demandée, à $Q_d$.

**Le marché du maïs**
(en milliers de tonnes)

| Prix | $Q_d$ | $Q_o$ | $Q_o{'}$ |
|---|---|---|---|
| 6,00 $ | 220 | 400 | |
| 5,50 $ | 240 | 360 | |
| 5,00 $ | 260 | 320 | |
| 4,50 $ | 280 | 280 | |
| 4,00 $ | 300 | 240 | |
| 3,50 $ | 320 | 200 | |
| 3,00 $ | 340 | 160 | |

1. Tracez les courbes de l'offre et de la demande pour l'offre et la demande initiales, $Q_o$ et $Q_d$, sur le graphique ci-dessous.

   a) Le prix d'équilibre du maïs est de _____ $.

   b) La quantité d'équilibre de maïs est de _____ milliers de tonnes.

   c) À un prix de 3,00 $ la tonne, il y aurait (une pénurie, un surplus) _____ de _____ milliers de tonnes et le prix aurait tendance à (diminuer, augmenter) _____.

   d) À un prix de 5,00 $ la tonne, il y aurait (une pénurie, un surplus) _____ de _____ milliers de tonnes et le prix aurait tendance à (diminuer, augmenter) _____.

2. Supposons que l'offre de maïs augmente de 60 milliers de tonnes pour chaque niveau de prix.

   Indiquez les nouvelles quantités offertes sous $Q_o$, dans le tableau de la page précédente.

   a) Le nouveau prix d'équilibre du maïs est de _____ $.

   b) La nouvelle quantité d'équilibre de maïs est de _____ milliers de tonnes.

   c) La demande de maïs a-t-elle changé à la suite de cette modification de l'offre? Expliquez brièvement pourquoi. _____

3. Donnez un exemple de facteur qui aurait pu causer une telle augmentation de l'offre. Expliquez brièvement pourquoi. _____
   _____
   _____

4. Vous remarquerez que l'augmentation de l'offre a eu pour effet d'abaisser le prix d'équilibre et de hausser la quantité d'équilibre. Est-ce contraire à la loi de l'offre, selon laquelle la quantité d'un bien offert augmente en même temps que son prix, toutes choses étant égales par ailleurs? Expliquez brièvement pourquoi. _____
   _____
   _____
   _____
   _____

Le marché du maïs

Prix

Quantité

# Pensée critique

Lisez l'éditorial suivant, publié dans *The Wall Street Journal*, le 30 novembre 1977, à la suite d'un gel ayant détruit une grande partie de la récolte de café à la fin des années 1970.

> *Le prix du café, semble-t-il, continue de baisser, après avoir atteint un sommet de 4,42 $ la livre l'an dernier. Un économiste du ministère de l'Agriculture, qui avait prédit que le prix du café s'élèverait à 5 $ la livre cette année, a dit qu'il « avait sous-estimé la force du mouvement des consommateurs américains ». À l'instar de tant d'autres économistes aujourd'hui, il avait peut-être oublié son premier cours d'économie suivi à l'université, qui ne traite pas du tout des « mouvements de consommateurs ». Le comportement du marché du café est identique au comportement d'un marché quelconque que décrivent les manuels d'économie : le prix monte, la demande baisse et ensuite le prix diminue.*

1. Supposons que le prix d'équilibre du café était de 1 $ la livre avant le gel.

   a) Montrez sur un graphique l'équilibre initial, où l'offre et la demande correspondent à $O_1$ et $D_1$ respectivement. Utilisez $Q_1$ pour désigner la quantité d'équilibre originale.

   b) Montrez sur un graphique l'effet d'un gel qui détruirait la plus grande partie de la récolte de café, où la nouvelle offre et la nouvelle quantité d'équilibre sont $O_2$ et $Q_2$ respectivement (le nouveau prix d'équilibre est de 4,42 $ la livre).

   c) Avez-vous illustré une modification de la demande dans votre réponse donnée à la question b) ci-dessus ? Expliquez pourquoi.

   _____

   _____

   _____

   d) À partir de votre analyse faite dans les réponses aux questions a) à c) ci-dessus, commentez la critique de l'éditorial du *Wall Street Journal*. En quoi l'analyse du journal était-elle erronée ?

   _____

   _____

   _____

   _____

# SOLUTIONS

## Questions de type « vrai ou faux »

1. Faux ; la quantité demandée, et non la demande, va augmenter.

2. Faux ; les stocks de pétrole dans les puits sont fixes, mais l'offre correspond à la volonté de vendre, qui n'est pas fixe.

3. Vrai.

4. Faux ; la technologie tend à hausser l'offre (déplacement vers la droite) en faisant augmenter la productivité, c'est-à-dire la production par unité d'intrant.

5. Vrai.

6. Vrai.

7. Faux ; il n'est pas nécessaire qu'un marché se trouve en un lieu physique précis, car les acheteurs et les vendeurs peuvent interagir sans être au même endroit.

8. Faux ; un prix inférieur à l'équilibre entraîne une demande excessive, puisque les demandeurs tentent d'acheter davantage que ce que les offreurs veulent vendre au prix inférieur.

9. Vrai.

10. Faux ; une hausse de l'offre entraîne un déplacement de l'équilibre vers la droite, sur la courbe de la demande ; il s'ensuit une hausse de la quantité et une baisse du prix.

11. Faux ; une hausse de l'offre et de la demande entraîne une hausse de la quantité d'équilibre, mais l'effet sur le prix est fonction de la courbe qui subit le plus grand déplacement ; si les deux courbes subissent un même déplacement, le prix demeure le même.

12. Vrai.

13. Faux ; l'offre de marché est la somme horizontale des courbes de l'offre individuelles ; pour chaque prix, elle représente la somme de toutes les quantités individuelles offertes.

14. Vrai.

15. Faux ; une baisse du prix d'un bien tend à faire diminuer la demande de ses substituts.

## Questions à choix multiple

| | | | |
|---|---|---|---|
| 1. D | | 11. A | |
| 2. D | | 12. B | |
| 3. B | | 13. A | |
| 4. E | | 14. B | |
| 5. C | | 15. A | |
| 6. A | | 16. B | |
| 7. E | | 17. A | |
| 8. E | | 18. B | |
| 9. E | | 19. B | |
| 10. A | | 20. C | |

## Questions à réponse brève

1. Une hausse du revenu des consommateurs fait augmenter la demande de biens normaux et diminuer la demande de biens inférieurs.

2. Les prix des autres biens sont maintenus constants pour l'établissement d'une courbe de la demande, même s'ils peuvent influer sur la consommation. Lorsqu'ils changent, la demande aussi varie (déplacement vers la droite ou la gauche). Le prix du bien lui-même ne modifie toutefois pas la demande, parce que le prix est déjà intégré à notre définition de la demande. La demande d'un bien comprend toutes les quantités que les consommateurs sont prêts à acheter à différents prix du bien, les autres facteurs étant maintenus constants.

## Problèmes pratiques

1. a) 4,50 $.

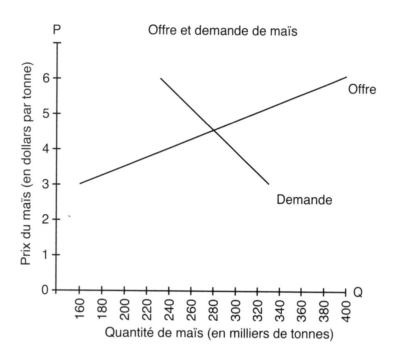

Offre et demande de maïs

b) 280.

c) pénurie, 180, augmenter.

d) surplus, 60, diminuer.

2. a) 4,00 $.

b) 300.

c) La demande n'a pas changé. L'offre a augmenté, ce qui entraîne un déplacement de l'équilibre sur la courbe de la demande existante, jusqu'à une quantité plus importante et à un prix plus faible.

3. L'un ou l'autre des facteurs qui abaissent les coûts de production peut entraîner un déplacement de l'offre vers la droite, ce qui indique une volonté accrue de vendre à chacun des prix. Par exemple, des progrès technologiques faisant augmenter la productivité abaisseraient le coût et accroîtraient l'offre.

4. Non, cela n'est pas contraire à la loi de l'offre. La loi de l'offre maintient constants les autres facteurs, telle la technologie. La hausse de l'offre représente une nouvelle courbe de l'offre, assortie d'une plus forte volonté de vendre. L'ancienne et la nouvelle courbes de l'offre sont conformes à la loi de l'offre : tant que les autres facteurs demeurent constants, les offreurs n'auront tendance à vouloir vendre davantage qu'au prix plus élevé.

## Pensée critique

1. a) L'équilibre original devrait se situer à un prix de 1 $ et la quantité est simplement $Q_1$.

b) Le nouvel équilibre devrait se situer à un prix de 4,42 $ et à une quantité $Q_2$, après un déplacement de l'offre vers la gauche et un déplacement sur la courbe de la demande (inchangée). Le prix d'équilibre est plus élevé et la quantité est plus faible.

c) La demande n'a pas changé ; seule la quantité demandée a été modifiée à la suite du déplacement de l'offre vers la gauche sur la courbe de la demande existante. Aucun changement n'a été apporté aux facteurs qui sont maintenus constants pour l'établissement d'une courbe de la demande.

d) Le journal a confondu (des déplacements de) la demande avec de simples modifications de la quantité demandée à la suite d'un changement du prix. Pour que le prix baisse, un des facteurs (autres que le prix) influant sur l'offre ou la demande doit avoir changé.

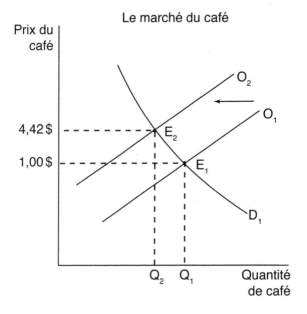

Le marché du café

# LES DONNÉES DE LA MACROÉCONOMIE

# LE REVENU D'UN PAYS

## APERÇU DU CHAPITRE

### Contexte et objectif

Le chapitre 5 est le premier chapitre du manuel consacré à la macroéconomie. Il constitue, avec le suivant, une introduction à deux statistiques fondamentales que les économistes emploient pour comprendre l'évolution de l'économie nationale, soit le produit intérieur brut (PIB) et l'indice des prix à la consommation (IPC). Dans le chapitre 5, nous voyons comment les économistes mesurent les dépenses et les revenus en macroéconomie, tandis que dans le suivant nous voyons comment ils mesurent le niveau des prix en macroéconomie. Dans l'ensemble, le chapitre 5 traite principalement de la quantité de biens et de services produits en macroéconomie, alors que le chapitre 6 traite des prix en macroéconomie.

L'objectif du chapitre 5 est de vous amener à comprendre comment on mesure et comment on utilise le produit intérieur brut (PIB), qui constitue la mesure la plus importante de la santé de la macroéconomie. Le PIB est en fait la statistique qui attire le plus l'attention dans n'importe quelle économie développée.

### Indications utiles

1. ***Le PIB mesure la production.***    Quand on veut mesurer le PIB, il faut d'abord se rappeler que ce qu'on mesure, c'est la production durant une période donnée. Si on ne perd pas de vue cette notion, on réussit généralement à rendre compte correctement de types de production inhabituels. Voici deux exemples:

   • Comment doit-on procéder pour mesurer la production d'un paquebot de croisière qu'on met trois ans à construire et qu'on vend à la fin de la troisième année? Logiquement, on devrait évaluer la portion du navire fabriquée au cours de chaque année et inclure le résultat dans le PIB de l'année en question. Et c'est effectivement ce que font les économistes. Si on comptabilise la totalité du paquebot l'année où il est vendu, on surestime alors le PIB de la troisième année et on sous-évalue le PIB des deux années précédentes.

- De façon analogue, si on construit une maison une année et qu'on la vend seulement l'année suivante, on devrait la comptabiliser la première année, puisque c'est durant cette période qu'elle a été bâtie. Autrement dit, le constructeur a «acheté» la maison durant la première année et il l'a ajoutée à son inventaire.

Bien qu'en général on comptabilise seulement les biens et services finaux, on inclut la production de biens intermédiaires non utilisés, mais ajoutés à l'inventaire d'une entreprise, durant la période en cours, puisque ces biens ne seront jamais comptabilisés en tant que produits finaux.

2. *Le PIB ne comprend pas toutes les dépenses.* Nous avons vu qu'on mesure le PIB notamment en additionnant les dépenses liées aux biens et services finaux ($Y = C + I + G + NX$). Toutefois, quand on applique l'approche des dépenses, il faut prêter attention à l'expression «liées aux biens et services finaux» afin d'éviter de comptabiliser à tort toutes les dépenses. Si on inclut les dépenses relatives aux biens d'occasion, aux biens intermédiaires, aux actions et obligations, et aux paiements de transfert gouvernementaux, on obtient une somme considérable, qui n'a cependant rien à voir avec le PIB. La valeur en dollars de toutes les transactions ayant lieu dans une économie est énorme: elle est égale à plusieurs fois le PIB.

3. *Il faut distinguer biens intermédiaires et biens finaux.* Il est probablement utile de clarifier la distinction entre bien intermédiaire et bien final à l'aide d'un exemple. Il faut se rappeler que:

- un bien intermédiaire est un bien produit par une entreprise dans le but de le faire transformer par une autre entreprise;

- un bien final est vendu à son utilisateur final.

Le PIB comprend seulement la valeur des biens et des services finaux, parce que la valeur des biens intermédiaires employés pour la production d'un bien ou d'un service final est entièrement comptabilisée dans le prix du bien ou du service final. Si on incluait la valeur de la production intermédiaire dans le PIB, on compterait les biens intermédiaires en double.

Une fois qu'on a saisi cette distinction, est-on en mesure d'énumérer les éléments de l'économie qui sont intermédiaires et ceux qui sont finaux? Par exemple, un pneu est-il considéré comme un bien intermédiaire ou un bien final? La réponse est: tout dépend qui l'achète. Si General Motors achète un pneu de Goodyear, le pneu est un bien intermédiaire parce que General Motors l'installera sur une automobile et le vendra. Si vous achetez un pneu du détaillant Goodyear de votre localité, le pneu est un bien final et on doit l'inclure dans le PIB. Il est donc difficile de dire quels éléments de l'économie sont intermédiaires et lesquels sont finaux sans connaître l'acheteur.

4. *Les comparaisons du PIB de divers pays ou du PIB à diverses époques risquent d'être biaisées.* Il faut être prudent quand on compare les PIB respectifs de pays où le développement des marchés n'est pas le même, ou encore quand on compare les valeurs du PIB d'un pays donné à divers moments d'une longue période. En effet, le PIB ne tient pas compte des activités hors marché. Il est évident qu'une proportion plus grande de la production des pays les moins développés est de nature domestique: par exemple, les gens cultivent eux-mêmes leur terre, ils effectuent eux-mêmes les soins du ménage et les travaux de couture, et certains construisent eux-mêmes leur maison. Étant donné que ces activités ne sont pas comptabilisées en tant que transactions économiques, on n'en tient pas compte dans les pays les moins développés, et elles n'ont pas non plus été prises en compte dans les pays industrialisés à l'époque où les marchés y étaient moins développés. On obtient donc une valeur d'autant plus faible du PIB.

# EXERCICES D'AUTORÉVISION

## Questions de type « vrai ou faux »

_____ 1. Pour l'ensemble de l'économie, le revenu total est égal à la dépense totale, parce que le revenu perçu par le vendeur est nécessairement égal à la dépense effectuée par l'acheteur.

_____ 2. La production d'une pomme contribue davantage au PIB que la production d'un jonc en or, parce que la nourriture est essentielle au maintien de la vie.

_____ 3. Un dépôt de bois d'œuvre vend 1000 $ de matériaux à un charpentier, qui s'en sert pour construire un garage. Si le charpentier demande 5000 $ à son client pour ses heures de travail et le bois utilisé, alors la construction et la vente du garage font augmenter le PIB de 6000 $.

_____ 4. Si le PIB par habitant d'un pays est plus élevé que celui d'un autre pays, le niveau de vie y est plus élevé, c'est-à-dire que la qualité de vie y est meilleure.

_____ 5. Si le PIB nominal est plus élevé en 2007 qu'en 2006, cela signifie que la production réelle a augmenté durant cette période.

_____ 6. Si une citoyenne canadienne travaille temporairement aux États-Unis, alors la valeur de sa production pendant qu'elle séjourne à l'étranger est comptabilisée dans le PIB américain.

_____ 7. Les salaires sont un exemple évident de ce que les économistes appellent un transfert de paiement, parce que le versement d'un salaire constitue un transfert d'une somme d'argent de l'employeur à l'employé.

_____ 8. Au Canada, les dépenses d'investissement constituent la principale composante du PIB.

_____ 9. Dans le calcul du PIB nominal, on évalue la production en prix courants, tandis que dans le calcul du PIB réel, on évalue la production en prix constants (de l'année de référence).

_____ 10. On devrait inclure une automobile produite en 2006, mais vendue seulement en 2007, dans le PIB de 2007, puisque c'est l'année où l'auto a été vendue pour la première fois en tant que bien final.

_____ 11. Le PNB mesure la valeur de tous les revenus gagnés par des Canadiens, y compris les revenus gagnés par des Canadiens à l'étranger.

_____ 12. Une récession s'accompagne d'une baisse du PIB réel.

_____ 13. La composante « dépenses d'investissement » du PIB comprend l'achat d'une maison neuve par un particulier.

_____ 14. Dans le calcul du PIB, on devrait assigner une valeur de 4,50 $ à un paquet de cigarettes même si, sur cette somme, 1,00 $ correspond à des taxes, parce que l'acheteur débourse réellement 4,50 $ pour un paquet de cigarettes.

_____ 15. Les exportations nettes sont égales à la valeur des exportations plus la valeur des importations.

## Questions à choix multiple

1. Lequel des éléments suivants est un exemple de transfert de paiement ?

   A. Un salaire.

   B. Un profit.

   C. Un loyer.

   D. Des dépenses publiques.

   E. Des prestations d'assurance emploi.

2. Lors du calcul du PIB, l'achat d'outillage d'atelier par une filiale canadienne de General Motors est inclus dans :

*tools*

*augmente production*

A. la consommation.

B. la dépréciation.

C. les exportations.

D. les investissements.

E. la production intermédiaire.

*counted*

3. Lequel des éléments suivants ne serait pas comptabilisé dans le PIB en 2007 ?

A. La vente d'un véhicule Chrysler de modèle 2008, fabriqué à Windsor en 2007.

B. Une coupe de cheveux.

C. Les services d'un courtier en immeubles pour la vente, en 2007, d'une maison ancienne.

D. Une maison construite en 2006, mais vendue seulement en 2007.

E. Tous les éléments énumérés ci-dessus devraient être inclus dans le PIB de 2007.

4. Le PIB est la somme :

A. de la consommation, de l'investissement, des dépenses publiques et des exportations nettes.

B. de la consommation, des transferts de paiement, des salaires et des profits.

C. des investissements, des salaires, des profits et de la production intermédiaire.

D. des biens et des services finaux, des biens intermédiaires, des transferts de paiement et des loyers.

E. du produit intérieur net, du produit intérieur brut et du revenu disponible des particuliers.

5. Le produit intérieur brut canadien est une mesure de la production et du revenu :

A. des Canadiens et des usines appartenant à des Canadiens, peu importe où elles se trouvent dans le monde.

B. des résidents canadiens et des usines situées à l'intérieur du Canada.

C. du secteur tertiaire intérieur seulement.

D. du secteur manufacturier intérieur seulement.

E. Aucune de ces réponses.

6. Le produit intérieur brut est la somme de la valeur aux prix du marché :

A. des biens intermédiaires.

B. des biens manufacturiers.

C. des biens et services de qualité moyenne.

D. des biens et services de qualité inférieure.

E. des biens et services finaux.

7. Si la valeur du PIB nominal en 2007 excède la valeur du PIB nominal en 2006, il est certain que, durant cette période, la production réelle :

A. a augmenté.

B. a diminué.

C. est restée constante.

D. a soit augmenté, soit diminué : on ne dispose pas de suffisamment d'informations pour déterminer ce qui s'est passé.

8. Un cordonnier achète 100 $ de cuir et 50 $ de fil pour fabriquer des chaussures destinées aux consommateurs, dont la valeur totale est évaluée à 500 $. La production de ce cordonnier représente une contribution au PIB de :

   A. 50 $.

   B. 100 $.

   C. 150 $.

   D. 500 $.

   E. 650 $.

9. Lequel des éléments suivants serait normalement comptabilisé dans la mesure officielle du PIB ?

   A. Les travaux ménagers.

   B. La vente illégale de drogues.

   C. La vente d'un bien intermédiaire.

   D. Des honoraires payés pour des services juridiques.

   E. La valeur d'une journée de congé payé d'un travailleur.

10. Le PIB réel est évalué en prix _____, tandis que le PIB nominal est évalué en prix _____ :

    A. courants, constants.

    B. constants, courants.

    C. intermédiaires, finaux.

    D. intérieurs, étrangers.

    E. étrangers, intérieurs.

Le tableau suivant contient des informations au sujet d'une économie qui produit uniquement des stylos et des livres. L'année de référence est 2005. Répondez aux questions 11 à 16 à l'aide de ces informations.

| Année | Prix des stylos | Quantité de stylos | Prix des livres | Quantité de livres |
|-------|----------------|--------------------|-----------------|--------------------|
| 2005 | 3 $ | 100 | 10 $ | 50 |
| 2006 | 3 $ | 120 | 12 $ | 70 |
| 2007 | 4 $ | 120 | 14 $ | 70 |

11. Quelle est la valeur du PIB nominal en 2006 ?

    A. 800 $.

    B. 1060 $.

    C. 1200 $.

    D. 1460 $.

    E. Aucune de ces réponses.

12. Quelle est la valeur du PIB réel en 2006 ?

    A. 800 $.

    B. 1060 $.

    C. 1200 $.

    D. 1460 $.

    E. Aucune de ces réponses.

13. Quelle est la valeur du déflateur du PIB en 2006 ?

    A. 100.

    B. 113.

    C. 116.

    D. 119.

    E. 138.

14. De quel pourcentage le niveau des prix a-t-il augmenté de 2005 à 2006 ?

    A. 0 %.

    B. 13 %.

    C. 16 %.

    D. 19 %.

    E. 38 %.

15. D'environ quel pourcentage le niveau des prix a-t-il augmenté de 2006 à 2007 ?

    A. 0 %.

    B. 13 %.

    C. 16 %.

    D. 22 %.

    E. 38 %.

16. De quel pourcentage la valeur du PIB réel a-t-elle augmenté de 2006 à 2007 ?

    A. 0 %.

    B. 7 %.

    C. 22 %.

    D. 27 %.

    E. 32 %.

17. Lequel des éléments suivants n'est pas inclus dans le PIB ?

    A. Les loisirs.

    B. La valeur de biens et de services produits à domicile.

    C. Le bénévolat.

    D. La qualité de l'environnement.

    E. Aucun des éléments énumérés n'est inclus dans le PIB.

18. Lequel des éléments suivants ne comptabilise-t-on pas quand on mesure le PIB canadien ?

    A. Les services juridiques payés par l'acheteur d'une maison.

    B. Les services d'entretien de la pelouse payés par le propriétaire d'une maison.

    C. Un pont construit avec des fonds provenant de la province de l'Île-du-Prince-Édouard.

    D. Du raisin acheté par un vignoble de Niagara.

    E. L'achat d'une Toyota neuve produite en Ontario.

19. Si vous achetez une voiture d'une valeur de 60 000 $ fabriquée en Allemagne, comment cet achat est-il comptabilisé dans le PIB canadien ?

    A. Les dépenses d'investissement augmentent de 60 000 $ et les exportations nettes augmentent de 60 000 $.

    B. La consommation augmente de 60 000 $ et les exportations nettes diminuent de 60 000 $.

    C. Les exportations nettes diminuent de 60 000 $.

    D. Les exportations nettes augmentent de 60 000 $.

20. Si vos parents achètent une maison neuve avec leurs économies, cette transaction influe sur :

    A. la consommation.

    B. l'investissement.

    C. les dépenses publiques.

    D. les exportations nettes.

    E. Aucune de ces réponses.

## Questions à réponse brève

1. Pourquoi pose-t-on : Valeur du revenu total = Valeur de la dépense totale = PIB ? _____

    _____

    _____

2. Définissez le PIB et expliquez les termes importants employés dans la définition. _____

    _____

    _____

    _____

    _____

    _____

3. Quelles sont les composantes du PIB mesuré en fonction des dépenses ? Donnez un exemple de chaque composante. _____

    _____

    _____

    _____

4. Donnez un exemple de transfert de paiement. Est-ce qu'on inclut les transferts de paiement dans le PIB ? Expliquez brièvement votre réponse. _____

    _____

5. Si la valeur du PIB nominal en 2007 excède celle du PIB nominal en 2006, doit-on en conclure que les dépenses réelles ont augmenté durant cette période ? Les prix ont-ils nécessairement augmenté ?

    _____

    _____

6. Si la valeur du PIB réel en 2007 excède celle du PIB réel en 2006, doit-on conclure que les dépenses réelles ont augmenté durant cette période ? Les prix ont-ils nécessairement augmenté ?

    _____

    _____

7. Si un Canadien achète une Toyota de 35 000 $ entièrement assemblée au Japon, cet achat influe-t-il sur le PIB canadien ? Indiquez comment la transaction influe sur la composante appropriée des dépenses incluses dans le PIB. _____

_____

_____

8. Quelle a été la valeur approximative du PIB par habitant en 2005 ? _____

_____

_____

9. Laquelle des transactions suivantes influe le plus sur la mesure du PIB ? 1° L'achat d'une rivière de diamants par une personne bien nantie. 2° L'achat d'un soda par une personne assoiffée. Expliquez votre réponse. _____

_____

_____

10. Si votre voisin vous paie pour tondre sa pelouse au lieu de le faire lui-même, quel est l'effet de cette décision sur le PIB ? Expliquez pourquoi. Est-ce qu'il en résulte une modification de la production totale ? _____

_____

_____

_____

## Problèmes pratiques

1.  a) Complétez le tableau suivant.

|  | Année 1 | Année 2 | Année 3 |
|---|---|---|---|
| PIB | 4532 | 4804 |  |
| Consommation |  | 3320 | 3544 |
| Investissement | 589 | 629 | 673 |
| Dépenses publiques | 861 |  | 977 |
| Exportations nettes | −45 | −58 | −54 |

b) Quelle est la plus importante composante du PIB de chacune des trois années ? _____

c) L'investissement comprend-il l'achat d'actions de sociétés ou d'obligations ? Expliquez pourquoi.

_____

_____

d) Les dépenses publiques comprennent-elles les sommes que le gouvernement verse en prestations d'assurance emploi ? Expliquez pourquoi. _____

_____

e) Que signifie une valeur négative des exportations nettes ? _____

_____

2. Dans le tableau suivant, l'année de référence est 2005.

| Année | Production de $X$ | Prix de $X$ par unité |
|-------|-------------------|------------------------|
| 2005 | 20 unités | 5 $ |
| 2006 | 20 unités | 10 $ |
| 2007 | 20 unités | 20 $ |

   a) Quel est le PIB nominal en 2005, en 2006 et en 2007 ? _____

   b) Quel est le PIB réel en 2005, en 2006 et en 2007 ? _____

3. Le tableau suivant donne la production totale d'une économie, de même que les prix. L'année de référence est 2006.

| Année | Prix d'un soda | Quantité de sodas | Prix d'un jean | Quantité de jeans |
|-------|----------------|-------------------|----------------|-------------------|
| 2006 | 1,00 $ | 200 | 10,00 $ | 50 |
| 2007 | 1,00 $ | 220 | 11,00 $ | 50 |

   a) Quelle est la valeur du PIB nominal en 2006 ? _____

   b) Quelle est la valeur du PIB réel en 2006 ? _____

   c) Quelle est la valeur du PIB nominal en 2007 ? _____

   d) Quelle est la valeur du PIB réel en 2007 ? _____

   e) Quelle est la valeur du déflateur du PIB en 2006 ? _____

   f) Quelle est la valeur du déflateur du PIB en 2007 ? _____

   g) D'environ quel pourcentage le niveau des prix a-t-il augmenté de 2006 à 2007 ? _____

      _____

   h) L'augmentation du PIB nominal de 2006 à 2007 est-elle due principalement à un accroissement du volume de la production ou à une augmentation des prix ? _____

      _____

      _____

4. Complétez le tableau suivant.

| Année | PIB nominal | PIB réel | Déflateur du PIB |
|-------|-------------|----------|------------------|
| 1 | | 100 $ | 100 |
| 2 | 120 $ | | 120 |
| 3 | 150 $ | 125 $ | |

   a) Quelle est l'année de référence ? Comment le savoir ? _____

      _____

   b) De l'an 1 à l'an 2, y a-t-il un accroissement des dépenses réelles ou une augmentation des prix ? Expliquez brièvement pourquoi. _____

      _____

c) De l'an 2 à l'an 3, y a-t-il un accroissement des dépenses réelles ou une augmentation des prix? Expliquez brièvement pourquoi. _____

_____

## Pensée critique

Vous regardez le bulletin de nouvelles avec votre père. Un correspondant à l'étranger souligne qu'un pays des Caraïbes, déchiré par des conflits, a un PIB par habitant d'à peine 4200 $ (canadiens) par année. Votre père, qui a des connaissances générales en économie, sait que le PIB canadien par habitant est d'environ 42 000 $. Il affirme donc que, sur le plan matériel, nous sommes dix fois mieux au Canada que dans ce pays des Caraïbes.

1. L'affirmation de votre père est-elle exacte? _____

2. Quelle catégorie de la production n'est généralement pas reflétée par la valeur estimée du PIB, tant au Canada que dans ce pays des Caraïbes? _____

3. Donnez quelques exemples du type d'activités économiques qui n'est pas reflété par le PIB. _____

_____

_____

4. Pourquoi l'exclusion de ce type de production dans le calcul du PIB a-t-elle un effet plus important sur les dépenses de ce pays des Caraïbes que sur les dépenses au Canada? _____

_____

_____

5. Si ce type d'activités était inclus dans le calcul du PIB, dirait-on alors que les résidents de ce pays des Caraïbes sont aussi avantagés que ceux du Canada sur le plan matériel? _____

_____

_____

## SOLUTIONS

## Questions de type « vrai ou faux »

1. Vrai.

2. Faux; la contribution dépend de la valeur aux prix du marché.

3. Faux; le bien final est le garage, évalué à 5000 $.

4. Vrai.

5. Faux; il y a eu soit une augmentation des prix, soit une augmentation de la production réelle.

6. Vrai.

7. Faux; un transfert de paiement est une dépense en échange de laquelle on ne reçoit aucun bien ni service.

8. Faux; la consommation est la composante la plus importante du PIB.

9. Vrai.

10. Faux; on comptabilise un bien l'année où il est produit.

11. Vrai.

12. Vrai.

13. Vrai.

14. Vrai.

15. Faux; $NX = X - M$.

## Questions à choix multiple

| | | | |
|---|---|---|---|
| 1. E | 6. E | 11. C | 16. A |
| 2. D | 7. D | 12. B | 17. E |
| 3. D | 8. D | 13. B | 18. D |
| 4. A | 9. D | 14. B | 19. B |
| 5. A | 10. B | 15. D | 20. B |

## Questions à réponse brève

1. Parce que le revenu du vendeur est égal à la dépense de l'acheteur, de sorte qu'on peut mesurer le PIB soit en fonction du revenu total ou de la dépense totale.

2. C'est la valeur aux prix du marché de tous les biens et services finaux produits à l'intérieur d'un pays durant une période donnée. « Valeur aux prix du marché » : prix payé; « de tous les biens et services » : de toute la production légale; « finaux » : vendus à l'utilisateur final; « produits » : les biens usagés ne sont pas inclus; « à l'intérieur d'un pays » : en deçà des frontières; « durant une période donnée » : durant un trimestre ou une année.

3. La consommation (par ex. les aliments), l'investissement (par ex. la construction d'une usine), les dépenses publiques (par ex. l'achat d'équipement militaire) et les exportations nettes (par ex. la vente de blé au Japon moins l'achat de vin à l'Allemagne).

4. Le versement de prestations sociales. Non, parce que le gouvernement ne reçoit aucun bien ni service en échange.

5. Il est impossible de savoir si ce sont les dépenses réelles ou les prix qui ont augmenté parce que, dans les deux cas, il y a un accroissement du PIB nominal.

6. Les dépenses réelles ont augmenté, parce que la valeur des dépenses est évaluée chaque année en prix constants. On ne donne aucune information sur les prix.

7. Non. La consommation augmenterait de 35 000 $ et les exportations nettes diminueraient de 35 000 $. La transaction n'aurait aucun effet sur le PIB canadien.

8. Le PIB par habitant, c'est-à-dire le montant des dépenses du Canadien moyen, a été d'environ 42 315 $ en 2005. La consommation représente 55 % du PIB; elle s'élève donc à environ 23 457 $ par habitant.

9. La rivière de diamants parce que le PIB mesure la valeur aux prix du marché.

10. Le PIB augmente parce que la tonte du gazon constitue une transaction économique. La production n'a toutefois pas augmenté réellement.

## Problèmes pratiques

1. a)

| | Année 1 | Année 2 | Année 3 |
|---|---|---|---|
| PIB | 4532 | 4804 | 5140 |
| Consommation | 3127 | 3320 | 3544 |
| Investissement | 589 | 629 | 673 |
| Dépenses publiques | 861 | 913 | 977 |
| Exportations nettes | −45 | −58 | −54 |

b) La consommation.

c) Non, parce que la transaction consiste en l'achat d'avoirs financiers, et non de capitaux matériels produits durant l'année en cours.

d) Non, parce que le versement de prestations d'assurance emploi est une dépense en échange de laquelle le gouvernement ne reçoit aucun bien ni service.

e) Cela signifie que les importations excèdent les exportations.

2. a) 100 $ ; 200 $ ; 400 $.

b) 100 $ ; 100 $ ; 100 $.

3. a) 700 $.

b) 700 $.

c) 770 $.

d) 720 $.

e) 100.

f) 107.

g) $(107 - 100) / 100 = 0,07 = 7 \%$.

h) Augmentation en pourcentage du PIB nominal $= (770 \$ - 700 \$) / 700 = 0,10 = 10 \%$.
Augmentation en pourcentage des prix $= 7 \%$ ; donc, l'augmentation est due principalement à la variation des prix.

4.

| Année | PIB nominal | PIB réel | Déflateur du PIB |
|---|---|---|---|
| 1 | 100 $ | 100 $ | 100 |
| 2 | 120 $ | 100 $ | 120 |
| 3 | 150 $ | 125 $ | 120 |

a) L'an 1, parce que le déflateur du PIB est égal à 100.

b) Les prix ont augmenté de 20 % et les dépenses réelles sont restées constantes.

c) Les prix sont restés constants et les dépenses réelles ont augmenté de 25 %.

## Pensée critique

1. Non.

2. Les activités hors marché.

3. La production à domicile d'un individu qui n'est pas payé pour son travail, comme le jardinage, les soins du ménage, la couture, la rénovation ou la construction d'une maison, le soin des enfants, etc.

4. Parce que, dans les pays les moins développés, une plus grande proportion de la production consiste en des activités hors marché : aucun bien ni service n'est vendu et enregistré comme une transaction économique.

5. Non. Cela signifie simplement qu'il est très difficile d'établir des comparaisons quantitatives entre des pays ayant des niveaux de développement très différents, et que de telles comparaisons sont souvent inexactes.

# PARTIE 2

## CHAPITRE 6

# LA MESURE DU COÛT DE LA VIE

## APERÇU DU CHAPITRE

### Contexte et objectif

Le chapitre 6 est le second d'un ensemble de deux chapitres qui traitent de la façon dont les économistes mesurent les dépenses et les prix en macroéconomie. Le chapitre 5 porte sur la mesure des dépenses, tandis que le chapitre 6 est consacré à la mesure du niveau général des prix en macroéconomie.

L'objectif du chapitre 6 est double: premièrement, montrer comment on calcule un indice des prix et, deuxièmement, expliquer comment on emploie un indice des prix pour comparer des valeurs en dollars à différentes époques et pour ajuster les taux d'intérêt en fonction de l'inflation. Enfin, il sera question des lacunes de l'indice des prix à la consommation en tant que mesure du coût de la vie.

### Indications utiles

1. ***Votre propre panier de biens et de services n'est pas nécessairement représentatif.*** Étant donné que le déflateur du PIB et que l'IPC reposent sur des paniers de biens et de services distincts, ils constituent deux mesures légèrement différentes du coût de la vie. De même, votre propre panier de biens et de services n'est pas nécessairement identique au panier type qu'utilise Statistique Canada pour calculer l'IPC. Par exemple, si vous êtes un jeune adulte, votre panier contient probablement davantage de produits électroniques et de vêtements. Lorsque le prix des vêtements croît plus rapidement que la moyenne des prix, il est possible que le coût de la vie augmente davantage pour les jeunes adultes que ne l'indique l'IPC. Par contre, le panier d'une personne âgée peut contenir plus de services de soins à domicile et de voyages que le panier type. Un accroissement supérieur à l'augmentation moyenne du prix de ces services risque d'entraîner une augmentation du coût de la vie plus rapide pour les personnes âgées que ne l'indique l'IPC.

2. ***On peut ajuster les valeurs en dollars aussi bien dans le passé que dans le futur.*** Supposons par exemple que votre mère avait un revenu annuel de 20 000 $ en 1990 et de 36 000 $ en 2006.

L'IPC de 1990 était de 78,4 (l'année de référence étant 2002) et celui de 2006 était de 109,1. Nous pouvons convertir le revenu de votre mère en 1990 en dollars de 2006 :

$$20\ 000\ \$ \times (109{,}1\ /\ 78{,}4) = 27\ 831\ \$$$

Donc, en 1990, on pouvait acheter autant de choses avec 20 000 $ qu'on en achetait avec 27 831 $ en 2006. Comme votre mère avait un revenu de 36 000 $ en 2006, son revenu réel et son niveau de vie ont augmenté au cours des 16 années allant de 1990 à 2006.

Nous aurions pu également convertir le revenu de votre mère en 2006 en dollars de 1990, comme suit :

$$36\ 000\ \$ \times (78{,}4\ /\ 109{,}1) = 25\ 869\ \$$$

Donc, en 2006, on pouvait acheter autant de choses avec 36 000 $ qu'on en achetait avec 25 869 $ en 1990. Comme votre mère avait un revenu de 20 000 $ en 1990, son revenu réel et son niveau de vie étaient plus élevés en 2006.

3. ***Quand vous corrigez un taux d'intérêt pour tenir compte de l'inflation, mettez-vous dans la peau d'un prêteur.*** Si vous prêtez une somme de 100 $ à quelqu'un pour une période de un an et que vous lui demandez 7 % d'intérêt, la personne vous remettra 107 $ à la fin de l'année. Aurez-vous effectivement reçu sept dollars supplémentaires compte tenu du pouvoir d'achat ? Si le taux d'inflation est de 4 %, vous devrez encaisser 104 $ à la fin de l'année pour retrouver l'équivalent de la somme prêtée. Autrement dit, il vous faudra 104 $ pour acheter les biens et services qui vous auraient coûté 100 $ au moment du prêt. Ainsi, vous aurez reçu seulement trois dollars supplémentaires compte tenu du pouvoir d'achat, c'est-à-dire que le prêt de 100 $ vous aura rapporté 3 % d'intérêts. Donc, le *taux d'intérêt réel* sur le prêt est de 3 % :

$$7\ \% - 4\ \% = 3\ \%$$

Bien qu'on ne le précise pas dans l'exemple du taux d'intérêt présenté dans le manuel, on adopte également le point de vue du prêteur. En effet, quand on dépose de l'argent à la banque et qu'on reçoit des intérêts, le dépôt est en fait un prêt accordé à la banque.

# EXERCICES D'AUTORÉVISION

## Questions de type « vrai ou faux »

_____ 1. Une augmentation du prix d'appareils photo importés est reflété par l'IPC, mais non par le déflateur du PIB.

_____ 2. L'IPC tient compte d'une augmentation du prix d'hélicoptères achetés par le ministère de la Défense du Canada.

_____ 3. Étant donné qu'une augmentation du prix de l'essence incite des consommateurs à utiliser davantage leur vélo plutôt que leur automobile, l'IPC a tendance à sous-évaluer le coût de la vie.

_____ 4. Les diamants étant beaucoup plus chers que les aliments, une augmentation du prix des diamants influe davantage sur l'IPC qu'une augmentation du même pourcentage du prix des aliments.

_____ 5. L'indice de référence est une mesure de l'inflation qui ne tient pas compte des composantes les plus volatiles du panier de biens et de services.

_____ 6. Si l'IPC augmente de 5 % par année, tous les habitants du pays ont besoin d'une augmentation de revenu d'exactement 5 % par année pour que leur niveau de vie reste constant.

_____ 7. Le déflateur du PIB mesure la variation du niveau des prix des biens et services produits au pays.

_____ 8. Si Statistique Canada ne reconnaît pas que les derniers modèles d'automobiles sont plus fiables que les modèles des années précédentes, cela veut dire que l'IPC surévaluera le coût de la vie.

_____ 9. Si votre salaire horaire passe de 9,00 $ à 10,30 $ tandis que l'IPC augmente de 112 à 121, vous devriez percevoir une amélioration de votre niveau de vie.

_____ 10. Le transport est la composante la plus importante du panier de biens et de services.

_____ 11. Le taux d'intérêt réel n'est jamais négatif.

_____ 12. Si le taux d'intérêt nominal est de 12 % et que le taux d'inflation est de 7 %, alors le taux d'intérêt réel est de 5 %.

_____ 13. Si un prêteur veut un taux de rendement réel de 4 % et qu'il s'attend à ce que le taux d'inflation soit de 5 %, alors il devrait exiger un taux d'intérêt de 9 % sur les prêts à renouveler.

_____ 14. Si un emprunteur et un prêteur s'entendent sur un taux d'intérêt nominal et que le taux d'inflation est supérieur à la valeur prévue au moment où les conditions du prêt ont été fixées, alors le prêteur y gagnera et l'emprunteur y perdra.

_____ 15. Si des travailleurs et des employeurs s'entendent sur une augmentation de salaire en tenant compte de la valeur prévue de l'inflation, et que l'inflation est en fait inférieure à ce à quoi ils s'attendaient, alors les travailleurs seront gagnants et les employeurs seront perdants.

## Questions à choix multiple

1. Lequel des indicateurs suivants sert à mesurer l'inflation ?

   A. Le déflateur du PIB.

   B. L'indice des prix à la consommation.

   C. Le PIB nominal.

   D. Le PIB réel.

   E. À la fois a) et b).

2. Une augmentation de 10 % de quelle catégorie de biens ou de services aura fort probablement un effet sur l'IPC ?

   A. Le logement.

   B. Le transport.

   C. Les soins de santé et les soins personnels.

   D. Les aliments.

   E. Une augmentation de n'importe laquelle des catégories énumérées a le même effet.

3. En 2005, l'IPC était de 107,0 ; en 2006, il était de 109,1. Quel a été le taux d'inflation en 2006 ?

   A. 1,8 %.

   B. 2,0 %.

   C. 2,2 %.

   D. On ne peut pas le savoir si on ne connaît pas l'année de référence.

4. Laquelle des variations suivantes fait augmenter l'IPC plus rapidement que le déflateur du PIB?

    A. Une augmentation du prix des chars d'assaut achetés par le ministère de la Défense.

    B. Une augmentation du prix d'équipement de télécommunication produit au Canada et vendu exclusivement aux États-Unis.

    C. Une augmentation du prix d'automobiles Honda produites au Japon et vendues au Canada.

    D. Une augmentation du prix de la machinerie agricole.

5. Le panier de biens et de services qui sert à évaluer l'IPC se compose:

    A. des matières premières achetées par les entreprises.

    B. de tous les biens et services produits durant une période donnée.

    C. des produits achetés par le consommateur type.

    D. des biens et services que le consommateur produit pour son propre usage.

    E. Aucune de ces réponses.

6. Si une augmentation du prix des pommes incite les consommateurs à acheter moins de kilogrammes de pommes et plus de kilogrammes d'oranges, alors l'IPC sera caractérisé par:

    A. un biais de substitution.

    B. un biais dû à l'introduction de nouveaux produits.

    C. un biais dû à un changement non mesuré de la qualité.

    D. un biais lié à l'année de référence.

    E. Aucune de ces réponses.

Le tableau suivant indique le prix des denrées et les quantités consommées au Pays des carnivores. L'année de référence est 2002. (C'est aussi l'année où on a établi le profil des consommateurs employé pour définir le panier de biens et de services.) Utilisez ce tableau pour répondre aux questions 7 à 12.

| Année | Prix du bœuf | Quantité de bœuf | Prix du porc | Quantité de porc |
|-------|--------------|------------------|--------------|------------------|
| 2002  | 2,00 $       | 100              | 1,00         | 100              |
| 2003  | 2,50 $       | 90               | 0,90         | 120              |
| 2004  | 2,75 $       | 105              | 1,00         | 130              |

7. Quel est le coût du panier de l'année de référence?

    A. 300 $.

    B. 333 $.

    C. 418,75 $.

    D. 459,25 $.

    E. Aucune de ces réponses.

8. Quelles sont les valeurs respectives de l'IPC en 2002, 2003 et 2004?

    A. 100, 111 et 139,6.

    B. 100, 109,2 et 116.

    C. 100, 113,3 et 125.

    D. 83,5, 94,2 et 100.

    E. Aucune de ces réponses.

9. Quel est le taux d'inflation annuel en 2003 ?

A. 0 %.

B. 9,2 %.

C. 11 %.

D. 13,3 %.

E. Aucune de ces réponses.

$$\frac{IPC_{2003} - IPC_{2002}}{IPC_{2002}} \times 100$$

$$= \left(\frac{113.3 - 100}{100}\right) \times 100$$

10. Quel est le taux d'inflation annuel en 2004 ?

A. 0 %.

B. 9,2 %.

C. 11 %.

D. 13,3 %.

E. Aucune de ces réponses.

$$\frac{IPC_{2004} - IC_{2003}}{IPC_{2003}} \times 100$$

$$= \frac{125 - 113.3}{113.3} \times 100$$

$$= 10.32 \% \qquad \text{too high}$$

11. Le tableau indique que le taux d'inflation annuel en 2003 est surévalué à cause :

A. d'un biais dû à l'introduction de nouveaux produits.

B. d'un biais dû à un changement non mesuré de la qualité.

C. d'un biais de substitution.

D. d'un biais lié à l'année de référence.

E. Aucune de ces réponses.

12. Si l'année de référence est 2004 plutôt que 2002 (la composition du panier est celle de 2004), quelle est alors la valeur de l'IPC en 2003 ?

A. 90,6.

B. 100,0.

C. 114,7.

D. 134,3.

E. Aucune de ces réponses.

Coût du panier 2003 = Price 2003 × Q 2004

$$= (2.50 \times 105) + (0.9 \times 130)$$

$$= 262.5 + 117$$

$$= 379$$

Coût du panier 2004 = 418

$$IPC_{03} = \frac{379}{418} \times 100 \longrightarrow = 90.6$$

13. Si votre revenu passe de 29 000 $ à 46 000 $ durant une période donnée et que l'IPC augmente de 122 à 169 au cours de la même période, il est probable que votre niveau de vie :

A. diminue.

B. augmente.

C. reste constant.

D. On ne peut le savoir sans connaître l'année de référence.

58,6 %

$$\frac{Revenu_2 - Revenu_1}{Revenu_1} \times 100$$

38.5 %

$$\frac{IPC_2 - IPC_1}{IPC_1} \times 100$$

14. Si le taux d'intérêt nominal est de 7 % et que le taux d'inflation est de 3 %, alors le taux d'intérêt réel est de :

A. −4 %.

B. 3 %.

C. 4 %.

D. 10 %.

E. 21 %.

taux d'intérêt réel = taux d'intérêt nominal − taux d'inflation

15. Lequel des énoncés suivants est exact ?

 A. Le taux d'intérêt réel est égal à la somme du taux d'intérêt nominal et du taux d'inflation.

 B. Le taux d'intérêt réel est égal au taux d'intérêt nominal moins le taux d'inflation.

 C. Le taux d'intérêt nominal est égal au taux d'inflation moins le taux d'intérêt réel.

 D. Le taux d'intérêt nominal est égal au taux d'intérêt réel moins le taux d'inflation.

 E. Aucune de ces réponses.

16. Si le taux d'inflation est de 8 % et que le taux d'intérêt réel est de 3 %, alors le taux d'intérêt nominal est de :

 A. 3 / 8 %.

 B. 5 %.

 C. 11 %.

 D. 24 %.

 E. −5 %.

17. Dans lequel des cas suivants préféreriez-vous être le prêteur ?

 A. Le taux d'intérêt nominal est de 20 % et le taux d'inflation est de 25 %.

 B. Le taux d'intérêt nominal est de 15 % et le taux d'inflation est de 14 %.

 C. Le taux d'intérêt nominal est de 12 % et le taux d'inflation est de 9 %.

 D. Le taux d'intérêt nominal est de 5 % et le taux d'inflation est de 1 %.

18. Dans lequel des cas suivants préféreriez-vous être l'emprunteur ?

 A. Le taux d'intérêt nominal est de 20 % et le taux d'inflation est de 25 %.

 B. Le taux d'intérêt nominal est de 15 % et le taux d'inflation est de 14 %.

 C. Le taux d'intérêt nominal est de 12 % et le taux d'inflation est de 9 %.

 D. Le taux d'intérêt nominal est de 5 % et le taux d'inflation est de 1 %.

19. Si un emprunteur et un prêteur s'entendent sur un taux d'intérêt nominal et que le taux d'inflation est plus bas que ce à quoi ils s'attendaient au moment de la signature du contrat, alors :

 A. l'emprunteur est avantagé aux dépens du prêteur.

 B. le prêteur est avantagé aux dépens de l'emprunteur.

 C. ni l'emprunteur ni le prêteur n'y gagnent parce que le taux d'intérêt nominal est stipulé dans le contrat.

 D. Aucune de ces réponses.

20. Si des travailleurs et des employeurs s'entendent sur une augmentation de salaire en tenant compte du taux d'inflation prévu et que ce taux est en fait plus élevé que ce à quoi ils s'attendaient, alors :

 A. les employeurs sont avantagés aux dépens des travailleurs.

 B. les travailleurs sont avantagés aux dépens des employeurs.

 C. ni les travailleurs ni les employeurs n'y gagnent parce que l'augmentation de salaire est fixée par la convention collective.

 D. Aucune de ces réponses.

# Questions à réponse brève

1. Qu'est-ce que l'indice des prix à la consommation cherche à mesurer ? _____
   _____

2. Quelles sont les étapes de la construction d'un indice des prix à la consommation ? _____
   _____
   _____

3. Laquelle des augmentations suivantes a le plus d'effet sur l'IPC ? a) Une augmentation de 20 % du prix des montres Rolex. b) Une augmentation de 20 % du prix des voitures neuves. Expliquez pourquoi.
   _____
   _____

4. Si le prix des automobiles Honda importées (et produites au Japon) augmente, est-ce que cela influe davantage sur l'IPC ou sur le déflateur du PIB ? Expliquez pourquoi. _____
   _____
   _____

5. Si Statistique Canada ne reconnaît pas le fait que les derniers modèles d'ordinateurs comportent des améliorations quant à la mémoire, à la puissance et à la vitesse, en quel sens cela biaise-t-il l'IPC ? Comment nomme-t-on ce genre de biais ? _____
   _____

6. Que mesure le taux d'intérêt réel ? _____
   _____

7. Vous prêtez de l'argent à votre sœur à un taux d'intérêt nominal de 10 %, parce que vous vous attendez tous les deux à ce que le taux d'inflation soit de 6 %. Après qu'elle vous ait remboursé l'argent emprunté, vous découvrez que le taux d'inflation n'a été en fait que de 2 % pendant la durée du prêt. Qui a été avantagé aux dépens de l'autre, vous ou votre sœur ? Expliquez pourquoi. _____
   _____
   _____

8. À l'aide de l'exemple de la question 7, formulez un énoncé général à propos de la partie qui est avantagée, soit l'emprunteur ou le prêteur, lorsque le taux d'inflation est soit plus élevé, soit plus bas que ce qui avait été prévu au moment de la signature d'un prêt. _____
   _____
   _____

9. Si des travailleurs et des employeurs négocient une augmentation de salaire en s'appuyant sur la valeur prévue du taux d'inflation, qui est avantagé (les travailleurs ou les employeurs) dans le cas où le taux d'inflation est plus élevé que ce à quoi on s'attendait ? Expliquez pourquoi. _____
   _____
   _____

## Problèmes pratiques

1. Le tableau suivant indique le prix des biens et la quantité de biens consommés au Pays des écrivains. L'année de référence est 2002. (C'est aussi l'année où on a évalué le comportement des consommateurs afin de définir le panier de biens et de services d'un consommateur type.)

| Année | Prix des livres | Quantité de livres | Prix des crayons | Quantité de crayons | Prix des stylos | Quantité de stylos |
|-------|-----------------|--------------------|--------------------|----------------------|------------------|---------------------|
| 2002 | 50,00 $ | 10 | 1,00 $ | 100 | 5,00 $ | 100 |
| 2003 | 50,00 $ | 12 | 1,00 $ | 200 | 10,00 $ | 50 |
| 2004 | 60,00 $ | 12 | 1,50 $ | 250 | 20,00 $ | 20 |

a) Quelle est la valeur de l'IPC en 2002 ? _____

b) Quelle est la valeur de l'IPC en 2003 ? _____

c) Quelle est la valeur de l'IPC en 2004 ? _____

d) Quel est le taux d'inflation annuel en 2003 ? _____

e) Quel est le taux d'inflation annuel en 2004 ? _____

f) Quel type de biais fausse les valeurs de l'IPC calculées ci-dessus et les taux d'inflation correspondants ? Expliquez brièvement votre réponse. _____

_____

g) Si votre convention collective, qui repose sur les valeurs de l'IPC calculées ci-dessus, comprend une clause d'indemnité de vie chère (IVC), est-ce que votre niveau de vie augmente, diminue ou reste constant durant la période de 2002 à 2004 ? Expliquez pourquoi. _____

_____

h) Si vous consommez seulement des stylos (mais pas de livres ni de crayons), est-ce que votre niveau de vie devrait vraisemblablement augmenter, diminuer ou rester constant durant la période de 2002 à 2004 ? Expliquez pourquoi. _____

_____

2. Le tableau suivant donne l'IPC (l'année de référence étant 2002) et le salaire horaire moyen des travailleurs canadiens pour la période allant de 2000 à 2006.

| Année | IPC | Salaire horaire moyen (en $) |
|-------|-----|------------------------------|
| 2000 | 95,4 | 16,49 |
| 2001 | 97,8 | 16,78 |
| 2002 | 10,0 | 17,08 |
| 2003 | 102,8 | 17,20 |
| 2004 | 104,7 | 17,73 |
| 2005 | 107,0 | 18,12 |
| 2006 | 109,1 | 18,55 |

a) Convertissez le salaire horaire moyen de 2000 en dollars de 2006. _____

b) Qu'est-il advenu du salaire horaire moyen réel au cours de la période allant de 2000 à 2006 ?

_____

c) Convertissez le salaire horaire moyen de 2006 en dollars de 2000. _____

d) Les deux conversions donnent-elles des résultats cohérents par rapport au salaire horaire moyen réel durant la période de 6 ans ? _____

3. Vous prêtez 100 $ à votre colocataire pour une période de un an, à un taux d'intérêt nominal de 9 %.

a) À combien s'élèvent les intérêts que votre colocataire doit vous payer à la fin de l'année ?

_____

b) Lorsque vous vous êtes entendus sur les conditions du prêt, vous pensiez tous les deux que le taux d'inflation serait de 5 % pendant la durée du prêt. Quel était donc selon vous le taux d'intérêt réel sur le prêt ? _____

c) À la fin de l'année, vous êtes étonné d'apprendre que le taux d'inflation n'a été en fait que de 8 % pendant la durée du prêt. Quel a donc été le taux d'intérêt réel sur le prêt ? _____

d) L'année du prêt, le taux d'inflation a été en fait plus élevé que prévu. Qui, de vous (le prêteur) ou de votre colocataire (l'emprunteur), a joui d'un gain imprévu ou a subi une perte imprévue ? Expliquez pourquoi. _____

_____

_____

e) Quel aurait été le taux d'intérêt réel sur le prêt si le taux d'inflation avait été en fait de 11 % ?

_____

f) Que signifie un taux d'intérêt réel négatif ? _____

_____

_____

## Pensée critique

Votre père a cessé de boire de la bière en 2005. Quand vous lui avez demandé pourquoi il avait cessé, il vous a répondu : « Parce que c'était devenu trop cher. En 1990, on payait seulement 24,00 $ pour une caisse de 24. La dernière fois que j'ai acheté de la bière, en 2005, la caisse m'a coûté 32,00 $. Ça me paraissait insensé de dépenser 8,00 $ de plus pour une caisse de bière. »

1. L'IPC était de 78,4 en 1990 et il était de 107,0 en 2005. Compte tenu de ces valeurs de l'IPC, qu'est-ce qui cloche dans l'explication que vous a donnée votre père à propos du fait qu'il a cessé de consommer de la bière ? _____

_____

2. Quel est le prix d'une caisse de bière de 1990 en dollars de 2005 ? _____

3. Quel est le prix d'une caisse de bière de 2005 en dollars de 1990 ? _____

4. Les méthodes de calcul employées en 2 et en 3 mènent-elles toutes deux à la même conclusion ?

_____

5. L'exemple présenté ci-dessus illustre bien le phénomène que les économistes appellent « illusion monétaire ». Selon vous, pourquoi ont-ils choisi cette expression ? _____

_____

## SOLUTIONS

### Questions de type « vrai ou faux »

1. Vrai.

2. Faux ; un hélicoptère militaire n'est pas considéré comme un bien de consommation.

3. Faux ; l'IPC a tendance à surévaluer le coût de la vie, parce que les gens remplacent un bien dont le prix augmente par un autre moins coûteux.

4. Faux ; les prix des biens et services dont on tient compte dans le calcul de l'IPC sont pondérés en fonction de la quantité que les consommateurs achètent, et les aliments représentent une portion plus importante du panier de biens et services.

5. Vrai.

6. Faux ; l'IPC a tendance à surévaluer les effets de l'inflation.

7. Vrai.

8. Vrai.

9. Vrai.

10. Faux ; la catégorie la plus importante est le logement.

11. Faux ; si le taux d'inflation excède le taux d'intérêt nominal, alors le taux d'intérêt réel est négatif.

12. Vrai.

13. Vrai.

14. Faux ; l'emprunteur est avantagé aux dépens du prêteur.

15. Vrai.

### Questions à choix multiple

| | | | |
|---|---|---|---|
| 1. E | 6. A | 11. C | 16. C |
| 2. A | 7. A | 12. A | 17. D |
| 3. B | 8. C | 13. B | 18. A |
| 4. C | 9. D | 14. C | 19. B |
| 5. C | 10. B | 15. B | 20. A |

### Questions à réponse brève

1. Le coût total des biens et des services qu'achète le consommateur type.

2. La détermination de la composition du panier de biens et de services, la recherche des prix, le calcul du coût du panier, le choix d'une année de référence et le calcul de l'indice, le calcul du taux d'inflation à l'aide de l'indice.

3. L'augmentation du prix des autos neuves, parce qu'elles occupent une place plus importante dans le panier de biens et de services type.

4. L'IPC, parce que les Hondas font partie du panier de biens et de services type, et les autos fabriquées au Japon ne sont pas incluses dans le PIB canadien.

5. L'IPC serait surévalué ; modification non mesurée de la qualité.

6. Le taux d'intérêt nominal corrigé des effets de l'inflation.

7. Le taux d'intérêt réel prévu est de 4 %, tandis que le taux d'intérêt réel pendant la durée du prêt est de 8 %. Vous avez fait un gain aux dépens de votre sœur.

8. Si le taux d'inflation est plus élevé que prévu, l'emprunteur est avantagé, tandis que s'il est plus faible que prévu, c'est le prêteur qui est avantagé.

9. Les employeurs sont avantagés aux dépens des travailleurs parce que les salaires augmentent moins que le coût de la vie.

## Problèmes pratiques

1. a) $(1100 \$ / 1100 \$) \times 100 = 100$.

   b) $(1600 \$ / 1100 \$) \times 100 = 145,5$.

   c) $(2750 \$ / 1100 \$) \times 100 = 250$.

   d) $(145,5 - 100) / 100 = 0,455 = 45,5 \%$.

   e) $(250 - 145,5) / 145,5 = 0,718 = 71,8 \%$.

   f) Un biais de substitution. Quand le prix des stylos augmente, la quantité consommée diminue de façon importante.

   g) Il augmenterait parce que, dans le cas présent, l'IPC surévalue l'augmentation du coût de la vie.

   h) Il baisserait parce que le pourcentage d'augmentation des stylos est plus élevé que celui de l'IPC.

2. a) $16,49 \$ \times (109,1 / 95,4) = 18,86 \$$.

   b) Il a légèrement diminué, puisque $18,55 \$ < 18,86 \$$.

   c) $18,55 \$ \times (95,4 / 109,1) = 16,22 \$$.

   d) Oui, puisque $16,22 \$ < 16,49 \$$. Le salaire horaire moyen réel est plus bas en 2006 qu'en 2000.

3. a) $9 \$$.

   b) $9 \% - 5 \% = 4 \%$.

   c) $9 \% - 8 \% = 1 \%$.

   d) Votre colocataire (l'emprunteur) a joui d'un gain imprévu et vous avez subi une perte imprévue, parce que l'emprunteur vous a remboursé le prêt avec des dollars ayant un pouvoir d'achat plus faible que celui auquel vous vous attendiez.

   e) $9 \% - 11 \% = -2 \%$.

   f) En raison de l'inflation, le paiement des intérêts au taux nominal n'est pas suffisant pour que le prêteur récupère la somme prêtée, compte tenu de la différence entre le pouvoir d'achat du dollar au moment du remboursement et son pouvoir d'achat le jour où le prêt a été accordé.

## Pensée critique

1. Votre père compare les prix de la bière non corrigés des effets de l'inflation. Le coût réel de la bière n'a pas augmenté autant qu'il paraît à première vue.

2. $24,00 \$ \times (107,0 / 78,4) = 32,76 \$$.

3. 32,00 $ × (78,4 / 107,0) = 23,45 $.

4. Oui : si on corrige les prix des effets de l'inflation, la bière était en fait plus chère en 1990.

5. Comme les gens prennent des décisions en fonction de la valeur du dollar non corrigée des effets de l'inflation, ils peuvent avoir l'illusion que le coût de la vie a augmenté ou diminué.

# LA PRODUCTION ET LA CROISSANCE

## APERÇU DU CHAPITRE

### Contexte et objectif

Le chapitre 7 est le premier d'une série de trois chapitres sur la productivité à long terme. Il porte sur les déterminants du niveau et du taux de croissance de la productivité. Le chapitre 8 traite des marchés financiers et le chapitre 9, du marché du travail.

L'objectif du chapitre 7 est d'examiner les facteurs qui déterminent à long terme à la fois le niveau du PIB par habitant et son taux de croissance. Nous allons découvrir simultanément les déterminants de la productivité des travailleurs et nous demander ce que peuvent faire les gouvernements pour améliorer la productivité de leurs citoyens.

### Indication utile

***Un exemple simple permet de définir plus clairement les facteurs de productivité.*** Plus le processus de production est simple, plus il est facile d'isoler et d'analyser les facteurs de production. Par exemple, si la production consiste en des trous forés dans le sol, alors la fonction de production est :

$$Y = A \, F(L, K, H, N)$$

où $Y$ représente le nombre de trous forés, $A$ le savoir technologique, $L$ la quantité de travail, $K$ la quantité de capital physique, $H$ la quantité de capital humain, $N$ la quantité de ressources naturelles, et $F$ la fonction mathématique qui décrit la façon dont les intrants sont combinés dans le processus de production. Si le nombre de travailleurs augmente, $L$ augmente et $Y$ augmente. Si on dispose de plus de pelles, $K$ augmente et $Y$ augmente. Si les travailleurs ont reçu une formation, de sorte qu'un plus grand nombre utilise le bord en V tronqué, et non le manche, pour creuser, alors $H$ augmente et $Y$ augmente (sans que le nombre de travailleurs ni le nombre de pelles varient). Si le sol du pays est léger, de sorte que le creusage est plus facile que dans d'autres pays, *N* est particulièrement grand et, par conséquent, *Y* est particulièrement grand. Enfin, si on se rend compte qu'il est plus productif de creuser après une pluie que durant une période de sécheresse, *A* augmente et *Y* augmente.

## EXERCICES D'AUTORÉVISION

### Questions de type « vrai ou faux »

_____ 1. L'économie des États-Unis étant de plus grande taille que celle du Canada, elle devrait croître plus rapidement.

_____ 2. L'expression capital humain désigne le capital créé par les humains, comme les outils et la machinerie, par opposition au capital naturel, comme les rivières et les forêts.

_____ 3. Si une fonction de production est à rendements d'échelle constants, alors le doublement de tous les intrants fait doubler la production.

_____ 4. L'augmentation du taux de croissance dû à un accroissement du capital est plus importante dans un pays relativement pauvre que dans un pays riche.

_____ 5. Un accroissement du taux d'épargne et d'investissement d'un pays entraîne une augmentation permanente de son taux de croissance.

_____ 6. Le seul moyen dont dispose un pays pour augmenter le taux d'investissement est de faire croître le taux d'épargne.

_____ 7. Les ressources naturelles constituent le seul facteur de production qui n'est pas produit.

_____ 8. L'investissement en capital humain est particulièrement productif, en raison de l'effet de rattrapage ou de l'externalité.

_____ 9. Dans un pays pauvre, une amélioration de l'alimentation entraîne un accroissement de la taille moyenne des habitants, de même qu'une augmentation de la productivité.

_____ 10. La majorité des économistes s'entendent pour dire que les politiques d'autarcie visant à protéger les industries naissantes améliorent le taux de croissance des nations en voie de développement.

_____ 11. Une croissance démographique très élevée est une caractéristique des pays riches, puisque seuls ces pays ont les moyens de subvenir aux besoins de nombreux enfants.

_____ 12. Certains économistes pensent que la croissance de la population mondiale a influé de façon positive sur le progrès technologique et la prospérité économique.

### Questions à choix multiple

1. Laquelle des mesures suivantes reflète bien le niveau de vie d'un pays?

A. Le PIB réel par habitant.

B. Le PIB réel.

C. Le PIB nominal par habitant.

D. Le PIB nominal.

E. Le taux de croissance du PIB nominal par habitant.

2. La Corée du Sud a connu une croissance économique plus rapide que le Canada parce que :

    A. elle possède d'énormes quantités de ressources naturelles.

    B. c'est un pays impérialiste à qui les prises de guerre ont permis d'amasser des richesses.

    C. elle était pauvre au départ et a donc bénéficié de l'effet de rattrapage.

    D. elle a toujours été riche et continuera de l'être, en raison de l'effet boule de neige.

3. Si un pays a un très faible PIB réel par habitant, alors :

    A. il est condamné à être toujours relativement pauvre.

    B. c'est certainement un petit pays.

    C. c'est qu'une alimentation déficiente fait obstacle à la productivité.

    D. une augmentation du capital aurait peu d'effets sur la productivité.

    E. Aucune de ces réponses.

4. Une fois qu'un pays a accumulé des richesses :

    A. il est presque impossible qu'il devienne relativement pauvre.

    B. il a plus de difficulté à croître rapidement parce que les rendements marginaux du capital sont décroissants.

    C. le capital est plus productif en raison de l'effet de rattrapage.

    D. il n'a plus du tout besoin de capital humain.

    E. Aucune de ces réponses.

5. Si deux pays ont initialement le même PIB réel par habitant et que l'économie de l'un d'eux croît à un taux de 2 %, tandis que l'autre connaît une croissance de 4 %, alors :

    A. le PIB réel par habitant de l'un des deux pays sera toujours supérieur de 2 % à celui de l'autre pays.

    B. le niveau de vie dans le pays ayant une croissance de 4 % s'éloignera de plus en plus de celui dans le pays à croissance plus lente, en raison du caractère composé de la croissance.

    C. le niveau de vie dans les deux pays convergera en raison des rendements d'échelle constants.

    D. l'année suivante, l'économie du pays dont la croissance est de 4 % sera deux fois plus importante que celle du pays ayant une croissance de 2 %.

6. Le coût de renonciation de la croissance économique est :

    A. une réduction de l'investissement à court terme.

    B. une réduction de l'épargne courante.

    C. une réduction de la consommation courante.

    D. une réduction des taxes.

7. La production d'un pays croît si chacun des facteurs énumérés ci-dessous augmente, excepté :

    A. le capital humain par travailleur.

    B. le capital physique par travailleur.

    C. les ressources naturelles par travailleur.

    D. la quantité de travail.

    E. le savoir technologique.

8. Lequel des énoncés suivants est vrai ?

    A. L'économie de pays n'ayant pas le même PIB par habitant peut néanmoins croître à un même rythme.

    B. Des pays n'ayant pas le même taux de croissance peuvent néanmoins avoir un même PIB par habitant.

    C. Tous les pays ont un même taux de croissance et un même niveau de production parce qu'ils ont tous accès aux mêmes facteurs de production.

    D. Le PIB par habitant et le taux de croissance de celui-ci varient grandement d'un pays à un autre ; les pays les plus pauvres peuvent donc devenir relativement riches avec le temps.

9. Si une fonction de production est à rendements d'échelle constants, alors :

    A. le doublement de tous les intrants n'a absolument aucun effet sur la production, parce que le niveau de productivité est toujours constant.

    B. le doublement de tous les intrants fait doubler le niveau de production.

    C. le doublement de tous les intrants fait plus que doubler le niveau de production, en raison de l'effet de rattrapage.

    D. le doublement de tous les intrants entraîne une hausse du niveau de production inférieure au double du niveau initial, en raison des rendements marginaux décroissants.

10. Le cuivre est un exemple de :

    A. capital humain.

    B. capital physique.

    C. ressource naturelle renouvelable.

    D. ressource naturelle non renouvelable.

    E. technologie.

11. Lequel des exemples suivants illustre le mieux une augmentation des connaissances technologiques ?

    A. Un agriculteur découvre qu'il est préférable de semer au printemps plutôt qu'à l'automne.

    B. Un agriculteur achète un tracteur additionnel.

    C. Un agriculteur engage un travailleur additionnel.

    D. Un agriculteur envoie l'un de ses enfants à une école d'agriculture et ce dernier retourne travailler sur la ferme après avoir obtenu un diplôme.

12. Le niveau de vie d'une personne dépend avant tout :

    A. de la quantité de travail qu'elle fournit.

    B. de sa réserve en capital, puisque tout ce qui a de la valeur est produit par des machines.

    C. de sa réserve de ressources naturelles, puisque ces dernières limitent la production.

    D. de sa productivité, puisque son revenu est égal à ce qu'elle produit.

13. Laquelle des actions suivantes est un exemple d'investissement de portefeuille étranger ?

    A. Un citoyen canadien achète des actions de Nortel et cette entreprise utilise le produit pour financer la construction d'une usine.

    B. Honda construit une usine en Ontario.

    C. Un fonds de pension américain achète des actions d'Air Canada et cette société utilise le produit pour acheter de nouveaux avions.

    D. La Banque Royale construit un immeuble pour établir son siège social.

    E. Aucune de ses réponses.

14. Laquelle des politiques gouvernementales suivantes est peu susceptible de provoquer une augmentation de la croissance économique en Afrique ?

   A. Une augmentation des dépenses en éducation publique.

   B. Une amélioration de la santé et de l'alimentation.

   C. La fin de la guerre civile.

   D. Une réduction des restrictions sur l'investissement de capitaux étrangers.

   E. Aucune de ces réponses.

15. Si Toyota construit une usine en Ontario, alors :

   A. le PIB canadien augmentera davantage que le PNB canadien.

   B. le PIB canadien augmentera moins que le PNB canadien.

   C. le PIB et le PNB canadiens diminueront tous les deux, parce qu'une partie du revenu généré par l'investissement reviendra à des étrangers.

   D. cela représentera une augmentation de l'investissement de portefeuille étranger au Canada.

   E. Aucune de ces réponses.

16. Si le PIB réel par habitant est de 23 300 $ en 2007 et qu'il est de 24 025 $ en 2008, quel est le taux de croissance de la production réelle par personne durant cette période ?

   A. 2,0 %.

   B. 3,1 %.

   C. 5,62 %.

   D. 18,0 %.

   E. 18,6 %.

$$\frac{PIB_2 - PIB_1}{PIB_1} \times 100 = \text{taux croissance de prod.}$$

17. Laquelle des dépenses suivantes, qui visent à accroître la productivité, a le plus de chances d'engendrer une externalité positive ?

   A. La banque TD achète un nouveau système informatique.

   B. Suzanne utilise ses propres fonds pour financer ses études universitaires.

   C. Esso loue un champ de pétrole additionnel.

   D. General Motors achète une nouvelle perceuse à colonne.

18. S'il désire augmenter la croissance, un gouvernement devrait adopter chacune des politiques énumérées ci-dessous, excepté :

   A. promouvoir le libre-échange.

   B. encourager l'épargne et l'investissement.

   C. encourager la recherche et le développement.

   D. abolir le droit de propriété.

## Questions à réponse brève

1. Les économistes mesurent à la fois le PIB réel par habitant et le taux de croissance du PIB réel par habitant. Quel concept reflète chacune de ces statistiques ?

   _____

   _____

2. Un pays pauvre reste-t-il nécessairement toujours relativement pauvre et un pays riche, toujours relativement riche ? Expliquez pourquoi. _____

_____

_____

3. Quels facteurs déterminent la productivité ? Lesquels sont un produit de l'activité humaine ?

_____

_____

4. Qu'est-ce qui distingue le capital humain du capital physique ?

_____

_____

5. Expliquez ce qu'est le coût de renonciation de l'investissement en capital. Existe-t-il une différence entre le coût de renonciation de l'investissement en capital humain et le coût de renonciation de l'investissement en capital physique ? _____

_____

_____

6. Pourquoi une hausse du taux d'épargne et d'investissement entraîne-t-elle seulement une augmentation temporaire du taux de croissance économique ? _____

_____

7. Si des étrangers achètent des actions des brasseries Molson émises depuis peu, et que l'entreprise utilise le produit pour accroître sa capacité de production en construisant de nouvelles usines et en achetant de l'équipement, est-ce le PIB ou le PNB qui augmentera le plus ? Expliquez pourquoi. Comment nomme-t-on ce type d'investissement ? _____

_____

_____

_____

_____

8. Pourquoi un brevet est-il susceptible de contribuer à l'augmentation de la productivité ?

_____

_____

9. Quel effet la croissance démographique a-t-elle sur la productivité ?

_____

_____

_____

# Problèmes pratiques

1.

| Pays | PIB réel par habitant actuel | Taux de croissance actuel |
|------|------------------------------|---------------------------|
| Noroît | 15 468 $ | 1,98 % |
| Suroît | 13 690 $ | 2,03 % |
| Orient | 6 343 $ | 3,12 % |
| Occident | 1 098 $ | 0,61 % |

a) Quel pays est le plus riche ? Comment le savez-vous ? _____

_____

b) Quel pays croît le plus rapidement ? Comment le savez-vous ? _____

_____

c) Quel pays bénéficierait probablement le plus d'une augmentation de l'investissement en capital ? Expliquez pourquoi. _____

_____

_____

d) Le pays identifié en c) bénéficierait-il indéfiniment d'une augmentation permanente de l'investissement en capital ? Expliquez pourquoi. _____

_____

_____

e) Dans le pays identifié en c), pourquoi l'investissement en capital humain et en recherche et développement n'a-t-il pas nécessairement les mêmes rendements décroissants que l'investissement en capital physique ? _____

_____

_____

f) Quel pays a le potentiel de croissance le plus élevé ? Énumérez quelques raisons pour lesquelles ce potentiel pourrait ne pas s'actualiser. _____

_____

_____

_____

_____

g) Si le PIB par habitant du Noroît est de 15 918 $ l'année suivante, quel est son taux de croissance annuel ? _____

_____

2. Dans un restaurant, il y a un chef et son diplôme, un livre de recettes, une cuisinière et des ustensiles, de même que du gibier.

   a) Classez chaque élément de cette cuisine dans une catégorie générale de facteurs de production.

_____

_____

_____

_____

   b) Les facteurs de production présentent divers degrés de durabilité. Lequel se distingue par le fait qu'il ne se détériore pas ? _____

_____

_____

_____

## Pensée critique

Vous discutez avec d'autres étudiants, qui sont tous au début de la vingtaine. La conversation porte sur la perception de l'absence de croissance et d'avenues de développement économique au Canada comparativement à ce qui se passe dans certains pays d'Asie, tels la Corée du Sud et Singapour. Votre colocataire affirme : « Ces pays d'Asie ont certainement triché d'une manière ou d'une autre. Autrement, ils n'auraient jamais pu croître aussi rapidement. »

1. Avez-vous appris quelque chose dans ce chapitre qui vous amène à être en désaccord avec votre colocataire ? _____

_____

_____

2. Le taux de croissance phénoménal du Japon depuis la Deuxième Guerre mondiale a souvent été qualifié de « miracle japonais ». Est-ce vraiment un miracle ou peut-on expliquer ce taux de croissance ?

_____

_____

3. Les taux de croissance élevés qu'on observe dans les pays d'Asie sont-ils exempts de coûts ?

_____

_____

## SOLUTIONS

### Questions de type « vrai ou faux »

1. Faux ; la croissance dépend du taux d'augmentation de la productivité.

2. Faux ; le capital humain est constitué des connaissances et des compétences des travailleurs.

3. Vrai.

4. Vrai.

5. Faux ; la croissance augmente temporairement en raison des rendements décroissants du capital.

6. Faux ; il peut aussi tenter d'attirer des investissements étrangers.

7. Vrai.

8. Vrai.

9. Vrai.

10. Faux ; la majorité des économistes s'entendent pour dire que les politiques axées sur l'extérieur favorisent la croissance.

11. Faux ; la croissance démographique dilue le capital et réduit du même coup le capital par travailleur et la productivité.

12. Vrai.

## Questions à choix multiple

| | | | |
|---|---|---|---|
| 1. A | 6. C | 11. A | 16. B |
| 2. C | 7. D | 12. D | 17. B |
| 3. C | 8. D | 13. C | 18. D |
| 4. B | 9. B | 14. E | |
| 5. B | 10. D | 15. A | |

## Questions à réponse brève

1. Le PIB réel par habitant est une mesure du niveau de vie. Le taux de croissance est une mesure du taux d'augmentation du niveau de vie.

2. Non. Étant donné que le taux de croissance varie grandement d'un pays à l'autre, un pays riche peut devenir relativement pauvre, et un pays pauvre relativement riche.

3. Le capital physique par travailleur, le capital humain par travailleur, les ressources naturelles par travailleur et le savoir technologique. Tous ces facteurs sauf les ressources naturelles.

4. Le capital humain est constitué des connaissances et des compétences des travailleurs. Le capital physique est le stock d'équipements et d'immeubles.

5. La nécessité de renoncer à la consommation courante. Non ; il faut épargner au lieu de consommer, peu importe que l'épargne serve à couvrir des dépenses en éducation ou à acheter des machines.

6. En raison des rendements décroissants du capital physique.

7. Le PIB. Le PNB mesure seulement le revenu des Canadiens, tandis que le PIB mesure le revenu gagné au Canada. Le PIB augmentera donc davantage que le PNB, puisqu'une partie des profits de l'investissement en capital reviendra à des étrangers sous la forme de dividendes. Investissement de portefeuille étranger.

8. Un brevet garantit un droit de propriété sur une idée. L'existence d'un brevet incite donc les gens à investir en recherche et développement, parce que c'est rentable.

9. D'une part, si la croissance démographique est élevée, chaque travailleur dispose de moins de capital, ce qui réduit la productivité ; d'autre part, si la population est plus grande, il y a plus de scientifiques et d'inventeurs qui contribuent au progrès technologique, ce qui accroît la productivité.

## Problèmes pratiques

1. a) C'est le Noroît, puisque c'est lui qui a le PIB par habitant le plus élevé.

   b) C'est l'Orient, puisque c'est lui qui a le taux de croissance le plus élevé.

   c) L'Occident est le pays le plus pauvre et c'est lui qui a vraisemblablement le plus petit capital. Comme le capital est à rendements décroissants, il est plus productif s'il est relativement faible.

   d) Non. Étant donné que le capital est à rendements décroissants, la hausse de la croissance due à un accroissement du capital diminue au fur et à mesure que le capital d'un pays augmente.

   e) Le capital humain est porteur d'externalités positives. La recherche et développement devient un bien public après sa diffusion.

   f) C'est l'Occident parce que, étant le plus pauvre, il pourrait facilement bénéficier d'un accroissement du capital. La croissance pourrait être entravée par des restrictions commerciales (politiques axées sur l'intérieur), un gouvernement corrompu ou instable, l'absence de droits de propriétés, les problèmes de santé ou la malnutrition des habitants, etc.

   g) (15 918 $ – 15 468 $)/15 468 $ = 0,029 = 2,9 %.

2. a) Le chef entre dans la catégorie « main-d'œuvre », le diplôme dans la catégorie « capital humain », le livre de recettes dans la catégorie « connaissances technologiques », la cuisinière et les ustensiles dans la catégorie « capital physique », et le gibier dans la catégorie « ressources naturelles ».

   b) Les recettes (c'est-à-dire le savoir technologique) ne se détériorent jamais. La main-d'œuvre et le capital humain se déprécient, la cuisinière et les ustensiles de cuisine s'usent lentement, et le gibier est consommé (mais il est probablement renouvelable).

## Pensée critique

1. Oui. Il existe de nombreuses sources de croissance et un pays peut avoir une influence sur chacune d'elles, à l'exception des ressources naturelles.

2. On peut expliquer la croissance du Japon. En fait, dans tous les pays d'Asie à forte croissance, l'investissement représente un pourcentage extrêmement élevé du PIB.

3. Non. Le coût de renonciation de l'investissement consiste dans le renoncement à la consommation courante en faveur de l'épargne et de l'investissement.

# PARTIE 3

## CHAPITRE 8

# L'ÉPARGNE, L'INVESTISSEMENT ET LE SYSTÈME FINANCIER

## APERÇU DU CHAPITRE

### Contexte et objectif

Le chapitre 8 est le deuxième d'une série de trois chapitres traitant de la productivité à long terme. Dans le chapitre 7, nous voyons que le capital et la main-d'œuvre comptent parmi les principaux déterminants de la productivité à long terme. C'est pourquoi le chapitre 8 porte sur le système financier et le marché de l'épargne et de l'investissement, tandis que le chapitre 9 est consacré au marché de la main-d'œuvre.

L'objectif du chapitre 8 est de montrer comment le marché des fonds prêtables coordonne l'épargne et l'investissement. Dans le cadre de ce marché, nous allons voir l'effet des taxes, de même que des déficits ou surplus budgétaires des gouvernements, sur l'épargne, l'investissement, l'accumulation du capital et, enfin, le taux de croissance de la production.

### Indications utiles

1. **Une institution financière est un intermédiaire.** Un intermédiaire est une personne qui assure la communication entre deux groupes et négocie une solution. Par exemple, dans les négociations de travail, des intermédiaires font le lien entre une entreprise et le syndicat. De façon analogue, une banque est un intermédiaire financier, en ce sens qu'elle assure la communication entre le prêteur ultime (le déposant) et l'emprunteur ultime (l'entreprise ou le constructeur), et négocie les conditions du contrat de prêt. Une banque ne prête pas son propre argent : elle prête l'argent des déposants.

2. **L'investissement ne consiste pas en l'achat d'actions ou d'obligations.** Dans le langage courant, on emploie le terme « investissement » pour désigner l'achat d'actions ou d'obligations. On dit par exemple : « Je viens d'investir dans dix actions de Bell Canada. » (On entend même des économistes dire ce

genre de choses.) Cependant, dans le langage de l'économie, un investissement est l'achat réel de capital sous la forme d'immeubles ou d'équipement. De ce point de vue technique, si j'achète dix actions de Bell Canada parmi les dernières émises, il y a seulement un échange de biens: Bell Canada est en possession de mon argent et je possède des certificats d'actions de Bell. Si cette entreprise utilise mon argent pour acheter de l'équipement, cet achat constitue un investissement économique.

3. **Les prêts à la consommation n'entrent pas dans la réserve de fonds prêtables.** Dans le langage courant, on applique le mot « épargne » au dépôt qu'on vient de faire à la banque. On dit par exemple: « J'ai épargné 100 $ cette semaine. » (On peut aussi entendre un économiste le dire.) Cependant, si le dépôt de 100 $ a été prêté à un consommateur qui a utilisé les fonds pour acheter un billet d'avion en prévision de ses vacances, la valeur de l'épargne nationale (ou simplement de l'épargne) n'a pas augmenté au sens macroéconomique. En effet, du point de vue de la macroéconomie, l'épargne est le revenu (le PIB) qui reste une fois qu'on a soustrait les dépenses de consommation nationales et les dépenses publiques ($S = Y - C - G$). L'épargne nationale n'a pas augmenté si l'épargne personnelle de 100 $ a été prêtée à une personne qui l'a utilisée pour couvrir des dépenses de consommation. Comme l'épargne nationale est la source de l'offre de fonds prêtables, les prêts à la consommation n'influent pas sur l'offre.

4. **La demande de fonds prêtables est une demande de fonds aux fins d'investissement qui émane du secteur privé.** La demande de fonds prêtables comprend seulement la demande de fonds, de la part du secteur privé (les ménages et les entreprises), aux fins d'investissement de capital dans des infrastructures et de l'équipement. Si le gouvernement accuse un déficit, il absorbe l'épargne nationale, mais n'achète pas d'immeuble ni d'équipement avec les fonds. Donc, quand le gouvernement affiche un déficit, on considère qu'il y a une réduction de l'offre de fonds prêtables, et non une augmentation de la demande de fonds prêtables.

# EXERCICES D'AUTORÉVISION

## Questions de type « vrai ou faux »

_____ 1. Quand une société vend une obligation, cela signifie qu'elle a entrepris un financement par actions.

_____ 2. Les gens qui achètent des actions d'une compagnie prêtent en fait de l'argent à cette compagnie.

_____ 3. Les fonds communs de placement réduisent le risque que courent les détenteurs d'actions en diversifiant leur portefeuille.

_____ 4. Les obligations du gouvernement fédéral rapportent des intérêts moins élevés que les obligations des sociétés, car on considère que le gouvernement présente un moins grand risque de crédit.

_____ 5. Dans une économie fermée, l'épargne est ce qui reste après avoir soustrait du revenu les dépenses à la consommation et les achats gouvernementaux.

_____ 6. L'épargne publique est toujours positive.

_____ 7. Dans une économie fermée, l'investissement est toujours égal à l'épargne, peu importe la source (privée ou publique) de l'épargne.

_____ 8. Les dépenses d'investissement comprennent l'achat d'équipement et d'immeubles.

_____ 9. Si vous épargnez de l'argent cette semaine et que vous le prêtez à votre colocataire qui s'en sert pour acheter de la nourriture à des fins de consommation, votre épargne personnelle contribue tout de même à accroître l'épargne nationale.

_____ 10. L'offre de fonds prêtables est plus grande lorsque les taux d'intérêt réels sont élevés.

_____ 11. Si le taux d'intérêt réel sur le marché des fonds prêtables se maintient temporairement au-dessus du taux d'équilibre, la demande de fonds prêtables excède l'offre de fonds prêtables, de sorte que le taux d'intérêt réel va baisser éventuellement.

_____ 12. Une société qui crée une fiducie ne paie pas d'impôt sur les sommes qu'elle verse aux détenteurs de ses titres.

_____ 13. L'épargne publique et les surplus budgétaires du gouvernement sont deux aspects d'une même réalité.

_____ 14. Si le gouvernement veut stimuler le taux de la croissance économique, il peut hausser l'impôt que les investisseurs doivent payer sur les revenus d'intérêt et les dividendes, ce qui entraîne un déplacement de la courbe de l'offre de fonds prêtables vers la droite.

_____ 15. Si le déficit budgétaire croît, cela incite le gouvernement à augmenter ses emprunts, ce qui entraîne un déplacement de la courbe de la demande de fonds prêtables vers la droite.

## Questions à choix multiple

1. Lequel des éléments suivants est un exemple de financement par actions ?

   A. Des obligations de sociétés.

   B. Des obligations du gouvernement provincial.

   C. Des actions.

   D. Un prêt bancaire.

   E. Toutes ces réponses.

2. Le risque de crédit associé à une action désigne :

   A. la durée entre la date d'émission et l'échéance.

   B. la probabilité que l'emprunteur déclare faillite.

   C. le traitement fiscal.

   D. un dividende.

   E. le coefficient de capitalisation des bénéfices.

3. Une institution financière est un intermédiaire entre :

   A. les syndicats et les entreprises.

   B. les conjoints et les conjointes.

   C. les acheteurs et les vendeurs.

   D. les emprunteurs et les prêteurs.

4. L'épargne nationale (ou simplement l'épargne) est égale :

   A. à l'épargne privée plus l'épargne publique.

   B. à l'investissement plus les dépenses à la consommation.

   C. au PIB moins les achats gouvernementaux.

   D. au PIB moins les dépenses à la consommation.

   E. Aucune de ces réponses.

5. Lequel des énoncés suivants est vrai ?

   A. Un indice boursier est un catalogue contenant des informations sur un choix d'actions.

   B. Les obligations à long terme rapportent généralement moins d'intérêts que les obligations à court terme.

   C. Les obligations du gouvernement fédéral rapportent généralement moins d'intérêts que les obligations des sociétés.

   D. Le gouvernement fédéral perçoit un impôt sur le revenu quand une compagnie se convertit en fiducie.

6. Si les dépenses publiques excèdent l'impôt sur le revenu, alors :

   A. le gouvernement affiche un surplus budgétaire.

   B. le gouvernement accuse un déficit budgétaire.

   C. l'épargne privée est positive.

   D. l'épargne publique est positive.

   E. Aucune de ces réponses.

7. Si le PIB est de 1000 $ et que les dépenses à la consommation s'élèvent à 600 $, les taxes à 100 $ et les achats gouvernementaux à 200 $, alors :

   A. l'épargne est de 200 $ et l'investissement, de 200 $.

   B. l'épargne est de 300 $ et l'investissement, de 300 $.

   C. l'épargne est de 100 $ et l'investissement, de 200 $.

   D. l'épargne est de 200 $ et l'investissement, de 100 $.

   E. l'épargne est nulle et l'investissement est nul.

8. Si les particuliers réduisent leur consommation de 10 milliards de dollars et que le gouvernement augmente ses achats de 10 milliards de dollars (tout le reste étant inchangé), alors lequel des énoncés suivants est vrai ?

   A. Il y a un accroissement de l'épargne et la croissance économique devrait augmenter.

   B. Il y a une augmentation de l'épargne et la croissance économique devrait diminuer.

   C. L'épargne ne varie pas.

   D. On ne dispose pas de suffisamment d'informations pour déterminer ce qui va advenir de l'épargne.

9. Lequel des titres du marché financier suivants aura probablement le meilleur rendement ?

   A. Une obligation émise par le gouvernement de l'Ontario.

   B. Une obligation du gouvernement fédéral.

   C. Une obligation émise par Bell Canada.

   D. Une obligation émise par une entreprise émergente.

10. L'investissement consiste :

   A. dans l'achat de titres à revenu fixe.

   B. dans l'achat d'équipement et d'immeubles.

   C. dans le dépôt de l'épargne d'un particulier à la banque.

   D. dans l'achat de biens et de services.

11. Si les Canadiens se mettent à épargner davantage, on peut s'attendre à ce que:

    A. la courbe de l'offre de fonds prêtables se déplace vers la droite et que le taux d'intérêt réel augmente.

    B. la courbe de l'offre de fonds prêtables se déplace vers la droite et que le taux d'intérêt réel baisse.

    C. la courbe de la demande de fonds prêtables se déplace vers la droite et que le taux d'intérêt réel augmente.

    D. la courbe de la demande de fonds prêtables se déplace vers la droite et que le taux d'intérêt réel baisse.

12. Lequel des ensembles de politiques gouvernementales suivants est le plus axé sur la croissance?

    A. Une diminution de l'impôt sur les revenus d'intérêt, l'accord de crédits d'impôt à l'investissement et une réduction du déficit.

    B. Une diminution de l'impôt sur les revenus d'intérêt, l'accord de crédits d'impôt à l'investissement et une augmentation du déficit.

    C. Une augmentation de l'impôt sur les revenus d'intérêt, l'accord de crédits d'impôt à l'investissement et une réduction du déficit.

    D. Une hausse de l'impôt sur les revenus d'intérêt, l'accord de crédits d'impôt à l'investissement et une augmentation du déficit.

13. Une augmentation du déficit budgétaire qui amène le gouvernement à accroître sa dette entraîne:

    A. un déplacement vers la droite de la courbe de la demande de fonds prêtables.

    B. un déplacement vers la gauche de la courbe de la demande de fonds prêtables.

    C. un déplacement vers la gauche de la courbe de l'offre de fonds prêtables.

    D. un déplacement vers la droite de la courbe de l'offre de fonds prêtables.

14. Une augmentation du déficit budgétaire entraîne:

    A. une hausse du taux d'intérêt réel et une diminution de la demande de fonds prêtables à des fins d'investissement.

    B. une hausse du taux d'intérêt réel et un accroissement de la demande de fonds prêtables à des fins d'investissement.

    C. une diminution du taux d'intérêt réel et une augmentation de la demande de fonds prêtables à des fins d'investissement.

    D. une diminution du taux d'intérêt réel et une réduction de la demande de fonds prêtables à des fins d'investissement.

15. Si la courbe de l'offre de fonds prêtables est très abrupte (offre inélastique), laquelle des politiques suivantes est la plus susceptible de faire augmenter l'épargne et l'investissement?

    A. L'accord de crédits d'impôt à l'investissement.

    B. Une réduction du déficit budgétaire.

    C. Une augmentation du déficit budgétaire.

    D. Aucune de ces réponses.

16. Une augmentation du surplus budgétaire est identique à:

    A. une réduction de l'épargne publique.

    B. une augmentation de l'épargne publique.

    C. une réduction de l'épargne privée.

    D. une augmentation de l'épargne privée.

    E. Aucune de ces réponses.

17. Quand une série de surplus budgétaires stimule l'investissement, ce qui entraîne une augmentation de la croissance économique et des surplus budgétaires encore plus importants, c'est là une illustration de :

A. financement indirect.

B. financement direct.

C. cercle vertueux.

D. déplacement.

18. Si les Canadiens se préoccupent moins de l'avenir et épargnent moins, quel que soit le taux d'intérêt réel, alors :

A. les taux d'intérêt réels vont chuter et l'investissement va diminuer.

B. les taux d'intérêt réels vont chuter et l'investissement va augmenter.

C. les taux d'intérêt réels vont monter et l'investissement va diminuer.

D. les taux d'intérêt réels vont monter et l'investissement va augmenter.

## Questions à réponse brève

1. Expliquez pourquoi les fonds communs de placement comportent généralement un risque plus faible que les actions. _____

_____

_____

2. Qu'est-ce qui procure généralement le plus haut taux de rendement : un dépôt bancaire dans un compte chèques ou des obligations d'une société ? Expliquez pourquoi. _____

_____

_____

_____

3. Quelle est la différence entre un financement par emprunt et un financement par actions ? Donnez un exemple de chaque type de financement. _____

_____

_____

_____

4. Que signifient les mots « épargne » et « investissement » dans les comptes de revenu national, et en quel sens leur emploi diffère-t-il dans le langage courant ? _____

_____

_____

_____

5. Pourquoi l'investissement ne peut-il jamais excéder l'épargne dans une économie fermée ?

_____

_____

_____

6. Qu'est-ce que l'épargne privée ? Qu'est-ce que l'épargne publique ?

   _____

7. À l'aide des identités comptables, déterminez ce qu'il adviendrait de l'épargne publique, de l'investissement et de la croissance si les dépenses gouvernementales augmentaient, tandis que la production, les impôts et les taxes à la consommation restaient constants ?

   _____

   _____

8. Supposons que les Canadiens deviennent plus économes : ils consacrent une part moins importante de leur revenu à la consommation et épargnent davantage. Décrivez les changements que cela produirait sur le marché des fonds prêtables. Qu'adviendrait-il vraisemblablement de la croissance économique ?

   _____

   _____

9. Supposons que le gouvernement affiche une augmentation du surplus budgétaire. Décrivez les changements que cela produirait sur le marché des fonds prêtables. Qu'adviendrait-il vraisemblablement de la croissance économique ? _____

   _____

   _____

10. Une augmentation du déficit budgétaire du gouvernement fait augmenter les emprunts publics. Pourquoi une hausse du déficit fait-elle augmenter la demande de fonds prêtables dans un tel marché ?

    _____

    _____

11. Quelle est la principale différence entre les marchés financiers et les intermédiaires financiers ?

    _____

    _____

## Problèmes pratiques

1. La société Vol de nuit a besoin d'un apport en capitaux afin d'accroître sa capacité de production. Elle décide donc de vendre des obligations à court terme et des obligations à long terme, et d'émettre des actions. Vous envisagez la possibilité de participer au financement de l'expansion de cette compagnie.

   a) Si vous achetez à la fois des obligations à court terme et des obligations à long terme de Vol de nuit, de quel type d'obligations vous attendez-vous à obtenir un meilleur taux de rendement ? Expliquez pourquoi. _____

   _____

   b) Si la Société canadienne d'évaluation du crédit abaisse la cote de crédit de Vol de nuit, cela modifiera-t-il le taux de rendement que vous exigerez pour acheter des obligations de cette compagnie ? Expliquez pourquoi. _____

   _____

c) Si Vol de nuit émet à la fois des actions et des obligations, de quelle catégorie vous attendriez-vous à obtenir le meilleur taux de rendement à long terme ? Expliquez pourquoi.

_____

d) Qu'est-ce qui est le plus sûr : utiliser toutes vos économies pour acheter des actions de Vol de nuit ou les utiliser pour acheter des parts d'un fonds commun de placement comprenant entre autres des actions de Vol de nuit ? Expliquez pourquoi. _____

_____

_____

2. Les valeurs suivantes (en milliards) figurent au compte de revenu national d'un pays à économie fermée.

$$Y = 600\,\$$$
$$T = 100\,\$$$
$$C = 400\,\$$$
$$G = 120\,\$$$

Répondez aux questions suivantes à l'aide des identités comptables.

a) Quelle est la valeur de l'épargne et de l'investissement du pays ? _____

_____

b) Quelle est la valeur de l'épargne privée ? _____

_____

c) Quelle est la valeur de l'épargne publique ? _____

_____

d) La politique budgétaire gouvernementale contribue-t-elle à la croissance du pays ou l'entrave-t-elle ? Expliquez pourquoi. _____

_____

e) Pourquoi les pays ne réduisent-ils pas leurs déficits budgétaires ?

_____

_____

3. Les informations suivantes décrivent un marché de fonds prêtables. (Les valeurs sont en milliards.)

| Taux d'intérêt réel | Offre de fonds prêtables | Demande de fonds prêtables |
|:---:|:---:|:---:|
| 6 % | 130 $ | 70 $ |
| 5 % | 120 $ | 80 $ |
| 4 % | 100 $ | 100 $ |
| 3 % | 80 $ | 120 $ |
| 2 % | 60 $ | 150 $ |

a) Tracez les courbes de l'offre et de la demande de fonds prêtables. Quel est le taux d'intérêt réel d'équilibre et quel est le niveau d'équilibre de l'épargne et de l'investissement?

_____

_____

_____

b) Quelles forces du marché feront en sorte que le taux d'intérêt réel d'équilibre ne pourra pas rester, par exemple à 2 %? _____

_____

_____

c) Si le gouvernement augmente soudainement son déficit budgétaire de 40 milliards de dollars, quels seront le nouveau taux d'intérêt réel d'équilibre et le nouveau niveau d'équilibre de l'épargne et de l'investissement? (Effectuez les calculs et représentez les résultats graphiquement.)

_____

_____

_____

d) Alors que le point d'équilibre est à sa valeur initiale, le gouvernement vote un crédit d'impôt à l'investissement qui fait augmenter la demande de fonds prêtables à des fins d'investissement de 40 milliards de dollars, quel que soit le taux d'intérêt réel. Quels seront le nouveau taux d'intérêt d'équilibre et le nouveau niveau d'équilibre de l'épargne et de l'investissement ? (Construisez une représentation graphique.) _____

_____

_____

e) Compte tenu des résultats obtenus en c) et en d), quelle politique est la plus susceptible d'augmenter la croissance économique ? Expliquez pourquoi. _____

_____

_____

_____

## Pensée critique

Vous regardez un débat politique à la télé. Une candidate interrogée à propos de sa position face à la croissance économique affirme : « Nous devons faire en sorte que l'économie du pays recommence à croître. Il faut réduire les impôts de manière à encourager l'épargne et l'investissement, et il faut réduire le déficit budgétaire afin que le gouvernement cesse d'absorber l'épargne nationale. »

1. En supposant que les dépenses du gouvernement ne varient pas, qu'y a-t-il d'incohérent dans l'affirmation de la candidate ? _____

_____

_____

2. Si la candidate désire vraiment réduire les impôts et le déficit budgétaire, que devrait-elle faire en matière de dépenses publiques ? _____

_____

_____

3. Supposons que les responsables de l'élaboration des politiques désirent augmenter la croissance économique. Pour atteindre leur objectif, ils doivent opter soit pour un incitatif fiscal qui stimule l'épargne, soit pour un incitatif qui stimule l'investissement. De quelles informations sur l'offre et la demande de fonds prêtables ont-ils besoin pour prendre une décision ? Expliquez pourquoi.

_____

_____

_____

_____

_____

_____

_____

_____

## SOLUTIONS

### Questions de type « vrai ou faux »

1. Faux ; vendre une obligation, c'est effectuer un financement par emprunt.

2. Faux ; ce sont les détenteurs des actions qui sont les propriétaires.

3. Vrai.

4. Vrai.

5. Vrai.

6. Faux ; l'épargne publique est négative quand le gouvernement accuse un déficit budgétaire.

7. Vrai.

8. Vrai.

9. Faux ; les prêts à la consommation ne font pas augmenter l'épargne publique.

10. Vrai.

11. Faux ; l'offre de fonds prêtables excède la demande de fonds prêtables.

12. Vrai.

13. Vrai.

14. Faux ; le gouvernement devrait réduire l'impôt sur les revenus d'intérêt et les dividendes.

15. Faux ; si le gouvernement augmente ses emprunts, alors l'offre de fonds prêtables diminue.

### Questions à choix multiple

| | | | |
|---|---|---|---|
| 1. C | 6. B | 11. B | 16. B |
| 2. B | 7. A | 12. A | 17. C |
| 3. D | 8. C | 13. C | 18. C |
| 4. A | 9. D | 14. A | |
| 5. C | 10. B | 15. B | |

## Questions à réponse brève

1. Parce qu'un fonds commun de placement est diversifié : si un type d'actions a un mauvais rendement, un autre type aura vraisemblablement un bon rendement.

2. Des obligations d'une société, parce qu'elles présentent un risque plus élevé et qu'un prêt effectué directement sur le marché financier comporte moins de frais généraux qu'un prêt effectué indirectement, en passant par un intermédiaire.

3. Le financement par emprunt consiste, par exemple pour une entreprise, à vendre une obligation. Le financement par actions consiste à s'adjoindre des partenaires additionnels ; c'est ce qui se passe quand une entreprise vend des actions.

4. L'épargne est ce qui reste après avoir soustrait les dépenses à la consommation et les dépenses publiques. L'investissement est l'achat d'équipement et d'immeubles. Dans le langage courant, l'épargne est ce qui reste du revenu (même si une partie de celui-ci est prêté à des fins de consommation) et l'investissement est l'achat d'actions et d'obligations.

5. Parce que l'épargne est ce qui reste du PIB après avoir soustrait les dépenses à la consommation et les dépenses publiques, et que ce montant est précisément la part du revenu disponible pour l'achat d'équipement et d'immeubles.

6. Épargne privée = $Y - T - C$ ; Épargne publique = $T - G$.

7. L'épargne publique diminuerait, ce qui entraînerait une diminution égale de l'épargne et de l'investissement publics, d'où un ralentissement de la croissance.

8. La courbe de l'offre de fonds prêtables se déplacerait vers la droite, le taux d'intérêt réel chuterait et la demande de fonds prêtables à des fins d'investissement croîtrait. La croissance augmenterait.

9. La courbe de l'offre de fonds prêtables se déplacerait vers la droite, le taux d'intérêt réel chuterait et la demande de fonds prêtables à des fins d'investissement croîtrait. La croissance augmenterait.

10. Par définition, la demande de fonds prêtables est la demande privée de fonds prêtables à des fins d'investissement. L'augmentation d'un déficit absorbe l'épargne et réduit l'offre de fonds prêtables.

11. Dans les marchés financiers, les épargnants prêtent directement aux emprunteurs, tandis qu'en transigeant avec des intermédiaires financiers, les épargnants prêtent à des intermédiaires qui, par la suite, prêtent à des emprunteurs.

## Problèmes pratiques

1. a) Des obligations à long terme, parce que la probabilité que vous deviez les vendre à la baisse avant l'échéance est plus élevée.

   b) Oui. Comme le risque de crédit a augmenté, vous devriez exiger un taux de rendement plus élevé.

   c) Des actions, parce que le risque est plus élevé.

   d) Il est plus sûr d'acheter des parts d'un fonds commun de placement parce que celui-ci est diversifié. (Ainsi, vous ne mettriez pas tous vos œufs dans le même panier.)

2. a) (600 $ – 100 $ – 400 $) + (100 $ – 120 $) = 80 milliards de dollars.

   b) 600 $ – 100 $ – 400 $ = 100 milliards de dollars.

   c) 100 $ – 120 $ = –20 milliards de dollars.

   d) Elle entrave la croissance parce que l'épargne publique est négative, de sorte que l'épargne nationale disponible pour l'investissement est moindre.

e) Parce que les responsables politiques n'arrivent pas à s'entendre sur le choix à faire : augmenter les impôts ou réduire les dépenses.

3. a) Le taux d'intérêt réel d'équilibre est de 4 %, et le niveau d'équilibre de l'épargne, *S*, et de l'investissement, *I*, est de 100 milliards de dollars.

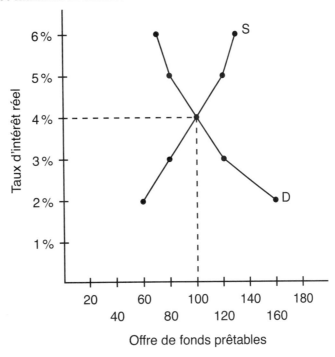

b) Quand le taux d'intérêt est de 2 %, la demande de fonds prêtables excède l'offre de 90 milliards de dollars. Une telle demande excédentaire de prêts fera augmenter les taux d'intérêt à 4 %.

c) Le taux d'intérêt réel d'équilibre est de 5 %, et le niveau d'équilibre de l'épargne, *S*, et de l'investissement, *I*, est de 80 milliards de dollars.

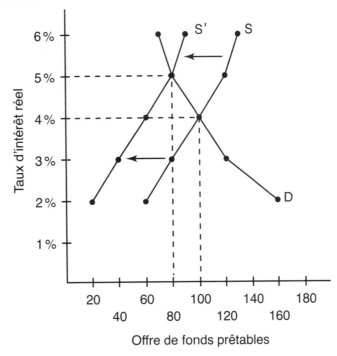

d) Le taux d'intérêt réel d'équilibre est de 5 %, et le niveau d'équilibre de l'épargne, *S*, et de l'investissement, *I*, est de 120 milliards de dollars.

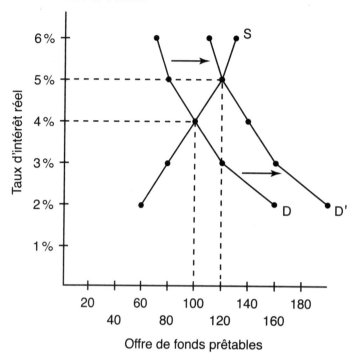

e) Un crédit d'impôt à l'investissement, parce que cette politique déplace la courbe de la demande de fonds prêtables à des fins d'investissement vers la droite, ce qui fait augmenter le niveau de l'investissement et stimule la croissance.

## Pensée critique

1. Une réduction des impôts visant à stimuler l'épargne et l'investissement ferait augmenter le déficit, ce qui réduirait l'épargne et l'investissement national.

2. Elle devrait réduire les dépenses du gouvernement par un montant supérieur à la réduction d'impôts.

3. Les responsables de l'élaboration des politiques ont besoin de connaître l'élasticité des courbes de l'offre et de la demande.

Si la demande de fonds prêtables est inélastique, une variation de l'offre de fonds prêtables a peu d'effet sur l'épargne et l'investissement, de sorte que les incitatifs fiscaux visant à accroître l'épargne influent peu sur la croissance, et cela, quel que soit le taux d'intérêt. Si l'offre de fonds prêtables est inélastique, la variation de la demande de fonds prêtables a peu d'effet sur l'épargne et l'investissement, de sorte que les incitatifs fiscaux visant à accroître l'investissement influent peu sur la croissance, et ce, quel que soit le taux d'intérêt.

# PARTIE 3

## CHAPITRE 9

# LE CHÔMAGE ET SON TAUX NATUREL

## APERÇU DU CHAPITRE

### Contexte et objectif

Le chapitre 9 est le troisième d'une série de trois chapitres portant sur le niveau et la croissance de la production à long terme. Le chapitre 7 explique que le capital et le travail font partie des principaux déterminants de la production et de la croissance. Le chapitre 8 traite de l'influence de l'épargne et de l'investissement sur la production. Le chapitre 9 traite de l'utilisation maximale des ressources en main-d'œuvre en vue d'améliorer le niveau de la production et le niveau de vie.

Le chapitre 9 vise à vous faire connaître le marché du travail. Il explique comment les économistes mesurent la performance du marché du travail au moyen de statistiques sur le chômage. Il examine aussi les quatre facteurs responsables du chômage à long terme, de même que l'effet des politiques gouvernementales sur le taux de chômage naturel.

### Indications utiles

1. *La recherche d'un emploi exige du temps, même à un salaire correspondant au niveau d'un marché concurrentiel.* Les lois sur le salaire minimum, les syndicats et les salaires d'efficience créent tous une offre de travail excédentaire, appelée chômage structurel, en maintenant les salaires au-dessus du niveau d'équilibre. Cependant, le chômage frictionnel, découlant du processus de recherche d'emploi, s'observe au niveau d'équilibre parce que, inévitablement, l'appariement des travailleurs et des emplois demande du temps, et ce, quel que soit le niveau des salaires.

2. *Le taux de chômage naturel est permanent, mais non constant.* Les lois sur le salaire minimum, les syndicats, les salaires d'efficience et la recherche d'emploi influent tous sur le taux de chômage naturel. Celui-ci varie lorsque les politiques gouvernementales, les institutions et les comportements changent. Mais, comme ces changements se produisent lentement, le taux de chômage varie lentement. Il est à noter qu'on estime que ce taux est descendu à 4 % à la fin des années 1960, et qu'il a atteint 8 % à la fin des années 1980.

# EXERCICES D'AUTORÉVISION

## Questions de type « vrai ou faux »

\_\_\_\_\_ 1. Le taux de chômage naturel est le chômage qui ne disparaît pas de lui-même, à court ou à long terme.

\_\_\_\_\_ 2. Si le taux de chômage diminue, cela signifie nécessairement que plus de travailleurs occupent un emploi.

\_\_\_\_\_ 3. Dans le Canada de l'après-guerre, le taux d'activité de la population a augmenté chez les femmes et il a diminué chez les hommes.

\_\_\_\_\_ 4. Le taux de chômage est approximativement le même dans les régions de l'Atlantique et de l'Ouest du Canada

\_\_\_\_\_ 5. Le salaire minimum influe probablement davantage sur le marché des travailleurs spécialisés que sur celui des travailleurs non qualifiés.

\_\_\_\_\_ 6. La présence d'un syndicat a tendance à faire augmenter le salaire des membres et à faire diminuer le salaire des non-membres.

\_\_\_\_\_ 7. L'expression qui décrit le mieux un syndicat est « cartel de travailleurs ».

\_\_\_\_\_ 8. Les syndicats peuvent accroître l'efficience dans certaines conditions, parce qu'ils réduisent le coût des négociations entre les travailleurs et l'employeur.

\_\_\_\_\_ 9. Un salaire d'efficience ressemble à un salaire minimum, en ce sens que les entreprises sont tenues par la loi de le respecter.

\_\_\_\_\_ 10. Le fait de verser des salaires d'efficience tend à faire augmenter le roulement du personnel, parce que les travailleurs peuvent obtenir un meilleur salaire chaque fois qu'ils changent d'emploi.

\_\_\_\_\_ 11. Si une entreprise verse des salaires supérieurs au niveau d'équilibre, il est possible que son bassin de main-d'œuvre augmente, parce que les postes offerts attireront des candidats de meilleure qualité.

\_\_\_\_\_ 12. Si on maintenait constamment les salaires au niveau d'équilibre, il n'y aurait absolument pas de chômage.

\_\_\_\_\_ 13. Quand il existe des travailleurs découragés, le taux de chômage mesuré surévalue le chômage réel.

\_\_\_\_\_ 14. L'existence de l'assurance emploi tend à faire diminuer le taux de chômage, parce que les personnes qui reçoivent des prestations ne sont pas incluses dans la population active.

\_\_\_\_\_ 15. Si les salaires dépassent le niveau d'équilibre, peu importe la raison, il en résulte un chômage structurel.

# Questions à choix multiple

1. Le taux de chômage que connaît normalement une économie est appelé :
   A. taux de chômage lié au salaire d'efficience.
   B. taux de chômage dû au mouvement syndical.
   C. taux de chômage cyclique.
   D. taux de chômage naturel.

2. Un homme au foyer est considéré par Statistique Canada comme :
   A. une personne en chômage.
   B. une personne occupée.
   C. un membre de la population inactive.
   D. un travailleur découragé.

Répondez aux questions 3 à 5 à l'aide du tableau suivant, où les nombres sont exprimés en millions.

| | |
|---|---|
| Population totale | 29,7 |
| Population adulte | 21,2 |
| Nombre de personnes en chômage | 1,2 |
| Nombre de personnes occupées | 12,1 |

3. La population active compte :
   A. 12,1 millions de personnes.
   B. 13,3 millions de personnes.
   C. 20,0 millions de personnes.
   D. 21,2 millions de personnes.
   E. Aucune de ces réponses.

4. Le taux de chômage est de :
   A. 5,7 %.
   B. 6,0 %.
   C. 9,0 %.
   D. 9,9 %.
   E. Les informations fournies sont insuffisantes pour déterminer le taux de chômage.

5. Le taux d'activité est de :
   A. 40,7 %.
   B. 44,8 %.
   C. 57,1 %.
   D. 62,7 %.
   E. Aucune de ces réponses.

6. Une comptable agréée qui, après avoir longtemps cherché du travail sans succès, a abandonné ses recherches est considérée comme :
   A. une personne occupée.
   B. une personne en chômage.
   C. ne faisant pas partie de la population active.
   D. ne faisant pas partie de la population adulte.

7. Lequel des énoncés suivants est vrai ?

    A. Le taux d'activité des femmes tend à être plus faible que le taux d'activité des hommes.

    B. Le taux d'activité des hommes est à la hausse.

    C. Le taux de chômage a tendance à être plus faible chez les jeunes travailleurs que chez les travailleurs âgés.

    D. Toutes les affirmations précédentes sont vraies.

8. En général, l'existence d'une loi du salaire minimum :

    A. fait davantage augmenter le chômage sur le marché des travailleurs hautement spécialisés que sur le marché des travailleurs peu qualifiés.

    B. fait davantage augmenter le chômage sur le marché des travailleurs peu qualifiés que sur celui des travailleurs hautement spécialisés.

    C. n'influe pas sur le chômage, à la condition que le salaire minimum soit supérieur au niveau d'équilibre.

    D. aide tous les adolescents, parce qu'ils reçoivent un meilleur salaire qu'en l'absence d'une telle loi.

9. Laquelle des causes suivantes du chômage ne dépend pas du fait que les salaires se maintiennent au-dessus du niveau d'équilibre ?

    A. La recherche d'emploi.

    B. Une loi du salaire minimum.

    C. Les syndicats.

    D. Les salaires d'efficience.

10. Si, pour une raison quelconque, les salaires se maintiennent au-dessus du niveau d'équilibre, alors :

    A. les syndicats vont probablement voter une grève et les salaires vont descendre au niveau d'équilibre.

    B. la qualité de la main-d'œuvre va diminuer à cause de la variation du nombre de travailleurs dans le bassin de candidats disponibles.

    C. l'offre de travail va excéder la demande de travail et on observera un chômage structurel.

    D. la demande de travail va excéder l'offre de travail et on observera une pénurie de main-d'œuvre.

11. Un salaire d'efficience est :

    A. le plus bas salaire qu'une entreprise accepte de verser à ses travailleurs.

    B. le plus bas salaire qu'un travailleur accepte.

    C. un salaire supérieur au niveau d'équilibre payé par une entreprise.

    D. le salaire d'équilibre.

12. Laquelle des politiques gouvernementales suivantes fait augmenter le taux de chômage ?

    A. La réduction des prestations d'assurance emploi.

    B. La création d'agences de placement.

    C. La création de programmes de formation pour les travailleurs.

    D. L'augmentation du salaire minimum.

13. Quel type de chômage les fluctuations sectorielles ont-elles tendance à faire augmenter ?

    A. Le chômage frictionnel.

    B. Le chômage structurel.

    C. Le chômage cyclique.

    D. Les fluctuations sectorielles ne font pas augmenter le chômage.

14. Laquelle des conséquences suivantes n'est pas une raison pour les entreprises d'augmenter les salaires ?

   A. L'amélioration de la santé des travailleurs.

   B. L'augmentation du roulement du personnel.

   C. L'accroissement de l'effort des travailleurs.

   D. L'augmentation de la qualité des travailleurs.

15. On observe le taux de syndicalisation le plus faible :

   A. au Canada.

   B. aux États-Unis.

   C. en Suède.

   D. au Danemark.

16. Les syndicats peuvent accroître l'efficience lorsque :

   A. ils font augmenter les salaires de leurs membres au-dessus du niveau d'équilibre.

   B. ils contrebalancent la position dominante sur le marché d'une grande entreprise dans une ville contrôlée par une compagnie.

   C. ils font baisser les salaires des travailleurs non syndiqués.

   D. ils menacent de déclencher une grève, mais ne le font pas, de sorte qu'il n'y a aucune perte d'heures de travail.

17. Lequel des énoncés suivants à propos de la théorie des salaires d'efficience est vrai ?

   A. Les entreprises n'ont pas le choix de verser ou non des salaires d'efficience, parce que ces salaires sont fixés par la loi.

   B. Le paiement de salaires aussi bas que possible est toujours la solution la plus profitable.

   C. Le paiement de salaires supérieurs au niveau d'équilibre incite les travailleurs à en faire le moins possible.

   D. Le paiement de salaires supérieurs au niveau d'équilibre tend à améliorer la santé des travailleurs, à réduire le roulement du personnel, à accroître la qualité des travailleurs et à augmenter l'effort des travailleurs.

18. Les syndicats contribuent à accroître la disparité entre les salaires des membres et des non-membres :

   A. en faisant augmenter les salaires dans le secteur syndicalisé, ce qui peut hausser l'offre de travail dans le secteur non syndicalisé.

   B. en faisant augmenter les salaires dans le secteur syndicalisé, ce qui peut faire baisser l'offre de travail dans le secteur non syndicalisé.

   C. en réduisant la demande de travail dans le secteur syndicalisé.

   D. en augmentant la demande de travail dans le secteur syndicalisé.

19. Quel type de chômage observe-t-on même lorsque les salaires sont au niveau d'équilibre ?

   A. Le chômage dû aux lois du salaire minimum.

   B. Le chômage dû aux syndicats.

   C. Le chômage dû aux salaires d'efficience.

   D. Le chômage dû à la recherche d'emploi.

20. Si les prestations d'assurance emploi étaient généreuses au point de représenter 95 % du salaire des travailleurs mis à pied, alors :

   A. le taux de chômage officiel sous-évaluerait probablement le chômage réel.

   B. le taux de chômage officiel surévaluerait probablement le chômage réel.

   C. cela n'influerait aucunement sur le taux de chômage.

   D. le taux de chômage frictionnel diminuerait.

   E. Aucune de ces réponses.

## Questions à réponse brève

1. Donnez deux raisons pour lesquelles le taux de chômage est une mesure imparfaite du nombre de sans-emploi. _____

_____

_____

2. Dans quel cadre un syndicat aurait davantage tendance à faire augmenter l'efficience qu'à la faire diminuer : une petite ville contrôlée par une entreprise ou une grande ville comptant de nombreux employeurs ? Expliquez pourquoi.

_____

_____

_____

3. Nommez deux façons dont un syndicat peut accroître la disparité entre les salaires des membres et des non-membres. _____

_____

_____

_____

_____

4. Le salaire minimum cause-t-il beaucoup de chômage sur le marché des comptables ? Expliquez pourquoi.

_____

_____

5. Quel type de chômage observe-t-on même lorsque les salaires sont au niveau d'équilibre ? Expliquez pourquoi. _____

_____

_____

_____

_____

6. Pourquoi l'assurance emploi augmente-t-elle le chômage frictionnel ? _____

_____

_____

7. Comment le gouvernement peut-il réduire le chômage frictionnel ?

_____

_____

_____

8. Lequel des individus suivants est le plus susceptible d'être sans emploi durant une longue période : un pêcheur qui perd son emploi à cause du déclin des stocks de poissons ou une serveuse mise à pied après l'ouverture d'un nouveau café dans la ville ? Expliquez pourquoi.

_____

_____

_____

## Problèmes pratiques

1. Répondez aux questions à l'aide des informations suivantes au sujet du Pays de l'emploi. (Les nombres sont exprimés en millions.)

| | 2007 | 2008 |
|---|---|---|
| Population | 223,6 | 226,5 |
| Population adulte | 168,2 | 169,5 |
| Nombre de personnes en chômage | 7,4 | 8,1 |
| Nombre de personnes occupées | 105,2 | 104,2 |

a) Quelle est la population active en 2007 et en 2008 ? _____

_____

_____

b) Quel est le taux d'activité en 2007 et en 2008 ? _____

_____

_____

c) Quel est le taux de chômage en 2007 et en 2008 ? _____

_____

_____

d) De 2007 à 2008, la population adulte a augmenté, tandis que la population active a diminué. Énoncez quelques raisons pouvant expliquer ces variations. _____

_____

_____

_____

e) Si le taux de chômage naturel est de 6,6 % au Pays de l'emploi, quel est le taux de chômage cyclique en 2007 et en 2008 ? Est-ce que le Pays de l'emploi semble avoir connu une récession à l'une ou l'autre de ces deux années ? _____

_____

_____

_____

2. On suppose que le marché de l'emploi comprend deux grandes divisions : le marché des travailleurs peu qualifiés et le marché des travailleurs hautement qualifiés. De plus, le salaire d'équilibre est de 5,00 $/h sur le marché des travailleurs peu qualifiés, tandis qu'il est de 25,00 $/h sur le marché des travailleurs hautement qualifiés.

a) Si le salaire minimum est fixé à 9,00 $/h, quel marché présentera le taux de chômage le plus élevé ? Illustrez votre explication au moyen de graphiques.

_____

_____

_____

b) Le salaire minimum influe-t-il de quelque façon sur le marché des travailleurs hautement qualifiés ? Expliquez pourquoi. _____

_____

c) Vos réponses semblent-elles en accord avec les statistiques sur le marché du travail ? Expliquez pourquoi. _____

_____

_____

d) On suppose que les travailleurs hautement qualifiés se syndicalisent et qu'ils négocient un nouveau salaire de 28,00 $/h. Cela influera-t-il sur le marché des travailleurs peu qualifiés ? Expliquez pourquoi. _____

_____

_____

_____

3. Les questions suivantes portent sur les composantes du chômage.

   a) Nommez quelques causes du chômage. _____

   _____

   b) Quelle cause du chômage découle des entreprises? _____

   _____

   c) Pour quelles raisons une entreprise décide-t-elle de verser des salaires supérieurs au niveau d'équilibre? _____

   _____

   _____

   d) Quel avantage du salaire d'efficience n'observerait-on probablement pas au Canada? Expliquez pourquoi.

   _____

   _____

   e) En quoi le chômage lié à la recherche d'emploi se distingue-t-il du chômage dû à d'autres causes?

   _____

   _____

## Pensée critique

Vous regardez le journal télévisé avec votre colocataire. Le journaliste affirme: «Les chiffres publiés aujourd'hui par Statistique Canada indiquent que le taux de chômage est passé de 6,4 % à 7,1 %. Cela fait donc sept mois consécutifs que le taux de chômage augmente.» Votre colocataire émet le commentaire suivant: «Chaque mois, il semble qu'il y ait de moins en moins de gens qui ont un emploi. Je me demande combien de temps cela peut continuer ainsi au Canada.»

1. Le commentaire de votre colocataire peut-il vraiment être déduit à partir des statistiques sur le chômage annoncées au journal télévisé? Expliquez pourquoi. _____

   _____

   _____

   _____

   _____

   _____

2. De quelle information additionnelle auriez-vous besoin pour déterminer s'il y a vraiment de moins en moins de gens qui détiennent un emploi? _____

   _____

   _____

# SOLUTIONS

## Questions de type « vrai ou faux »

1. Vrai.

2. Faux ; le taux de chômage diminue lorsque des personnes en chômage quittent la population active.

3. Vrai.

4. Faux ; le taux de chômage varie d'une région géographique à l'autre du Canada.

5. Faux ; l'existence d'un salaire minimum a plus de conséquences pour les travailleurs à faible salaire.

6. Vrai.

7. Vrai.

8. Vrai.

9. Faux ; les entreprises sont libres de verser ou non des salaires d'efficience.

10. Faux ; les salaires d'efficience réduisent le roulement du personnel.

11. Vrai.

12. Faux ; il y aurait tout de même du chômage frictionnel, puisque celui-ci est dû à la recherche d'emploi.

13. Faux ; le taux de chômage officiel sous-évalue le chômage réel.

14. Faux ; l'assurance emploi fait augmenter le taux de chômage parce qu'elle accroît le chômage frictionnel.

15. Vrai.

## Questions à choix multiple

| | | | |
|---|---|---|---|
| 1. D | 6. C | 11. C | 16. B |
| 2. C | 7. A | 12. D | 17. D |
| 3. B | 8. B | 13. A | 18. A |
| 4. C | 9. A | 14. B | 19. D |
| 5. D | 10. C | 15. B | 20. B |

## Questions à réponse brève

1. Il y a des gens qui prétendent être à la recherche d'un emploi dans le seul but de toucher des prestations d'assurance emploi. D'autres se sont découragés après avoir longtemps cherché un emploi sans succès.

2. Dans une petite ville contrôlée par une entreprise, ce qui pourrait avoir comme effet de faire baisser les salaires sous le niveau d'équilibre. Dans ce contexte, un syndicat peut contrebalancer le pouvoir de l'entreprise.

3. Le syndicat peut faire augmenter les salaires au-dessus du niveau d'équilibre dans le secteur syndiqué. Une partie des travailleurs qui ne sont pas employés par le secteur syndiqué va vers le secteur non syndiqué, ce qui accroît l'offre de travail dans ce dernier secteur et, du même coup, entraîne une baisse des salaires.

4. Non, parce que le salaire d'équilibre des comptables est supérieur au salaire minimum, de sorte que celui-ci n'est pas une contrainte active pour les comptables.

5. Le chômage frictionnel, parce que l'appariement des emplois et des travailleurs demande du temps même lorsque les salaires sont au niveau d'équilibre. De plus, à cause des déplacements continus d'un secteur à un autre et de l'arrivée de nouveaux travailleurs sur le marché de l'emploi, il y a toujours nécessairement un certain nombre de personnes à la recherche d'un emploi.

6. Il est possible que les travailleurs en chômage déploient moins d'efforts pour trouver un emploi ou qu'ils rejettent des offres d'emploi qui ne leur plaisent pas. En outre, le versement de prestations d'assurance emploi influe sur la décision de certaines personnes d'entrer ou non sur le marché du travail.

7. En créant des agences de placement gouvernementales, de même que des programmes de formation destinés aux travailleurs, afin de recycler ceux qui ont été mis à pied dans les secteurs en contraction et de les diriger vers des industries en expansion.

8. Le pêcheur, parce qu'il devra se recycler étant donné que la réduction des stocks de poissons est probablement permanente. Par contre, la serveuse n'a qu'à se chercher un nouvel emploi, qu'elle trouvera peut-être dans la rue voisine.

## Problème pratiques

1. a) En 2007, la population active est de 7,4 + 105,2 = 112,6 millions.
   En 2008, elle est de 8,1 + 104,2 = 112,3 millions.

   b) En 2007, le taux d'activité est de (112,6/168,2) × 100 = 66,9 %.
   En 2008, il est de (112,3/169,5) × 100 = 66,3 %.

   c) En 2007, le taux de chômage est de (7,4/112,6) × 100 = 6,6 %.
   En 2008, il est de (8,1/112,3) × 100 = 7,2 %.

   d) Le fait que des personnes prennent une retraite anticipée, que des étudiants restent plus longtemps à l'université, que davantage de parents restent à la maison pour s'occuper de leurs enfants ou que des travailleurs découragés cessent de chercher un emploi.

   e) En 2007, le taux de chômage cyclique est de 6,6 % – 6,6 % = 0 %.
   En 2008, il est de 7,2 % – 6,6 % = 0,6 %.
   En 2007, le Pays de l'emploi connaît un taux de chômage normal ; il n'y a donc pas de récession. Cependant, en 2008, le taux de chômage se situe au-dessus de la normale (le taux de chômage cyclique est positif), de sorte que le Pays de l'emploi est peut-être en récession.

2. a) Le taux de chômage sera plus élevé chez les travailleurs peu qualifiés, parce que l'offre de main-d'œuvre sera excédentaire sur ce marché.

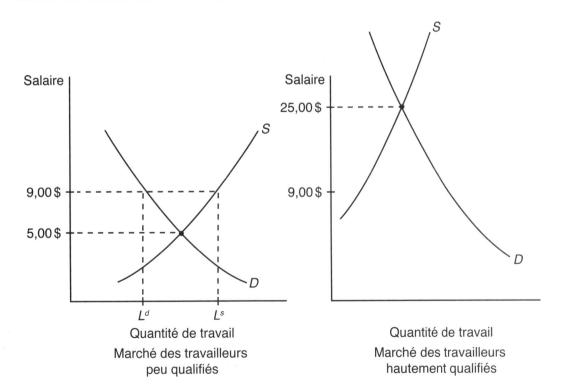

b) Non, parce que le salaire d'équilibre est supérieur au salaire minimum.

c) Oui. On observe un taux de chômage plus élevé chez les travailleurs peu qualifiés, parmi lesquels bon nombre sont jeunes et sans expérience.

d) Oui. L'offre excédentaire de travailleurs qualifiés peut provoquer le déplacement de travailleurs qualifiés vers le marché des travailleurs non qualifiés, ce qui fait baisser encore davantage le salaire d'équilibre et augmenter le chômage dans ce marché, et cela, au salaire minimum.

3. a) Le salaire minimum, les syndicats, les salaires d'efficience et la recherche d'emploi.

b) Les salaires d'efficience.

c) Afin d'améliorer la santé des travailleurs, de réduire le roulement du personnel, d'accroître l'effort des travailleurs et d'augmenter la qualité des travailleurs.

d) L'amélioration de la santé parce que, au Canada, le salaire des travailleurs est nettement supérieur au montant requis pour se nourrir adéquatement.

e) Le chômage frictionnel lié à la recherche d'emploi existe même si les salaires sont au niveau d'équilibre.

## Pensée critique

1. Non. Le taux de chômage est le rapport du nombre de personnes en chômage à la population active. Si cette dernière croît (nouveaux diplômés, femmes ou hommes au foyer retournant sur le marché du travail), et si ce n'est qu'une faible proportion des nouveaux arrivants sur le marché du travail qui trouvent un emploi, le taux de chômage va augmenter, mais le nombre de personnes occupées va augmenter légèrement.

2. L'ensemble des personnes occupées est une composante de la population active et vous devriez obtenir de l'information sur leur nombre.

# PARTIE 4

# LA MONNAIE ET LES PRIX À LONG TERME

## CHAPITRE 10

# LE SYSTÈME MONÉTAIRE

## APERÇU DU CHAPITRE

### Contexte et objectif

Le chapitre 10 est le premier d'une série de deux chapitres portant sur la monnaie et les prix à long terme. On y décrit ce qu'est la monnaie et la façon dont la Banque du Canada en détermine l'offre. Étant donné que la variation de la masse monétaire influe sur le taux d'inflation à long terme, le chapitre 11 est consacré aux causes et aux coûts de l'inflation.

L'objectif du chapitre 10 est de comprendre la nature de la monnaie, les formes que prend celle-ci, le rôle que joue le système bancaire dans la création de la monnaie et la manière dont la Banque du Canada détermine la quantité de monnaie en circulation. La compréhension de la monnaie est importante parce que les variations de la masse monétaire influent sur les taux d'inflation et d'intérêt à long terme, de même que sur la production et l'emploi à court terme.

### Indications utiles

1. ***La monnaie fiduciaire conserve sa valeur grâce à sa rareté artificielle.*** La valeur de l'or tient au fait que les gens désirent en posséder à cause de sa valeur intrinsèque et de sa rareté naturelle. (Les alchimistes n'ont jamais réussi à fabriquer de l'or.) Par contre, la monnaie fiduciaire est bon marché et facile à produire. Elle conserve donc sa valeur uniquement parce que le producteur s'impose lui-même des limites. Si le dollar canadien est une bonne réserve de pouvoir d'achat, c'est parce qu'il est difficile de contrefaire des billets et que la Banque du Canada fait preuve d'autolimitation en ce qui concerne la production de dollars.

2. **Les billets de banque et les pièces de monnaie sont considérés comme du numéraire seulement lorsqu'ils sont entre les mains du public, à l'exclusion des banques.** Quand les économistes emploient le mot «numéraire», celui-ci désigne la monnaie qui se trouve en possession du public, en excluant les banques. Si une personne dépose du numéraire dans une banque, elle devient détentrice d'un dépôt et ses billets entrent dans les réserves de la banque. Ainsi, la quantité de numéraire entre les mains du public, à l'exclusion des banques, diminue, tandis que les dépôts augmentent d'un montant égal. La masse monétaire ne change pas puisqu'elle est égale à la somme du numéraire (entre les mains du public, à l'exclusion des banques) et des dépôts.

3. **Une définition en clair permet de mieux comprendre ce qu'est le multiplicateur monétaire.** Si on décrit la relation entre les réserves, les dépôts et le multiplicateur à l'aide de mots, elle devient plus claire. Dans un système de réserves fractionnées, étant donné que les réserves correspondent à un pourcentage quelconque des dépôts, ces derniers sont par conséquent égaux à un multiple quelconque des réserves. Par exemple, si le coefficient de réserve correspond à 1/5 (ou 20 %) des dépôts, alors ceux-ci sont égaux à cinq (ou 1/0,20) fois les réserves. Comme il se produit une augmentation des dépôts du fait que les banques prêtent une partie de leurs réserves, il est pratique de considérer les dépôts comme un multiple donné des réserves.

4. **Quand il est question d'opérations d'open market, il faut se demander : « Qui paie ? »** Il est plus facile de se rappeler les effets d'opérations d'*open market* si on se pose la question : « Qui paie ? » Quand la Banque du Canada achète une obligation d'État du public, elle la paie avec des nouveaux dollars et la masse monétaire augmente ; quand la Banque du Canada vend des obligations d'État, le public paie avec des dollars et la Banque du Canada retire les dollars. Autrement dit, les dollars cessent d'exister quand la Banque du Canada reçoit un paiement. Il est à noter que lorsque la Banque du Canada vend des obligations, elle n'en émet pas : elle vend des obligations existantes, émises antérieurement par le gouvernement du Canada.

## EXERCICES D'AUTORÉVISION

### Questions de type « vrai ou faux »

_____ 1. La monnaie et la richesse sont une seule et même chose.

_____ 2. La monnaie fiduciaire est l'unité monétaire employée par les fiducies.

_____ 3. La monnaie-marchandise a non seulement une valeur intrinsèque, mais aussi une valeur en tant que moyen d'échange.

_____ 4. Selon la définition M1 de la masse monétaire, celle-ci se compose du numéraire et des dépôts à vue.

_____ 5. Si une personne va au lit pour la nuit en laissant 100 $ dans son portemonnaie et qu'elle est tout à fait convaincue qu'en dépensant cette somme le lendemain elle recevra la même quantité de biens que si elle l'avait dépensée le jour même, cela illustre la fonction de moyen d'échange de la monnaie.

_____ 6. La monnaie remplit trois rôles : elle est un moyen d'échange, une unité de compte et un rempart contre l'inflation.

_____ 7. Selon la définition M2, les cartes de crédit font partie de la masse monétaire.

_____ 8. La Banque du Canada est la banque centrale du pays et est gérée par un conseil d'administration nommé par le ministre des Finances.

_____ 9. En pratique, la Banque du Canada est largement indépendante du gouvernement canadien.

_____ 10. Dans un système bancaire à réserves totales, la proportion des dollars que le public choisit de conserver sous forme de numéraire plutôt que sous forme de dépôts n'influe pas sur la masse monétaire.

_____ 11. Si la Banque du Canada achète 100 000 $ d'obligations d'État et que le système bancaire respecte un coefficient de réserve de 10 %, alors la limite maximale de l'augmentation de la masse monétaire est de 10 000 $.

_____ 12. Si la Banque du Canada veut réduire la masse monétaire, elle peut vendre des obligations d'État ou bien augmenter le taux directeur.

_____ 13. Si la Banque du Canada vend 1000 $ d'obligations d'État et que le système bancaire respecte un coefficient de réserve de 10 %, alors la valeur des dépôts du système bancaire pourrait subir une baisse allant jusqu'à 10 000 $.

_____ 14. La Banque du Canada peut neutraliser les effets des opérations effectuées sur le marché des changes en achetant des obligations d'État.

_____ 15. Si les banques décident de conserver des réserves supérieures aux réserves obligatoires, alors l'offre de fonds prêtables diminue et la masse monétaire diminue elle aussi.

## Questions à choix multiple

1. Laquelle des fonctions suivantes n'est pas un rôle de la monnaie ?
   A. Unité de compte.
   B. Réserve de valeur.
   C. Rempart contre l'inflation.
   D. Moyen d'échange.

2. Selon la définition M1, la masse monétaire se compose :
   A. du numéraire et des dépôts à vue.
   B. du numéraire, des dépôts à vue et des fonds communs de placement du marché monétaire.
   C. du numéraire, des obligations gouvernementales et des pièces de monnaie.
   D. du numéraire, des dépôts d'épargne et des obligations gouvernementales.
   E. Aucune de ces réponses.

3. Laquelle des valeurs suivantes est un exemple de monnaie fiduciaire ?
   A. L'or.
   B. Les billets de banque.
   C. L'argent (le métal précieux).
   D. Des cigarettes dans un camp de prisonniers de guerre.

4. Laquelle des fonctions suivantes ne fait pas partie des rôles de la Banque du Canada ?
   A. Être l'agent financier du gouvernement fédéral.
   B. Agir comme banquier auprès des banques commerciales.
   C. Émettre du numéraire.
   D. Assurer les dépôts du public dans les banques canadiennes.
   E. Aucune de ces réponses.

5. La monnaie-marchandise :

    A. n'a aucune valeur intrinsèque.

    B. a une valeur intrinsèque.

    C. est utilisée uniquement au Canada.

    D. est employée comme réserve pour donner de la valeur à la monnaie fiduciaire.

6. Afin de protéger le gouverneur de la Banque du Canada contre les pressions politiques à court terme :

    A. le gouverneur est élu par l'ensemble des citoyens.

    B. le gouverneur a un mandat à vie.

    C. le gouverneur est sous la surveillance du comité des finances du Parlement.

    D. le gouverneur est élu pour une période de sept ans.

7. Lequel des énoncés suivants est vrai ?

    A. La Banque du Canada utilise actuellement le taux directeur pour réguler la masse monétaire à long terme.

    B. La Banque du Canada a actuellement recours aux opérations d'*open market* pour réguler la masse monétaire à court terme.

    C. La stérilisation est le processus consistant à contrebalancer les opérations effectuées sur le marché des changes par des opérations d'*open market*.

    D. La Banque du Canada a fréquemment employé la variation des réserves obligatoires pour réguler la masse monétaire.

    E. Tous les énoncés précédents sont vrais.

8. Les réserves des banques équivalent à un pourcentage constant :

    A. de leurs prêts.

    B. de leurs actifs.

    C. de leurs dépôts.

    D. des obligations gouvernementales.

9. Si le coefficient de réserve est fixé à 2 %, alors la valeur du multiplicateur monétaire est :

    A. 2.

    B. 4.

    C. 0.

    D. 25.

    E. Aucune de ces valeurs.

10. Laquelle des décisions suivantes de la Banque du Canada aurait probablement comme effet d'augmenter la masse monétaire ?

    A. L'augmentation des réserves obligatoires.

    B. La vente d'obligations d'État.

    C. La diminution du taux directeur.

    D. Toutes ces décisions feraient augmenter la masse monétaire.

11. Si la Banque du Canada achète 200 millions de dollars américains sur le marché des changes au coût de 215 millions de dollars canadiens, elle peut neutraliser les effets de cette opération :

    A. en abaissant le taux directeur.

    B. en augmentant le taux directeur.

    C. en achetant des obligations d'État.

D. en vendant des obligations d'État.

E. Aucune de ces réponses.

12. Une diminution du coefficient de réserve :

A. entraîne une réduction de la masse monétaire.

B. entraîne une augmentation du multiplicateur monétaire.

C. entraîne une augmentation des réserves.

D. n'entraîne aucune des modifications énumérées ci-dessus.

13. Le taux d'escompte est :

A. le taux d'intérêt que paie la Banque du Canada sur les dépôts du public.

B. le taux d'intérêt auquel la Banque du Canada consent des prêts aux banques.

C. le taux d'intérêt que paient les banques à charte sur les dépôts du public.

D. le taux d'intérêt auquel les banques consentent des prêts au public.

14. Vous faites un chèque de 1000 $ pour acheter une obligation d'État de votre ami. Si ce dernier dépose le chèque dans son compte bancaire, de quel montant peut varier la masse monétaire dans le cas où le coefficient de réserve est fixé à 20 % ?

A. 1000 $.

B. 4000 $.

C. 5000 $.

D. 0 $.

15. La Banque du Canada achète une obligation d'État de 1000 $ de votre ami. Si ce dernier dépose la totalité des 1000 $ dans son compte bancaire, de quel montant l'action de la Banque du Canada peut-elle faire varier la masse monétaire si le coefficient de réserve est fixé à 20 % ?

A. 1000 $.

B. 4000 $.

C. 5000 $.

D. 0 $.

16. Dans le cas où toutes les banques maintiennent un coefficient de réserve de 100 %, si un individu dépose 1000 $ en numéraire dans un compte bancaire, alors :

A. cela n'a aucun effet sur la masse monétaire.

B. la masse monétaire augmente de plus de 1000 $.

C. la masse monétaire augmente de moins de 1000 $.

D. la masse monétaire diminue de plus de 1000 $.

E. la masse monétaire diminue de moins de 1000 $.

17. Si la Banque du Canada achète des obligations d'État et qu'elle hausse simultanément le taux directeur, alors :

A. la masse monétaire devrait augmenter.

B. la masse monétaire devrait diminuer.

C. la masse monétaire devrait rester constante.

D. il est impossible de dire avec certitude ce qu'il adviendra de la masse monétaire.

18. Le compte en T suivant étant celui de la Banque expérimentale, quel est le montant maximal du nouveau prêt qu'elle peut accorder sans risque si le coefficient de réserve est fixé à 10 % ?

**Banque expérimentale**

| Actifs | | Passifs | |
|---|---|---|---|
| Réserves | 150 $ | Dépôts | 1000 $ |
| Prêts | 850 $ | | |

A. 0 $.

B. 50 $.

C. 150 $.

D. 1000 $.

E. Aucune de ces réponses.

19. Les trois principaux outils de la politique monétaire sont :

A. les dépenses gouvernementales, l'imposition et les réserves obligatoires.

B. la masse monétaire, les achats gouvernementaux et l'imposition.

C. les pièces de monnaie, le numéraire et les dépôts à vue.

D. les opérations d'*open market*, les réserves obligatoires et le taux directeur.

E. la monnaie fiduciaire, la monnaie-marchandise et les dépôts d'argent.

20. La Banque du Canada achète une obligation d'État d'un particulier qui dépose la totalité du produit de la vente à sa banque. Si celle-ci retient une partie du dépôt en tant que réserve supplémentaire, alors la masse monétaire :

A. augmente moins que le multiplicateur monétaire ne l'indique.

B. augmente plus que le multiplicateur monétaire ne l'indique.

C. diminue moins que le multiplicateur monétaire ne l'indique.

D. diminue plus que le multiplicateur ne l'indique.

## Questions à réponse brève

1. Qu'est-ce que le troc et pourquoi limite-t-il les échanges ? _____

_____

_____

2. Quels sont les trois rôles de la monnaie ? _____

_____

3. Quelles sont les deux principales formes de monnaie ? _____

_____

4. Quels sont les deux principaux actifs qui sont clairement de la monnaie au Canada, et qu'est-ce qui les distingue de tous les autres actifs ? (Autrement dit, donnez une définition de la monnaie.)

_____

_____

5. Quelles sont les quatre principales fonctions de la Banque du Canada ? _____

_____

_____

6. Quels sont les trois outils dont dispose la Banque du Canada en matière de politique monétaire ?

_____

7. Si la Banque du Canada désire augmenter la masse monétaire, comment doit-elle utiliser chacun des trois instruments de la politique monétaire énumérés à la question 6 ? _____

_____

_____

8. Si la Banque du Canada vous achète 1000 $ d'obligations d'État et que vous conservez la totalité du produit de la vente chez vous, sous forme de numéraire, de combien la masse monétaire augmente-t-elle ?

_____

9. La Banque du Canada vous achète 1000 $ d'obligations d'État et vous déposez le produit à votre banque, dans un compte à vue. Si la banque a un coefficient de réserve de 10 %, de combien la masse monétaire peut-elle augmenter ? _____

_____

10. Supposons que le coefficient de réserve soit fixé à 5 %. Si vous faites un chèque provenant de votre compte de la Banque 1 afin d'acheter une obligation d'État de 1000 $ de votre colocataire, et qu'elle dépose les 1000 $ dans son compte à la Banque 2, de combien la masse monétaire augmente-t-elle ?

_____

_____

11. Imaginez un monde où il n'existe pas d'assurance dépôts. Des rumeurs selon lesquelles les banques ont consenti de nombreux prêts irrécouvrables et sont ainsi incapables de s'acquitter de leurs obligations envers les déposants circulent. Selon vous, que feront les déposants et les banques, et quel effet ces actions auraient-elles sur la masse monétaire ? _____

_____

_____

_____

## Problèmes pratiques

1. La Banque du Canada vous achète une obligation du gouvernement du Canada de 10 000 $.

   a) Comment appelle-t-on un tel achat effectué par la Banque du Canada ?

   _____

b) Vous déposez les 10 000 $ à la Banque des étudiants. Inscrivez cette transaction dans le compte en T de la banque.

**Banque des étudiants**

| Actifs | Passifs |
|--------|---------|
|        |         |

c) La Banque des étudiants décide de conserver 20 % des dépôts en réserve et de prêter le reste. Inscrivez cette transaction dans le compte en T de la banque.

**Banque des étudiants**

| Actifs | Passifs |
|--------|---------|
|        |         |

d) Quelle somme a créée la décision de la Banque du Canada ?

_____

e) Quelle est la valeur du multiplicateur monétaire ?

_____

f) Une fois que de nombreux dépôts auront été effectués et que de nombreux prêts auront été consentis, quelle somme la décision de la Banque du Canada aura-t-elle pu produire ?

_____

g) Au cours de la série de dépôts et de prêts, des gens décident de conserver davantage de numéraire, c'est-à-dire qu'ils ne déposent pas tout leur surplus. La décision de la Banque du Canada produit-elle alors plus ou moins de monnaie que la quantité déterminée en f) ? Expliquez pourquoi.

_____

_____

h) Si, au cours de la série de dépôts et de prêts, des banques décident de conserver une partie de la monnaie en réserve, par mesure de précaution, la décision de la Banque du Canada produit-elle plus ou moins de monnaie que la quantité déterminée en f) ? Expliquez pourquoi.

_____

_____

2. Dans une économie fictive, la masse monétaire est constituée d'une somme de 1000 $ en billets de cinq dollars.

a) Si les gens ne possèdent aucun dépôt, mais qu'ils conservent plutôt les 1000 $ sous forme de numéraire, quel est l'effet sur la valeur de la masse monétaire ? Expliquez pourquoi.

_____

_____

b) Si les gens déposent la totalité des 1000 $ en billets dans le système bancaire et que celui-ci a un coefficient de réserve de 100 %, quel est l'effet sur la valeur de la masse monétaire ? Expliquez pourquoi.

_____

_____

c) Si les gens déposent la totalité des 1000 $ en billets dans le système bancaire et que celui-ci a un coefficient de réserve de 20 %, quelle valeur maximale peut atteindre la masse monétaire ? Expliquez pourquoi. _____

_____

_____

d) Dans la situation décrite en c), quelle portion de la masse monétaire le système bancaire a-t-il produite ? (Indice : Une somme de 1000 $ existait déjà sous forme de billets.) _____

_____

_____

e) Si les gens déposent la totalité des 1000 $ en billets dans le système bancaire et que celui-ci a un coefficient de réserve de 10 %, quelle valeur maximale peut atteindre la masse monétaire ?

_____

f) Comparez vos réponses aux questions e) et c). Expliquez pourquoi elles sont différentes.

_____

_____

_____

g) Les gens déposent la totalité des 1000 $ en billets dans le système bancaire et celui-ci a un coefficient de réserve de 10 %. Un jour, cependant, les conditions économiques rendent les banquiers plus prudents et ils décident de consentir moins de prêts afin de conserver une proportion additionnelle de 10 % des dépôts sous forme de réserve. Quelle est alors la valeur maximale que peut atteindre la masse monétaire ?

_____

h) Comparez vos réponses aux questions c) et g). Sont-elles identiques ? Expliquez pourquoi.

_____

_____

_____

## Pensée critique

Vous êtes un ami personnel du gouverneur de la Banque du Canada. Il vient dîner chez vous et examine votre table de travail. Il la trouve superbe et veut absolument l'acquérir pour son propre bureau. Il vous l'achète 1000 $ et, comme elle est destinée à son bureau, vous la paie avec un chèque de la Banque du Canada.

1. Le volume de dollars en circulation dans l'économie a-t-il augmenté ? Expliquez pourquoi.

_____

_____

134

2. Selon vous, pourquoi la Banque du Canada n'achète-t-elle ni ne vend-elle des tables de travail, des immeubles et d'autres objets au lieu d'acheter et de vendre des obligations d'État lorsqu'elle veut modifier la masse monétaire? _____

_____

_____

_____

3. Si la Banque du Canada ne veut pas que la masse monétaire augmente lorsqu'elle achète de nouveaux meubles, que peut-elle faire pour neutraliser ces achats? _____

_____

_____

## SOLUTIONS

### Questions de type « vrai ou faux »

1. Faux; la monnaie est la partie de la richesse d'une personne qui peut être dépensée.

2. Faux; la monnaie fiduciaire n'a aucune valeur intrinsèque.

3. Vrai.

4. Vrai.

5. Faux; cela illustre la fonction de réserve de valeur de la monnaie.

6. Faux; son troisième rôle est celui de réserve de valeur, et non de rempart contre l'inflation.

7. Faux; les cartes de crédit ne sont pas incluses dans la masse monétaire.

8. Vrai.

9. Vrai.

10. Vrai.

11. Faux; l'augmentation maximale de la masse monétaire est égale à $100\,000\,\$ \times (1/0{,}10) = 1\,000\,000\,\$$.

12. Vrai.

13. Vrai.

14. Faux; les effets sur le marché des changes sont neutralisés par la vente d'obligations d'État.

15. Vrai.

### Questions à choix multiple

| | | | |
|---|---|---|---|
| 1. C | 6. D | 11. D | 16. A |
| 2. A | 7. C | 12. B | 17. D |
| 3. B | 8. C | 13. B | 18. B |
| 4. D | 9. E | 14. D | 19. D |
| 5. B | 10. C | 15. C | 20. A |

# Questions à réponse brève

1. Le troc consiste à échanger directement des biens ou des services contre d'autres biens ou services. Il exige que les désirs des deux parties concordent.

2. La monnaie est un moyen d'échange, une unité de compte et une réserve de valeur.

3. La monnaie-marchandise et la monnaie fiduciaire.

4. Le numéraire et les dépôts à vue. Ce sont les actifs qu'il est possible de dépenser immédiatement, ou qui sont acceptés en échange de biens ou de services.

5. Émettre du numéraire, agir comme banquier auprès des banques commerciales, être un agent financier du gouvernement canadien et réguler la quantité de monnaie en circulation dans l'économie.

6. Les opérations d'*open market*, les réserves obligatoires et le taux directeur.

7. Elle peut acheter des obligations du gouvernement du Canada, réduire les réserves obligatoires et abaisser le taux directeur.

8. 1000 $.

9. $1000 \$ \times (1/0,10) = 10\ 000 \$$.

10. La masse monétaire ne change absolument pas. Dans ce cas, les réserves passent simplement d'une banque à une autre.

11. Les déposants retireraient fort probablement leurs dépôts, ce qui entraînerait une diminution des réserves. Les banques essaieraient de conserver des réserves plus importantes afin de se préparer au retrait des dépôts. Les deux réactions réduiraient les prêts consentis par les banques et la masse monétaire.

# Problèmes pratiques

1.  a) Opérations d'*open market*.

    b) **Banque des étudiants**

    | Actifs | | Passifs | |
    |---|---|---|---|
    | Réserves | 10 000 $ | Dépôts | 10 000 $ |

    c) **Banque des étudiants**

    | Actifs | | Passifs | |
    |---|---|---|---|
    | Réserves | 2000 $ | Dépôts | 10 000 $ |
    | Prêts | 8000 $ | | |

    d) $10\ 000 \$ + 8000 \$ = 18\ 000 \$$.

    e) $1/0,20 = 5$.

    f) $10\ 000 \$ \times 5 = 50\ 000 \$$.

    g) Moins d'argent, parce qu'une plus petite portion de chaque prêt retourne sous forme de dépôt et est disponible pour être prêtée de nouveau.

    h) Moins d'argent, parce qu'une plus petite portion de chaque dépôt retourne sous forme de prêt et est disponible pour être déposée de nouveau.

2. a) 1000 $, parce qu'il y a 1000 $ en numéraire et 0 $ en dépôts.

   b) 1000 $, parce qu'il y a alors 0 $ en numéraire et 1000 $ sous forme de dépôts.

   c) 1000 $ × (1/0,20) = 5000 $, parce qu'en raison des nouvelles réserves de 1000 $, les dépôts peuvent s'élever à 5000 $.

   d) La valeur maximale de la masse monétaire est 5000 $, mais cela inclut 1000 $ en numéraire qui étaient déjà dans le système. Les banques ont donc produit 4000 $.

   e) 1000 $ × (1/0,10) = 10 000 $.

   f) La quantité de monnaie que les banques peuvent produire est d'autant plus grande que le coefficient de réserve est faible, parce qu'elles peuvent prêter une proportion encore plus élevée de chaque nouveau dépôt.

   g) 1000 $ × 1/(0,10 + 0,10) = 5000 $.

   h) Oui, elles sont identiques. En ce qui concerne la création de dépôts, les raisons pour lesquelles les banques conservent des réserves n'ont aucune importance. Tout ce qui importe, c'est la quantité de réserves qu'elles conservent.

## Pensée critique

1. Oui. Quand la Banque du Canada effectue un achat quelconque, elle paie avec des nouveaux dollars, de sorte que la quantité de dollars en circulation dans l'économie augmente.

2. Les frais de transaction et d'entreposage seraient énormes. De plus, il ne serait jamais possible de déterminer avec certitude la valeur des biens matériels. Les opérations d'*open market* sont beaucoup plus efficaces.

3. La Banque du Canada pourrait vendre des obligations d'État de valeur égale pour annuler l'achat de nouveaux meubles.

CHAPITRE 11

# LA CROISSANCE MONÉTAIRE ET L'INFLATION

## APERÇU DU CHAPITRE

### Contexte et objectif

Le chapitre 11 est le second d'une série de deux chapitres portant sur la monnaie et les prix à long terme. Dans le chapitre 10, on explique ce qu'est la monnaie et comment la Banque du Canada régule la quantité de monnaie en circulation. Dans le chapitre 11, on établit la relation entre le taux de croissance de la monnaie et le taux d'inflation.

L'objectif du chapitre 11 est de faire comprendre les causes et les coûts de l'inflation. On constate qu'à long terme il existe une relation étroite entre le taux de croissance de la monnaie et le taux d'inflation. On sait de plus qu'un taux d'inflation élevé influe de nombreuses façons sur l'économie, mais on ne s'entend pas sur l'importance des coûts dans le cas d'une inflation modérée.

### Indications utiles

1. *La valeur de la monnaie est égale à 1/P.* Étant donné qu'on mesure le prix des biens et des services en monnaie, on mesure la valeur de la monnaie en quantité de biens et de services contre lesquels on peut l'échanger. Par exemple, si un panier de biens et de services coûte 5 $, alors $P = 5$ $. La valeur d'un dollar est donc $1/P$ ou 1/5 du panier de biens et de services. Autrement dit, on peut échanger un dollar contre 1/5 du panier de biens et de services. Si le prix de ce dernier double, c'est-à-dire qu'il se vend désormais 10 $, la valeur de la monnaie chute de la moitié de sa valeur initiale. En chiffres, puisque le prix du panier est désormais de 10 $, alors $P = 10$ $, et la valeur de la monnaie a baissé à $1/P$, ou à 1/10 du panier de biens et de services. En résumé, quand le prix du panier de biens et de services double, passant de 5 $ à 10 $, la valeur de la monnaie chute de moitié : elle passe de 1/5 à 1/10 du panier de biens et de services.

2. ***Quand il est question de la théorie quantitative de la monnaie, il est utile de s'imaginer qu'on assiste à une vente aux enchères.*** À la fin d'un encan, on peut calculer le nombre d'objets vendus et le prix de vente moyen de chaque objet. On suppose qu'on refait l'encan, mais que le portier double la somme que chaque acheteur possède : une personne qui apporte 20 $ dispose désormais de 40 $, et ainsi de suite. Si tous les participants dépensent le même pourcentage de la somme qu'ils ont en main qu'au premier encan (la vitesse de circulation de la monnaie est constante) et si les mêmes objets sont en vente (la production réelle est constante), qu'advient-il nécessairement du prix moyen des biens vendus lors de l'encan ? Les prix vont exactement doubler, ce qui illustre le fait qu'ils sont proportionnels à l'offre de monnaie.

3. ***Une inflation imprévue ressemble à un impôt sur des gains futurs.*** On sait qu'une inflation inattendue redistribue la richesse. Bien qu'il soit difficile de se rappeler qui gagne et qui perd à la longue avec des contrats nominaux, les choses restent claires si on se rappelle qu'une inflation imprévue a le même effet qu'un impôt sur des gains futurs et un subside sur des paiements futurs. Donc, si l'inflation est plus élevée qu'on le prévoyait au moment de la signature d'un contrat de prêt, le bénéficiaire des paiements à venir est désavantagé parce qu'il reçoit des dollars dont le pouvoir d'achat est inférieur à ce qu'il croyait avoir négocié. Par contre, la personne qui a contracté l'emprunt est avantagée parce qu'elle a pu utiliser la monnaie au moment où sa valeur était élevée et qu'elle est tout de même autorisée à rembourser le prêt avec de la monnaie de moins grande valeur. Quand l'inflation est plus élevée que prévu, il y a donc redistribution de la richesse entre prêteurs et emprunteurs, à l'avantage de ces derniers ; quand l'inflation est plus faible que prévu, les gagnants et les perdants sont inversés.

Le même concept s'applique à n'importe quel contrat de longue durée. Dans le cas d'un contrat de travail, il faut se rappeler que si l'inflation est plus élevée que prévu, ceux qui reçoivent de la monnaie sont désavantagés et ceux qui font des paiements sont avantagés. Donc, les entreprises font des gains, aux dépens des travailleurs, quand l'inflation est plus élevée que prévu ; quand l'inflation est plus faible que prévu, les gagnants deviennent les perdants et vice-versa.

# EXERCICES D'AUTORÉVISION

## Questions de type « vrai ou faux »

_____ 1. Une augmentation du niveau des prix est équivalente à une diminution de la valeur de la monnaie.

_____ 2. Selon la théorie quantitative de la monnaie, une augmentation de la masse monétaire entraîne une augmentation proportionnelle de la production réelle.

_____ 3. Si le niveau des prix double soudainement, alors la demande de monnaie double aussi parce que les gens ont désormais besoin de deux fois plus de monnaie pour effectuer le même nombre de transactions.

_____ 4. L'effet à long terme d'une augmentation de la masse monétaire est reflété par les variables réelles, mais pas par les variables nominales.

_____ 5. Si on fixe la masse monétaire à 500 $, la production réelle à 2500 unités et le prix moyen d'une unité de la production réelle à 2 $, alors la vitesse de circulation de la monnaie est 10.

_____ 6. On appelle « effet Fisher » le fait que si l'inflation passe d'un taux de 3 % à un taux de 7 %, à long terme, le taux d'intérêt nominal devrait augmenter de quatre points de pourcentage, tandis que le taux d'intérêt réel devrait rester constant.

_____ 7. Ceux qui conservent du numéraire paient une taxe d'inflation parce que l'inflation réduit la valeur de la monnaie pour ceux qui en détiennent.

_____ 8. On appelle neutralité monétaire le fait qu'une variation de la masse monétaire n'a aucun effet sur quelque variable économique que ce soit.

_____ 9. L'inflation érode la valeur des salaires et réduit le niveau de vie des salariés.

_____ 10. L'inflation réduit le prix relatif des biens dont le prix a été maintenu constant temporairement afin de pallier les coûts associés au changement de prix.

_____ 11. Un médecin et un travailleur en chômage subissent les mêmes coûts d'usure associés à l'inflation.

_____ 12. L'inflation encourage généralement les gens à épargner parce qu'elle augmente le rendement réel de l'épargne après impôt.

_____ 13. Les gouvernements, dont les dépenses excèdent l'impôt sur le revenu qu'ils perçoivent ou la somme qu'ils peuvent emprunter, ont tendance à imprimer trop de monnaie dans le but de combler le déficit, ce qui crée de l'inflation.

_____ 14. Si le taux d'inflation s'avère plus élevé que prévu, alors la richesse est redistribuée à l'avantage des prêteurs, aux dépens des emprunteurs.

_____ 15. La Banque du Canada s'est fixé un objectif de taux d'inflation de 2 %.

## Questions à choix multiple

1. À long terme, l'inflation est due au fait que :
   A. les banques qui ont un pouvoir sur le marché refusent de prêter de la monnaie.
   B. les gouvernements haussent les impôts au point qu'il revient plus cher de faire des affaires, ce qui entraîne une augmentation des prix.
   C. les gouvernements impriment trop de monnaie.
   D. le prix des intrants, comme le travail et le pétrole, augmente.
   E. Aucune de ces réponses.

2. Une augmentation des prix à un taux exceptionnellement élevé est appelée :
   A. inflation.
   B. hyperinflation.
   C. déflation.
   D. hypoinflation.
   E. désinflation.

3. Si le niveau des prix double, alors :
   A. la demande de monnaie chute de moitié.
   B. l'offre de monnaie a été diminuée de moitié.
   C. le revenu nominal n'est pas modifié.
   D. la valeur de la monnaie a été diminuée de moitié.
   E. Aucune de ces réponses.

4. À long terme, la demande de monnaie dépend principalement :
   A. du niveau des prix.
   B. de la disponibilité des cartes de crédit.
   C. de l'accès à des succursales bancaires.
   D. du taux d'intérêt.

5. Selon la théorie quantitative de la monnaie, une augmentation de la masse monétaire entraîne :

A. une augmentation proportionnelle de la vitesse de circulation de la monnaie.

B. une augmentation proportionnelle des prix.

C. une augmentation proportionnelle de la production réelle.

D. une diminution proportionnelle de la vitesse de circulation de la monnaie.

E. une diminution proportionnelle des prix.

$PQ = MV$

6. Lequel des choix suivants est un exemple de variable réelle ?

A. Le taux d'intérêt nominal.

B. Le rapport du prix du lait au prix du pain.

C. Le prix du maïs.

D. Les dépenses salariales.

E. Toutes ces réponses.

7. L'équation quantitative s'énonce comme suit :

A. Quantité de monnaie × Niveau des prix = Vitesse de circulation de la monnaie × Production.

B. Quantité de monnaie × Production = Vitesse de circulation de la monnaie × Niveau des prix.

C. Quantité de monnaie × Vitesse de circulation de la monnaie = Niveau des prix × Production.

D. Aucune de ces réponses.

8. Si la monnaie est neutre, alors :

A. une augmentation de la masse monétaire n'a absolument aucun effet.

B. il est impossible de modifier la masse monétaire parce qu'elle est liée à une quantité finie d'or.

C. une variation de la masse monétaire influe uniquement sur les variables réelles, telle la production réelle.

D. une variation de la masse monétaire influe uniquement sur les variables nominales, telles les dépenses salariales.

E. une variation de la masse monétaire entraîne une réduction proportionnelle de la vitesse de circulation de la monnaie, de sorte qu'elle n'a aucun effet sur les prix ni sur la production.

9. Si la masse monétaire augmente de 5 %, que la production croît de 2 % et que la vitesse de circulation de la monnaie reste constante, alors les prix devraient augmenter de :

A. 5 %.

B. moins de 5 %.

C. plus de 5 %.

D. Aucune de ces réponses.

10. La vitesse de circulation de la monnaie est :

A. égale au taux annuel de roulement de la masse monétaire.

B. égale au taux annuel de roulement de la production.

C. égale au taux annuel de roulement des stocks des entreprises.

D. très instable.

E. impossible à mesurer.

11. Les pays qui appliquent une taxe d'inflation le font parce que :

   A. le gouvernement ne comprend pas les causes ni les conséquences de l'inflation.

   B. le gouvernement a un budget équilibré.

   C. les dépenses publiques sont élevées et le gouvernement fait face à un moins-perçu d'impôts, de sorte qu'il a de la difficulté à contracter des emprunts.

   D. une taxe d'inflation est le régime fiscal le plus équitable.

   E. une taxe d'inflation est le régime fiscal le plus progressif.

12. Une taxe d'inflation :

   A. est un impôt explicite que les entreprises paient par versements trimestriels et qui est fonction de l'augmentation des prix de leurs produits.

   B. est un impôt que subissent les gens qui conservent du numéraire.

   C. est un impôt que doivent acquitter les gens qui détiennent un compte d'épargne rapportant des intérêts.

   D. est généralement imposée par les gouvernements dont le budget est équilibré.

   E. Aucune de ces réponses.

13. On suppose que le taux d'intérêt nominal est de 7 % et que la masse monétaire croît à un taux de 5 % par année. Si le gouvernement augmente le taux de croissance de la masse monétaire de 5 % à 9 %, selon l'effet Fisher, à long terme, le taux d'intérêt nominal devrait passer à :

   A. 4 %.

   B. 9 %.

   C. 11 %.

   D. 12 %.

   E. 16 %.

14. Si le taux d'intérêt nominal est de 6 % et que le taux d'inflation est de 3 %, alors le taux d'intérêt réel est de :

   A. 3 %.

   B. 6 %.

   C. 9 %.

   D. 18 %.

   E. Aucune de ces valeurs.

15. Si le taux d'inflation s'avère supérieur à ce qu'on avait prévu, alors :

   A. la richesse sera redistribuée à l'avantage des prêteurs et aux dépens des emprunteurs.

   B. la richesse sera redistribuée à l'avantage des emprunteurs et aux dépens des prêteurs.

   C. il ne se produit aucune redistribution de la richesse.

   D. le taux d'intérêt réel ne varie pas.

16. Lesquels des coûts suivants de l'inflation n'observe-t-on pas lorsque l'inflation est constante et prévisible ?

   A. Les coûts d'usure.

   B. Les coûts d'affichage.

   C. Les coûts liés aux distorsions fiscales dues à l'inflation.

   D. La redistribution arbitraire de la richesse.

   E. Les coûts liés à la confusion et au désagrément.

17. Le fait que, en raison de l'inflation, une entreprise russe doit calculer de nouveaux prix, imprimer une nouvelle liste de prix et l'expédier à ses clients chaque mois est un exemple de :

    A. coûts d'usure.

    B. coûts d'affichage.

    C. coûts liés aux distorsions fiscales dues à l'inflation.

    D. redistribution arbitraire de la richesse.

    E. coûts liés à la confusion et au désagrément.

18. Si, en raison de l'inflation, les Brésiliens conservent le moins de numéraire possible et vont chaque jour à la banque retirer ce qu'il leur faut pour faire face à leurs besoins quotidiens, cela est un exemple de :

    A. coûts d'usure.

    B. coûts d'affichage.

    C. coûts liés aux distorsions fiscales dues à l'inflation.

    D. coûts liés à la variabilité des prix relatifs due à l'inflation et à la mauvaise allocation des ressources.

    E. coûts liés à la confusion et au désagrément.

19. Si le taux d'intérêt réel est de 4 %, que le taux d'inflation est de 6 % et que le taux d'imposition est de 20 %, quel est le taux d'intérêt réel après impôt ?

    A. 1 %.

    B. 2 %.

    C. 3 %.

    D. 4 %.

    E. 5 %.

20. Lequel des énoncés suivants est vrai dans le cas où les revenus réels augmentent de 3 % par année ?

    A. Si l'inflation est de 5 %, les gens bénéficieront d'une augmentation de 8 % par année environ.

    B. Si l'inflation est de 0 %, les gens bénéficieront d'une augmentation d'environ 3 % par année.

    C. Si la monnaie est neutre, une augmentation de la masse monétaire n'aura aucun effet sur le taux de croissance du revenu réel.

    D. Les trois énoncés précédents sont vrais.

    E. Aucun des trois énoncés n'est vrai.

## Questions à réponse brève

1. Si la masse monétaire double, qu'advient-il nécessairement, à long terme, de la demande de monnaie et du niveau des prix ? _____

    _____

    _____

    _____

2. Expliquez le concept de dichotomie classique. _____

    _____

    _____

3. Dans le cadre de la dichotomie classique, sur quels types de variables les modifications de la masse monétaire influent-elles et sur quels types n'ont-elles aucun effet? Quelle expression emploie-t-on pour décrire ce phénomène? _____

_____

4. La monnaie a-t-elle davantage tendance à être neutre à long terme ou à court terme? Expliquez pourquoi.

_____

_____

5. Si la masse monétaire augmente de 10 %, qu'advient-il de chaque variable de l'équation quantitative?

_____

6. Quelles sont les trois sources de revenu qu'un gouvernement peut utiliser pour couvrir ses dépenses? Quelle méthode cause nécessairement de l'inflation et quels secteurs de l'économie souffrent de l'emploi de cette méthode pour augmenter les revenus? _____

_____

_____

7. À long terme, quel est l'effet d'une augmentation du taux de croissance de la masse monétaire sur les taux d'intérêt réel et nominal? _____

_____

_____

8. L'inflation érode-t-elle la valeur du revenu d'un particulier et abaisse-t-elle de ce fait son niveau de vie? Expliquez pourquoi. _____

_____

_____

9. Quels sont les coûts d'une inflation tout à fait prévisible? _____

_____

_____

10. Si l'inflation s'avère inférieure au taux attendu, qui en tirera probablement profit? Les emprunteurs ou les prêteurs? Les travailleurs syndiqués ou les entreprises? Expliquez pourquoi.

_____

_____

11. Quelle contradiction l'énoncé suivant recèle-t-il? «Quand l'inflation est élevée, mais qu'elle est stable et prévisible, elle n'entraîne pas une redistribution de la richesse.» _____

_____

12. Est-il exact que l'inflation (si on sait la prédire) désavantage les emprunteurs et avantage les prêteurs quand elle fait augmenter le taux d'intérêt nominal? Expliquez pourquoi. _____

_____

_____

## Problèmes pratiques

1. Résolvez ce problème à l'aide de l'équation quantitative.

   La masse monétaire est de 200 $, la production réelle est de 1000 unités et le prix de chaque unité produite est de 1 $.

   a) Quelle est la vitesse de circulation de la monnaie? _____

   _____

   _____

   b) En supposant que la vitesse de circulation de la monnaie est égale à la valeur calculée en a), selon la théorie quantitative de la monnaie, qu'arrivera-t-il si la masse monétaire augmente de 400 $?

   _____

   _____

   c) Votre réponse à la question b) est-elle en accord avec la théorie de la dichotomie classique? Expliquez pourquoi. _____

   _____

   _____

   _____

   _____

   d) Si la masse monétaire double, en passant de 200 $ à 400 $, et que la production croît d'une petite quantité (par exemple de 2 %), qu'advient-il des prix? Est-ce qu'ils font plus que doubler ou moins que doubler, ou doublent-ils exactement ? Expliquez pourquoi._____

   _____

   _____

   _____

   e) Afin de contrer les effets de la perte de valeur de la monnaie en période d'inflation élevée, les gens conservent moins de numéraire. Ils dépensent donc leur monnaie plus rapidement. Si, lorsque la masse monétaire double, les gens dépensent leur monnaie plus rapidement, qu'advient-il des prix? Est-ce que les prix font plus que doubler ou moins que doubler, ou doublent-ils exactement? Expliquez pourquoi._____

   _____

   _____

   f) Si la masse monétaire M1 est de 200 $, quelle est l'équation quantitative M2 dans le cas où la masse monétaire M2 est de 500 $?_____

   _____

   _____

2. Les questions suivantes portent sur l'effet Fisher.

   a) Complétez le tableau suivant afin de montrer que vous avez bien compris ce qu'est l'effet Fisher.

| Taux d'intérêt réel | Taux d'intérêt nominal | Taux d'inflation prévu |
|:---:|:---:|:---:|
| 3 % | 10 % | |
| | 6 % | 2 % |
| 5 % | | 3 % |

Les questions suivantes sur l'effet Fisher n'ont aucun lien avec le tableau précédent.

   b) Si les gens prévoient un taux d'inflation de 3 % et qu'ils visent un taux d'intérêt réel de 4 %, quel est le taux d'intérêt nominal? _____

   _____

   c) On suppose que le taux d'inflation est en fait de 6 %, et non de 3 % comme prévu. Quel est le taux d'intérêt réel exigé sur les prêts négociés sur la base du taux d'inflation prévu de 3 %, selon les conditions décrites en b)? _____

   _____

   _____

   d) La richesse est-elle redistribuée à l'avantage du prêteur ou de l'emprunteur si le taux d'inflation est en fait de 6 %, alors que le taux attendu était de 3 %? _____

   _____

   _____

   e) Que se produirait-il si l'inflation était en fait de seulement 1 %, alors que le taux attendu était de 7 %?

   _____

   _____

   _____

3. Tous les intérêts perçus sur l'épargne constituent un revenu imposable même si une partie de ces intérêts sert à compenser les effets de l'inflation.

   a) Afin de saisir quelles conséquences cette règle a sur l'incitation à l'épargne, complétez le tableau suivant pour le pays à faible taux d'inflation et pour le pays à taux d'inflation élevé.

| | Pays à faible inflation | Pays à inflation élevée |
|:---|:---:|:---:|
| Taux d'intérêt réel | 5 % | 5 % |
| Taux d'inflation | 3 % | 11 % |
| Taux d'intérêt nominal | | |
| Intérêt réduit à cause d'un impôt de 25 % | | |
| Taux d'intérêt nominal après impôt | | |
| Taux d'intérêt réel après impôt | | |

b) Dans quel pays l'incitation à l'épargne est-elle la plus grande ? Expliquez pourquoi.

_____

_____

c) Que peut faire le gouvernement pour contrer les problèmes liés à l'épargne ?

_____

_____

## Pensée critique

Vous devez expliquer le concept de la taxe d'inflation à un ami. Vous expliquez ce concept de la façon suivante : « Si un gouvernement imprime de la monnaie pour financer ses dépenses au lieu de majorer les impôts ou d'emprunter, cela engendre une augmentation du taux d'inflation. On définit donc la taxe d'inflation simplement comme l'érosion de la valeur de la monnaie qui résulte d'une accélération de l'inflation. Le fardeau de cette taxe retombe sur ceux qui détiennent de la monnaie. » Ce à quoi votre ami réplique : « Qu'est-ce qu'il y a de mal à ça ? Ce sont les riches qui détiennent tout l'argent. Une taxe d'inflation me paraît équitable. Le gouvernement devrait peut-être imprimer des billets pour financer toutes ses dépenses. »

1. Est-il vrai que les gens riches conservent plus de monnaie que les gens pauvres ?

_____

2. Les gens riches conservent-ils un pourcentage plus élevé de leur richesse sous forme de monnaie que les gens pauvres ? _____

_____

_____

_____

3. Une taxe d'inflation est-elle plus coûteuse pour les pauvres que pour les riches ? Expliquez pourquoi.

_____

_____

_____

_____

4. Y a-t-il d'autres raisons pour lesquelles une taxe d'inflation n'est pas nécessairement un bon choix en matière de politique monétaire ? _____

_____

_____

_____

#  SOLUTIONS

## Questions de type « vrai ou faux »

1. Vrai.

2. Faux ; elle entraîne une augmentation proportionnelle du niveau des prix.

3. Vrai.

4. Faux ; la masse monétaire a généralement un effet sur les variables nominales, mais elle n'influe pas sur les variables réelles.

5. Vrai.

6. Vrai.

7. Vrai.

8. Faux ; elle modifie les variables réelles.

9. Faux ; l'inflation des revenus va de pair avec l'inflation des prix.

10. Vrai.

11. Faux ; les coûts d'usure liés aux déplacements à la banque sont plus élevés pour le médecin.

12. Faux ; l'inflation réduit généralement le rendement réel de l'épargne après impôt.

13. Vrai.

14. Faux ; la richesse est redistribuée à l'avantage des emprunteurs, aux dépens des prêteurs.

15. Vrai.

## Questions à choix multiple

| | | | |
|---|---|---|---|
| 1. C | 6. B | 11. C | 16. D |
| 2. B | 7. C | 12. B | 17. B |
| 3. D | 8. D | 13. C | 18. A |
| 4. A | 9. B | 14. A | 19. B |
| 5. B | 10. A | 15. B | 20. D |

## Questions à réponse brève

1. La demande de monnaie doit doubler pour que l'équilibre monétaire se maintienne. Les dépenses pour une même quantité de biens ou de services doublent, ce qui fait doubler les prix, de sorte que la valeur de la monnaie chute de moitié.

2. Le point de vue selon lequel les variables macroéconomiques se divisent en deux catégories : les variables réelles (mesurées en unités physiques) et les variables nominales (mesurées en unités monétaires).

3. Les variables nominales changent, mais non les variables réelles. La neutralité monétaire.

4. À long terme, parce que les gens et les marchés mettent du temps à ajuster les prix en fonction d'une variation de la masse monétaire. À court terme, des erreurs seront probablement commises.

5. $V$ reste constant. $Y$ reste constant. $M$ augmente de 10 % et $P$ augmente de 10 %.

6. La taxation, l'emprunt et l'impression de monnaie. L'impression de monnaie. Ceux qui conservent du numéraire parce que sa valeur diminue.

7. Elle n'a aucun effet sur le taux d'intérêt réel à long terme. Elle fait augmenter le taux d'intérêt nominal proportionnellement à l'augmentation du taux de croissance de la monnaie et des prix.

8. Non. Le revenu provient de la vente de services de main-d'œuvre dont la valeur augmente de la même façon que les autres prix lorsqu'il y a de l'inflation.

9. Les coûts d'usure, les coûts d'affichage, les coûts liés à la variabilité des prix relatifs et à la mauvaise allocation des ressources, les distorsions fiscales, la confusion et le désagrément.

10. Les prêteurs et les travailleurs. Ceux qui recevront des dollars en vertu d'un contrat obtiendront des dollars dont la valeur est plus élevée que celle qu'ils avaient négociée.

11. Quand l'inflation est élevée, elle est nécessairement instable et difficile à prédire.

12. Non. Le taux d'intérêt nominal varie proportionnellement à l'augmentation du taux d'inflation, de sorte que le taux d'intérêt réel ne change pas. Ni l'emprunteur ni le prêteur ne gagnent quoi que ce soit.

## Problèmes pratiques

1. a) (1000 × 1 $)/200 $ = 5.

   b) 400 $ × 5 = 2 $ × 1000 ; le prix d'une unité double : il passe de 1 $ à 2 $.

   c) Oui. La dichotomie classique distingue deux catégories de variables économiques : les variables réelles et les variables nominales.
   L'offre de monnaie influe proportionnellement sur les variables nominales, mais elle n'a aucun effet sur les variables réelles. On a dit en b) que le prix d'une unité double, mais que la production réelle reste constante.

   d) Selon l'équation quantitative, la production nominale varie proportionnellement à la quantité de monnaie. Les prix augmentent mais, comme la production réelle augmente, ils font moins que doubler.

   e) La quantité de monnaie influe proportionnellement sur la production nominale si V reste constant. Si V augmente, le fait de doubler M fait plus que doubler P.

   f) 500 $ × 2 = 1 $ × 1000 ; la vitesse M2 est égale à 2.

2. a)

| Taux d'intérêt réel | Taux d'intérêt nominal | Taux d'inflation prévu |
|---|---|---|
| 3 % | 10 % | 7 % |
| 4 % | 6 % | 2 % |
| 5 % | 8 % | 3 % |

   b) 3 % + 4 % = 7 %.

   c) Les gens signeraient des contrats de prêt à un taux d'intérêt nominal de 7 %. Donc, 7 % – 6 % = 1 %.

   d) Les gens pensaient que le taux d'intérêt réel serait de 4 %, mais il n'est en fait que de 1 %. La richesse est redistribuée à l'avantage de l'emprunteur, aux dépens du prêteur.

   e) Le contrat de prêt initial serait le même. Donc, 7 % – 1 % = 6 %. Le taux d'intérêt réel serait de 6 %, au lieu de 4 %, de sorte que la richesse serait redistribuée à l'avantage des prêteurs, aux dépens des emprunteurs.

3. a)

| | Pays à faible inflation | Pays à inflation élevée |
|---|---|---|
| Taux d'intérêt réel | 5 % | 5 % |
| Taux d'inflation | 3 % | 11 % |
| Taux d'intérêt nominal | 8 % | 16 % |
| Intérêt réduit à cause d'un impôt de 25 % | 2 % | 4 % |
| Taux d'intérêt nominal après impôt | 6 % | 12 % |
| Taux d'intérêt réel après impôt | 3 % | 1 % |

b) Dans le pays où le taux d'inflation est faible, parce que le taux d'intérêt réel après impôt y est plus élevé.

c) Il peut éliminer l'inflation ou imposer seulement les revenus d'intérêts réels.

## Pensée critique

1. Oui, les gens riches conservent probablement plus de numéraire que les gens pauvres.

2. Non. Les gens pauvres conservent un pourcentage beaucoup plus grand de leur richesse sous forme de numéraire que les gens riches. En fait, une partie des gens pauvres n'ont absolument aucun autre actif financier.

3. Une taxe d'inflation représente un fardeau beaucoup plus grand pour les gens pauvres que pour les gens riches. Ces derniers peuvent conserver la plus grande partie de leurs avoirs sous forme d'actifs qui rapportent des intérêts à un taux corrigé de l'inflation. On a d'ailleurs observé ce phénomène au Brésil et en Argentine au cours de périodes où l'inflation était très élevée.

4. L'inflation entraîne bien des coûts économiques en dehors de la taxe d'inflation : les coûts d'usure, les coûts d'affichage, les distorsions fiscales, la confusion, une mauvaise allocation des ressources et une redistribution arbitraire de la richesse.

# LES PRINCIPES MACROÉCONOMIQUES DES ÉCONOMIES OUVERTES

## LES PRINCIPES MACROÉCONOMIQUES DES ÉCONOMIES OUVERTES

 **APERÇU DU CHAPITRE**

### Contexte et objectif

Le chapitre 12 est le premier d'une série de deux chapitres qui traitent de la macroéconomie en économie ouverte. On y présente les concepts fondamentaux de la macroéconomie dans un contexte international et le vocabulaire associé : exportations nettes, sorties nettes de capitaux, taux de change nominal et réel, parité des taux d'intérêt et parité des pouvoirs d'achat. Dans le chapitre 13, on construit un modèle de la macroéconomie en économie ouverte qui indique comment on détermine simultanément les différentes variables.

L'objectif du chapitre 12 consiste à approfondir les concepts fondamentaux de la macroéconomie employés pour étudier les économies ouvertes. On y explique pourquoi les exportations nettes d'un pays doivent être égales à ses sorties nettes de capitaux. De plus, on présente les concepts de taux de change nominal et réel, on construit un modèle de la détermination des taux de change, appelé « parité des pouvoirs d'achat », et enfin, on analyse la relation entre les taux d'intérêt canadiens et mondiaux.

### Indications utiles

1. *Une valeur négative des sorties nettes de capitaux entraîne une augmentation de l'investissement intérieur.* L'épargne nationale soutient l'investissement intérieur et les sorties nettes de capitaux :

$$S = I + SNC$$

Si les *SNC* sont négatives, cela signifie que les étrangers investissent davantage au Canada que les Canadiens n'investissent à l'étranger. L'investissement intérieur peut alors excéder l'épargne nationale canadienne. Par exemple, si l'épargne est de 150 milliards de dollars et que les sorties nettes de capitaux sont de −20 milliards, alors l'épargne intérieure est $I = 150\ \text{G\$} + 20\ \text{G\$}$ ou 170 milliards de dollars.

2. *Il est préférable de toujours exprimer les taux de change nominal et réel en unités de devises étrangères pour une unité de la devise nationale.* Le fait d'exprimer les taux de change en unités de devises étrangères pour une unité de la devise nationale évite la confusion, puisqu'une augmentation du taux de change est ainsi associée à une augmentation de la valeur de la devise nationale. Par exemple, quand on exprime le taux de change nominal entre le yen et le dollar sous la forme 100 yens/dollar, si le taux de change augmente à 110 yens/dollar, cela signifie que la valeur du dollar a augmenté.

3. *Quand on calcule un taux de change nominal ou réel, il est important d'indiquer les unités de mesure.* Quand ils calculent un taux de change (et en particulier un taux de change réel), beaucoup d'étudiants omettent les unités de mesure tout au long de la solution d'un problème, puis tentent d'ajouter des unités à la valeur numérique qu'ils obtiennent à la fin du calcul. Cela prête facilement à confusion et mène souvent à l'erreur. Il est à noter que dans l'exemple de calcul du taux de change réel entre le blé canadien et le blé russe présenté dans le manuel, chaque nombre est suivi d'une unité de mesure. Il ne s'agit pas seulement d'une habitude pratique : c'est essentiel si l'on veut éviter de commettre des erreurs, même si on a déjà effectué ce genre de calculs à plusieurs reprises.

4. *Il devrait y avoir parité des pouvoirs d'achat dans le cas des biens de grande valeur auxquels sont associés de faibles coûts de transport.* La loi du prix unique s'applique aux biens les plus susceptibles de faire l'objet d'arbitrage. On peut donc s'attendre à ce que le prix en dollars des diamants soit le même dans tous les pays parce qu'une petite variation du prix crée la possibilité de réaliser des profits importants. Par contre, de grands écarts entre les prix d'un cirage de chaussures à Vancouver et à New York ont peu de chances d'offrir la possibilité de faire des profits et de provoquer une circulation de biens ou de services. De nombreux produits et services ne font pas couramment l'objet d'échanges internationaux, mais l'expansion de la production et du commerce de biens de haute technologie de grande valeur devrait accroître le champ d'application de la théorie de la parité des pouvoirs d'achat.

# EXERCICES D'AUTORÉVISION

## Questions de type « vrai ou faux »

_____ 1. On définit les exportations nettes comme la différence entre les importations et les exportations.

_____ 2. Les sorties nettes de capitaux canadiens vont diminuer si une caisse de retraite allemande décide d'acheter des actions de TransCanada PipeLines Limited.

_____ 3. Quel que soit le pays, les exportations nettes sont toujours égales aux sorties nettes de capitaux parce que chaque transaction internationale comporte un échange d'ensembles de biens et (ou) d'actifs de même valeur.

_____ 4. Pour une valeur donnée de l'épargne nationale canadienne, une augmentation des sorties nettes de capitaux canadiens entraîne une réduction de l'investissement intérieur au Canada.

_____ 5. La balance du compte courant est égale à la somme des exportations nettes et des entrées nettes de dividendes et d'intérêts.

_____ 6. Si la valeur des exportations d'un pays excède la valeur de ses importations, on dit qu'il est en déficit commercial.

_____ 7. Si le taux de change entre le yen et le dollar augmente, cela implique que le dollar s'est apprécié.

_____ 8. Si une caisse de bananes coûte 8 dollars au Canada et 720 yens au Japon, alors, selon la théorie de la parité des pouvoirs d'achat, le taux de change entre le yen et le dollar devrait être de 5760 yens/dollar.

_____ 9. S'il y a parité des pouvoirs d'achat, alors le taux de change réel est constant.

_____ 10. Si la masse monétaire du Mexique croît plus rapidement que celle du Japon, alors la valeur du peso devrait augmenter par rapport à la valeur du yen.

_____ 11. Si le taux de change nominal est de deux euros pour un dollar et que le prix d'un hamburger est de 2 $ au Canada et de 6 € en Allemagne, alors le taux de change réel est de 2/3 de hamburger allemand pour un hamburger canadien.

_____ 12. S'il veut stimuler l'investissement intérieur, un pays doit soit augmenter l'épargne nationale, soit réduire les sorties nettes de capitaux.

_____ 13. L'arbitrage est le processus consistant à tirer avantage de la différence entre les prix d'un même produit en achetant celui-ci là où il est relativement moins cher et en le revendant là où il est relativement plus cher.

_____ 14. Les taux d'intérêt réels canadiens ont été historiquement plus élevés que les taux d'intérêt réels américains en partie parce que les impôts sont plus élevés au Canada.

_____ 15. Si une entreprise ayant son siège social au Canada préfère que le dollar canadien soit fort (c'est-à-dire que le taux de change pour un dollar soit élevé), c'est probablement parce que ses exportations sont plus importantes que ses importations.

## Questions à choix multiple

1. Une économie qui interagit avec d'autres économies est appelée :
   A. économie au marché équilibré.
   B. économie d'exportation.
   C. économie d'importation.
   D. économie fermée.
   E. économie ouverte.

2. Lequel des énoncés suivants n'explique pas pourquoi l'économie canadienne augmente sans cesse le volume de ses échanges internationaux ?
   A. Les navires de charge et les avions-cargos sont de plus en plus gros.
   B. Le prix au kilogramme des produits de haute technologie est de plus en plus élevé et, de ce fait, ils sont plus susceptibles de faire l'objet d'échanges.
   C. L'ALÉNA impose des exigences minimales en ce qui a trait à l'augmentation des échanges entre les pays nord-américains.
   D. Les progrès de la technologie ont amélioré les télécommunications à l'échelle internationale.
   E. Toutes ces réponses.

3. Lequel des énoncés suivants est vrai relativement à un pays qui affiche un déficit commercial ?
   A. Les sorties nettes de capitaux sont nécessairement positives.
   B. Les exportations nettes sont négatives.
   C. La balance du compte courant est nécessairement positive.
   D. Les exportations excèdent les importations.
   E. Aucune de ces réponses.

4. Laquelle des actions suivantes ferait immédiatement augmenter les sorties nettes de capitaux canadiens ?
   A. Stelco achète un haut fourneau du Japon.
   B. Nortel Communications construit de nouvelles installations de distribution en Suède.
   C. Honda construit une usine en Ontario.
   D. Toyota achète des actions de la Banque de Montréal.

5. Si le Japon exporte plus de biens qu'il n'en importe, alors :

   A. ses exportations nettes sont négatives.

   B. la balance du compte courant du Japon est nécessairement négative.

   C. ses sorties nettes de capitaux sont nécessairement positives.

   D. il affiche un déficit commercial.

6. Si l'épargne nationale du Canada est évaluée à 100 milliards de dollars et que les sorties nettes de capi- taux canadiens sont de −20 milliards de dollars, alors l'investissement intérieur canadien est de :

   A. −20 milliards de dollars.

   B. 20 milliards de dollars.

   C. 80 milliards de dollars.

   D. 100 milliards de dollars.

   E. 120 milliards de dollars.

7. Si le taux de change nominal passe de 3 €/dollar à 4 €/dollar, cela signifie que :

   A. le dollar s'est déprécié.

   B. le dollar s'est apprécié.

   C. le dollar s'est soit apprécié soit déprécié, selon ce qu'il est advenu des prix relatifs en Europe et au Canada.

   D. Aucune de ces réponses.

8. On suppose que le taux de change réel entre la Russie et le Canada est défini en nombre de bouteilles de vodka russe pour une bouteille de vodka canadienne. Laquelle des variations suivantes ferait aug- menter le taux de change réel (ou ferait augmenter le nombre de bouteilles de vodka russe pour une bouteille de vodka canadienne) ?

   A. Une réduction du prix en roubles de la vodka russe.

   B. Une augmentation du prix en dollars de la vodka canadienne.

   C. Une augmentation du nombre de roubles contre lequel on peut échanger un dollar.

   D. Toutes ces réponses.

   E. Aucune de ces réponses.

9. La mesure la plus précise de la valeur internationale du dollar est :

   A. le taux de change entre le yen et le dollar.

   B. le taux de change entre le peso et le dollar.

   C. le taux de change entre le dollar américain et le dollar canadien.

   D. le taux de change entre l'euro et le dollar.

   E. un indice des taux de change qui tient compte des taux de change de plusieurs devises.

10. Si le taux de change nominal entre la livre sterling et le dollar canadien est de 0,5 livre/dollar, alors combien de dollars canadiens obtient-on en échange d'une livre sterling ?

    A. 2,00 $.

    B. 1,50 $.

    C. 1,00 $.

    D. 0,50 $.

    E. Aucune de ces réponses.

11. On suppose que le taux de change nominal entre le peso mexicain et le dollar canadien est de 10 pesos/dollar, et qu'un kilogramme de hamburger coûte 2 dollars au Canada et 25 pesos au Mexique. Quel est le taux de change réel entre le Mexique et le Canada?

   A. 0,5 kg de hamburger mexicain pour 1 kg de hamburger canadien.

   B. 0,8 kg de hamburger mexicain pour 1 kg de hamburger canadien.

   C. 1,25 kg de hamburger mexicain pour 1 kg de hamburger canadien.

   D. 2,5 kg de hamburger mexicain pour 1 kg de hamburger canadien.

   E. Aucune de ces réponses.

   $E = \dfrac{(e \times P)}{P^*}$

12. Laquelle des personnes suivantes considérerait qu'il s'agit d'une bonne nouvelle si on annonçait que le dollar canadien s'est déprécié?

   A. Un touriste canadien en voyage en Europe.

   B. Un Canadien qui importe de la vodka russe.

   C. Un Français qui exporte du vin au Canada.

   D. Un Italien qui importe de l'acier du Canada.

13. Une tasse de café se vend 1,50 € en Allemagne et 0,50 $ au Canada. S'il y a parité des pouvoirs d'achat, quel est le taux de change nominal entre l'euro et le dollar?

   A. 0,33 €/dollar.

   B. 3,00 €/dollar.

   C. 1,50 €/dollar.

   D. 0,75 €/dollar.

14. Lequel des produits suivants est le moins approprié pour le calcul de la parité des pouvoirs d'achat?

   A. L'or.

   B. Les automobiles.

   C. Les diamants.

   D. Les services dentaires.

15. Si la masse monétaire croît plus rapidement au Mexique qu'au Canada, alors il y a lieu de s'attendre:

   A. à une dépréciation du peso par rapport au dollar.

   B. à une appréciation du peso par rapport au dollar.

   C. à ce que le taux de change entre le peso et le dollar reste constant, en raison du principe de la parité des pouvoirs d'achat.

   D. Aucune de ces réponses.

16. Un résidant canadien achète une Jaguar en Grande-Bretagne et l'exportateur britannique utilise le produit de la vente pour acheter des actions de la Banque Toronto-Dominion. Que se passe-t-il alors au Canada?

   A. Les exportations nettes et les sorties nettes de capitaux diminuent.

   B. Les exportations nettes et les sorties nettes de capitaux augmentent.

   C. Les exportations nettes diminuent et les sorties nettes de capitaux augmentent.

   D. Les exportations nettes augmentent et les sorties nettes de capitaux diminuent.

   E. Aucune de ces réponses.

17. Lequel des énoncés suivants sur la relation entre l'épargne nationale, l'investissement et les sorties nettes de capitaux n'est pas vrai?

   A. L'épargne est égale à la somme de l'investissement et des sorties nettes de capitaux.

   B. Pour une valeur donnée de l'épargne, une augmentation des sorties nettes de capitaux entraîne nécessairement une diminution de l'investissement intérieur.

C. Pour une valeur donnée de l'épargne, une diminution des sorties nettes de capitaux entraîne nécessairement une diminution de l'investissement intérieur.

D. Une augmentation de l'épargne accompagnée d'un accroissement égal des sorties nettes de capitaux n'entraîne aucune modification de l'investissement intérieur.

18. On suppose qu'au cours des 20 dernières années le taux d'inflation s'est maintenu à 9 % en Grande-Bretagne, à 7 % au Japon et à 5 % au Canada. S'il y a parité des pouvoirs d'achat, lequel des énoncés suivants est vrai relativement à cette période de 20 ans ?

A. La valeur du dollar devrait avoir chuté par rapport à la livre et au yen.

B. La valeur du yen devrait avoir augmenté par rapport à la livre, et diminué par rapport au dollar.

C. La valeur du yen devrait avoir chuté par rapport à la livre, et augmenté par rapport au dollar.

D. La valeur de la livre devrait avoir augmenté par rapport au yen et au dollar.

E. Aucune de ces réponses.

19. Si le taux d'intérêt au Canada est égal au taux d'intérêt moyen qui prévaut sur les marchés financiers mondiaux, alors cela découle du principe, ou de la loi :

A. de parité des pouvoirs d'achat.

B. des sorties nettes de capitaux.

C. des exportations nettes.

D. de la parité des taux d'intérêt.

E. de l'appréciation des devises.

20. Si le taux d'intérêt mondial est de 6 % et que les étrangers considèrent que le risque de non-paiement est plus élevé au Canada que dans le reste du monde, alors on s'attend à ce que le taux d'intérêt au Canada soit :

A. supérieur à 6 %.

B. de 6 %.

C. inférieur à 6 %.

D. égal au taux d'intérêt mondial.

## Questions à réponse brève

1. Donnez quatre raisons pour lesquelles l'économie canadienne a connu un accroissement du volume de ses échanges commerciaux au cours des 40 dernières années. _____

_____

_____

_____

2. Définissez le concept de sorties nettes de capitaux (*SNC*). Quand des étrangers investissent au Canada, qu'advient-il de la valeur des sorties nettes de capitaux canadiens ? _____

_____

_____

3. Quelles sont les deux marchés, absolument exclusifs, vers lesquels l'épargne nationale peut être orientée ?

_____

4. Si l'épargne nationale reste constante, qu'advient-il de l'investissement intérieur dans le cas où les sorties nettes de capitaux diminuent? Expliquez pourquoi. _____

_____

_____

5. Définissez le concept de balance du compte courant. Quand des étrangers reçoivent des intérêts et des dividendes sur les actions et obligations canadiennes qu'ils détiennent, qu'advient-il de la balance du compte courant? _____

_____

_____

_____

6. En ce qui a trait au taux de change réel, quelles sont les trois variables qu'on doit modifier pour améliorer la compétitivité du Canada à l'échelle internationale? _____

_____

_____

_____

7. On suppose qu'une camionnette Chrysler se vend 30 000 $ CAN au Canada et 24 000 $ US aux États-Unis. S'il y a parité des pouvoirs d'achat, quel est le taux de change entre le dollar américain et le dollar canadien? Combien faut-il de dollars canadiens pour acheter un dollar américain? _____

_____

_____

8. Si le volume des échanges internationaux croît, selon vous, est-ce que cela améliore ou diminue la valeur de prédiction de la théorie de la parité des pouvoirs d'achat en ce qui a trait au taux de change?

_____

_____

9. Si la masse monétaire croît à un taux annuel moyen de 5 % au Canada et de 35 % au Mexique, que devrait-il advenir avec le temps du taux de change entre le peso mexicain et le dollar, en supposant que la théorie de la parité des pouvoirs d'achat soit respectée? Expliquez pourquoi. _____

_____

_____

_____

10. Qu'est-ce qui pourrait faire en sorte que le taux d'intérêt au Canada soit plus élevé que le taux d'intérêt prévalant sur les marchés financiers mondiaux? _____

_____

_____

# Problèmes pratiques

1. Dans chacun des cas suivants, quel serait l'effet de la transaction décrite sur les sorties nettes de capitaux canadiens? Cette transaction influerait-elle sur l'investissement direct à l'étranger ou l'investissement de portefeuille?

   a) Le gestionnaire d'un fonds commun de placement canadien achète des actions d'American Airlines, une entreprise dont le siège social se trouve aux États-Unis.

   _____

   b) Bombardier achète de l'acier d'un producteur japonais et s'en sert pour produire des avions au Canada.

   _____

   _____

   c) Honda investit dans l'expansion de ses installations de production en Ontario.

   _____

   d) Le gestionnaire d'un fonds commun de placement japonais achète des actions de la Banque Royale du Canada.

   _____

   e) Nortel Communications construit de nouvelles installations de production en Allemagne.

   _____

2. Un résidant britannique achète un ordinateur d'un fabricant canadien et il effectue le paiement en livres.

   a) Si le fabricant canadien conserve les livres, l'égalité $XN = SNC$ est-elle vérifiée? Expliquez pourquoi. _____

   _____

   _____

   b) Si le fabricant canadien utilise les livres pour financer la construction d'une usine en Grande-Bretagne, l'égalité $XN = SNC$ est-elle vérifiée? Expliquez pourquoi. De quel type d'investissement étranger s'agit-il? _____

   _____

   _____

   c) Si le fabricant canadien utilise les livres qu'il a reçues en paiement pour acheter des actions d'une société britannique, l'égalité $XN = SNC$ est-elle vérifiée? Expliquez pourquoi. De quel type d'investissement étranger s'agit-il? _____

   _____

   _____

d) Si le fabricant canadien utilise les livres qu'il a reçues en paiement pour acheter des puces fabriquées en Grande-Bretagne, l'égalité $XN = SNC$ est-elle vérifiée ? Expliquez pourquoi.

_____

_____

_____

3. On suppose que le taux de change nominal est de 100 yens/dollar, et que le prix d'un gant de baseball est de 50 dollars au Canada et de 7500 yens au Japon.

a) Quel est le taux de change réel, exprimé en gants de baseball, entre le Japon et le Canada ?

_____

_____

_____

b) Existe-t-il des possibilités d'arbitrage dont vous pourriez tirer profit ? Où achèteriez-vous des gants et où essaieriez-vous de les vendre ? _____

_____

c) Si le taux de change nominal reste constant, qu'advient-il du prix des gants de baseball au Canada et au Japon ? Expliquez pourquoi. _____

_____

_____

d) Si les prix changent de la manière dont vous l'avez indiquée en c), qu'advient-il du taux de change réel ? _____

_____

_____

4. On suppose que le prix de l'eau de source canadienne embouteillée est de 40 dollars la caisse au Canada et de 600 pesos au Mexique.

a) Quel est le taux de change nominal entre le peso et le dollar s'il y a parité des pouvoirs d'achat ?

_____

b) On suppose que, en raison de pressions politiques, la banque centrale du Mexique double sa masse monétaire, ce qui fait doubler le niveau des prix. S'il y a parité des pouvoirs d'achat, que devient le taux de change entre le peso et le dollar ? Le peso s'est-il apprécié ou déprécié ?

_____

c) On suppose que la Banque du Canada double la masse monétaire canadienne, ce qui fait doubler le niveau des prix. S'il y a parité des pouvoirs d'achat, quel est alors le taux de change entre le peso et le dollar ? Le dollar s'est-il apprécié ou déprécié ?

_____

d) Comparez vos réponses aux questions a) et c). Qu'est-il advenu du taux de change ? Expliquez pourquoi.

_____

_____

## Pensée critique

Vous regardez un bulletin d'informations télévisé avec vos parents. Le journaliste explique que le taux de change du dollar vient d'atteindre sa plus haute valeur en 30 ans. Dans le reportage sur place, on donne ensuite la parole à un représentant de Nortel Communications, un manufacturier canadien de matériel de télécommunication. Le porte-parole de l'entreprise affirme que les ventes de ce type de matériel à l'étranger ont chuté radicalement à cause du comportement du taux de change. Vos parents sont irrités du point de vue négatif sur la valeur élevée du dollar adopté dans le reportage : ils viennent de faire des réservations pour des vacances en Europe pour prendre avantage de la valeur élevée du dollar.

1. Pourquoi le représentant de Nortel et vos parents n'ont-ils pas la même opinion au sujet du comportement du dollar ? _____

    _____

    _____

    _____

2. Nortel importe de nombreuses pièces qui entrent dans la fabrication de plusieurs produits finis qu'elle vend ensuite à l'étranger. Comme l'entreprise est inquiète de la valeur élevée du dollar, qu'est-ce qui décrit le mieux la quantité de ses importations par rapport à ses exportations ?

    _____

    _____

    _____

3. Si quelqu'un soutient que c'est une bonne chose pour le Canada que la valeur du dollar soit élevée parce que les Canadiens peuvent échanger une partie de leur propre PIB contre une grande portion du PIB étranger, cela signifie-t-il que c'est une bonne chose pour tous les Canadiens, sans exception, que la valeur du dollar soit élevée ? Expliquez pourquoi. _____

    _____

    _____

    _____

# SOLUTIONS

## Questions de type « vrai ou faux »

1. Faux ; les exportations nettes sont égales aux exportations moins les importations.

2. Vrai.

3. Vrai.

4. Vrai.

5. Vrai.

6. Faux ; si les exportations d'un pays excèdent ses importations, alors il affiche un surplus commercial.

7. Vrai.

8. Faux ; le taux de change devrait être de 90 yens/dollar.

9. Vrai.

10. Faux ; la valeur du peso par rapport au yen devrait diminuer.

11. Vrai.

12. Vrai.

13. Vrai.

14. Vrai.

15. Faux ; les compagnies qui préfèrent que la valeur du dollar soit élevée sont celles qui importent davantage qu'elles n'exportent.

## Questions à choix multiple

| | | | |
|---|---|---|---|
| 1. E | 6. E | 11. B | 16. A |
| 2. C | 7. B | 12. D | 17. C |
| 3. B | 8. D | 13. B | 18. B |
| 4. B | 9. E | 14. D | 19. D |
| 5. C | 10. A | 15. A | 20. A |

## Questions à réponse brève

1. L'amélioration des transports, les progrès dans le domaine des télécommunications, l'accroissement de la quantité de produits de haute technologie de grande valeur et les politiques commerciales favorables du gouvernement.

2. Les achats d'actifs étrangers par des résidants du pays moins les achats d'actifs intérieurs par des étrangers. Les sorties nettes de capitaux diminuent.

3. Intérieur ($I$) et étranger ($SNC$), puisque $S = I + SNC$.

4. L'investissement intérieur croît parce qu'une part moins importante de l'épargne nationale est affectée à l'étranger et (ou) plus d'épargne étrangère est affectée au pays.

5. Les exportations nettes plus les entrées nettes de paiements d'intérêt et de dividendes. La balance du compte courant diminue.

6. Si les prix chutent au Canada, entraînant une réduction du taux de change entre les devises étrangères et le dollar, ou que le niveau des prix augmente à l'étranger, alors les biens canadiens sont moins coûteux pour les étrangers.

7. 24 000 $ US/30 000 $ CAN = 0,80 $ US/dollar canadien.

   Si 0,80 $ US = 1,00 $ CAN, alors 1,25 $ CAN = 1,00 $ US.

8. Améliore la valeur de prédiction de la théorie, parce que plus le nombre de biens échangés est élevé, plus la parité des pouvoirs d'achat est précise.

9. Il devrait augmenter parce que, à long terme, plus le taux de croissance de la masse monétaire est élevé, plus le taux de croissance des prix est élevé. Une réduction du taux d'inflation au Canada fait augmenter la valeur relative de la devise canadienne.

10. À cause de l'augmentation du risque de non-paiement ou du taux d'imposition au Canada.

## Problèmes pratiques

1.  a) Les sorties nettes de capitaux augmentent. L'investissement de portefeuille étranger.

    b) Les exportations nettes canadiennes diminuent et un producteur japonais conserve des dollars canadiens; donc, les sorties nettes de capitaux diminuent. Investissement de portefeuille étranger.

    c) Les sorties nettes de capitaux diminuent. L'investissement de portefeuille étranger.

    d) Les sorties nettes de capitaux diminuent. L'investissement de portefeuille étranger.

    e) Les sorties nettes de capitaux augmentent. L'investissement de portefeuille étranger.

2.  a) Oui. Les exportations nettes augmentent d'un montant égal à la vente et les sorties nettes de capitaux augmentent d'un même montant, soit la quantité de devises étrangères que le fabricant conserve.

    b) Oui. Les exportations nettes augmentent d'un montant égal à la vente et les sorties nettes de capitaux augmentent d'un même montant, soit la quantité de capitaux étrangers achetés par l'entreprise. Investissement direct étranger.

    c) Oui. Les exportations nettes augmentent d'un montant égal à la vente et les sorties nettes de capitaux augmentent d'un même montant, soit la quantité de capitaux étrangers achetés par l'entreprise. Investissement de portefeuille étranger.

    d) Oui. Les exportations nettes et les sorties nettes de capitaux ne changent pas parce que les exportations et les importations augmentent d'un même montant, de sorte que les exportations nettes restent les mêmes. Les sorties nettes de capitaux n'entrent pas en ligne de compte.

3.  a) $\dfrac{100 \text{ yens/dollar} \times 50 \text{ dollars pour un gant de baseball canadien}}{7500 \text{ yens pour un gant de baseball japonais}}$

    $= 0,67$ gant de baseball japonais pour un gant de baseball canadien.

    b) Oui. Il faut acheter des gants de baseball au Canada et les revendre au Japon.

    c) Le prix devrait augmenter au Canada à cause d'une augmentation de la demande, et chuter au Japon en raison d'une diminution de l'offre.

    d) Le taux de change réel augmente jusqu'à ce qu'il soit égal à 1 (soit un gant de baseball japonais pour un gant de baseball canadien).

4.  a) 600 pesos/40 dollars = 15 pesos/dollar.

    b) 1200 pesos/40 dollars = 30 pesos/dollar; le peso s'est déprécié.

    c) 1200 pesos/80 dollars = 15 pesos/dollar; le dollar s'est déprécié.

    d) Le taux de change ne varie pas. Une augmentation proportionnelle des prix n'a aucun effet sur le taux de change nominal s'il y a parité des pouvoirs d'achat.

## Pensée critique

1. Nortel vend une grande partie du matériel qu'elle produit à des étrangers et si le dollar est élevé les produits de Nortel sont plus coûteux pour ces derniers. Vos parents prévoient acheter des biens et des services étrangers, dont le coût en dollars a diminué.

2. Nortel doit vendre plus de produits à l'étranger qu'elle n'en achète de l'étranger. Autrement dit, c'est une entreprise dont les exportations excèdent les importations.

3. Non. Un dollar fort avantage les Canadiens dont les importations excèdent les exportations, et il désavantage les Canadiens dont les exportations excèdent les importations.

# PARTIE 5

## CHAPITRE 13

# UNE THÉORIE MACROÉCONOMIQUE DE L'ÉCONOMIE OUVERTE

## APERÇU DU CHAPITRE

### Contexte et objectif

Le chapitre 13 est le second d'une série de deux chapitres traitant de la macroéconomie en économie ouverte. Le chapitre 12 explique les concepts fondamentaux de l'économie ouverte et le vocabulaire associé. Le chapitre 13 relie ces concepts en les intégrant dans une théorie de l'économie ouverte.

L'objectif du chapitre 13 est d'établir l'interdépendance de diverses variables économiques d'une économie ouverte. On y démontre en particulier les relations entre les prix et les quantités sur le marché des fonds prêtables et le marché des changes. Dans le contexte de ces deux marchés, on analyse les effets de divers événements économiques et de différentes politiques gouvernementales sur le taux de change et la balance commerciale d'une économie.

### Indications utiles

1. *Une variation de l'épargne nationale a les mêmes effets, qu'elle soit due à une modification de l'épargne privée ou publique.* Dans le manuel, on décrit les conséquences d'une augmentation du déficit budgétaire d'un gouvernement sur une économie ouverte. On y démontre qu'une augmentation du déficit budgétaire provoque une réduction de la composante publique de l'épargne nationale, ce qui entraîne un déplacement de la courbe de l'offre de fonds prêtables vers la gauche. Cependant, une réduction de la composante privée de l'épargne nationale cause aussi un déplacement vers la gauche de la courbe de l'offre de fonds prêtables. L'exemple donné dans le manuel illustre donc également des cas où c'est l'épargne privée qui varie.

2. *Si on veut déterminer la variation de XN (exportations nettes), il faut se rappeler que XN = SNC (sorties nettes de capitaux).* Quand on utilise le modèle élaboré pour déterminer les effets d'une politique gouvernementale ou d'un événement économique sur les variables économiques d'une économie ouverte, il est tout à fait impossible de lire directement les exportations nettes (la balance commerciale) sur l'un ou l'autre des graphiques. Toutefois, on peut toujours mesurer directement la valeur des sorties nettes de capitaux par l'offre de dollars sur le marché des changes. Étant donné que $SNC = XN$, toute augmentation de $SNC$ s'accompagne d'une augmentation équivalente de $XN$ (qui représente une amélioration de la balance commerciale). De même, toute chute de $SNC$ s'accompagne d'une chute équivalente de $XN$.

3. *La fuite de capitaux réduit l'investissement intérieur.* Dans l'analyse de la fuite de capitaux, on souligne dans le manuel qu'une telle fuite fait augmenter les sorties nettes de capitaux et l'offre de la devise nationale sur le marché des changes, ce qui entraîne une réduction du taux de change de la devise nationale. Puisque ces variations font augmenter les exportations nettes (et améliorent la balance commerciale), pourquoi considère-t-on que la fuite de capitaux est mauvaise, et non bénéfique, pour l'économie? Le graphique a) de la figure 13.7 du manuel indique que les emprunteurs doivent payer un taux d'intérêt plus élevé qu'avant la crise de confiance, ce qui fait chuter la demande de fonds prêtables à des fins d'investissement intérieur. Ainsi, l'investissement intérieur diminue d'un montant égal à l'augmentation des exportations nettes. La fuite de capitaux provoque donc une diminution de l'investissement intérieur et ralentit, du même coup, la croissance économique à long terme du pays.

4. *Examiner les exemples du manuel en commençant par la conclusion.* La compréhension des exemples présentés dans le manuel exige une certaine concentration. Une fois qu'on les a bien saisis, on sait qu'on est capable de suivre le raisonnement de quelqu'un d'autre. L'étape suivante consiste à reprendre, par soi-même, les mêmes exemples en commençant par la fin. (Voir le problème pratique 1.) Autrement dit, on examine les conséquences d'une réduction du taux d'intérêt mondial, du déficit budgétaire et des restrictions commerciales, et l'effet de l'entrée de capitaux.

# EXERCICES D'AUTORÉVISION

## Questions de type « vrai ou faux »

_____ 1. Les sorties nettes de capitaux sont égales à la valeur des achats d'actifs nationaux par des étrangers moins la valeur des achats d'actifs étrangers par des résidants du pays.

_____ 2. Les sorties nettes de capitaux ($SNC$) d'un pays sont toujours égales à ses exportations nettes ($XN$).

_____ 3. Dans une petite économie ouverte, toutes choses étant par ailleurs égales, une augmentation du taux d'intérêt réel mondial entraîne un accroissement des sorties nettes de capitaux.

_____ 4. Une augmentation des sorties nettes de capitaux canadiens entraîne un accroissement de l'offre de dollars sur le marché des changes et une réduction du taux de change réel du dollar.

_____ 5. Si les syndicats réussissent, grâce à la publicité, à convaincre les Canadiens d'acheter canadien, on s'attend à une amélioration de la balance commerciale du Canada.

_____ 6. Les sorties nettes de capitaux ($SNC$) sont négatives quand l'investissement intérieur excède l'épargne nationale au taux d'intérêt mondial.

_____ 7. Une augmentation du déficit budgétaire du gouvernement entraîne un déplacement de la courbe de l'offre de fonds prêtables vers la droite.

_____ 8. Une augmentation du déficit budgétaire du gouvernement a tendance à provoquer une dépréciation du taux de change réel du dollar.

_____ 9. La diminution du déficit budgétaire du gouvernement au cours de la période allant de 1995 à 2007 a eu comme effet de limiter les exportations nettes.

_____ 10. Si le Canada augmente le tarif douanier sur les vins importés, il y aura une réduction des importations et amélioration de la balance commerciale.

_____ 11. Si le Canada augmente le tarif douanier sur les vins importés, les producteurs nationaux de vin en bénéficieront, mais le dollar s'appréciera, de sorte que les producteurs nationaux d'autres biens destinés à l'exportation en souffriront.

_____ 12. Une augmentation du surplus budgétaire du gouvernement provoque une dépréciation du taux de change réel.

_____ 13. Un pays où il se produit une fuite de capitaux voit ses sorties nettes de capitaux et ses exportations nettes diminuer.

_____ 14. Si l'épargne des Canadiens augmente, alors le dollar va s'apprécier sur le marché des changes.

_____ 15. Un accroissement des exportations nettes ($XN$) du Mexique fait augmenter la demande de pesos sur le marché des changes, ce qui entraîne une appréciation du peso.

## Questions à choix multiple

1. Lequel des énoncés suivants à propos du marché des fonds prêtables dans une petite économie ouverte est vrai ?

    A. Le taux d'intérêt réel est égal au taux d'intérêt réel mondial.

    B. Les sorties nettes de capitaux sont positives lorsque la demande de fonds prêtables excède l'offre de fonds prêtables au taux d'intérêt mondial.

    C. L'investissement intérieur détermine la demande de fonds prêtables.

    D. L'épargne nationale détermine l'offre de fonds prêtables.

    E. Aucune de ces réponses.

2. Une augmentation du déficit budgétaire du gouvernement entraîne :

    A. une réduction des sorties nettes de capitaux.

    B. une dépréciation du taux de change réel.

    C. un accroissement des exportations nettes.

    D. un accroissement de la demande de fonds prêtables.

    E. Aucune de ces réponses.

3. Lequel des énoncés suivants au sujet du marché des fonds prêtables est vrai ?

    A. Une augmentation de l'épargne privée provoque un déplacement vers la gauche de la courbe de l'offre de fonds prêtables.

    B. Une réduction du surplus budgétaire du gouvernement fait augmenter l'épargne nationale.

    C. Une augmentation du surplus budgétaire du gouvernement provoque un déplacement vers la droite de la courbe de l'offre de fonds prêtables.

    D. Une augmentation du surplus budgétaire du gouvernement provoque un déplacement vers la gauche de la courbe de l'offre de fonds prêtables.

4. Toutes choses étant par ailleurs égales, une augmentation du taux d'intérêt réel mondial entraîne :

    A. une appréciation du dollar canadien.

    B. un accroissement des sorties nettes de capitaux canadiens.

    C. un accroissement de la demande de fonds prêtables à des fins d'investissement intérieur.

    D. une diminution de l'offre de fonds prêtables provenant de l'épargne nationale.

5. Si les Européens se mettent soudainement à apprécier les vins produits au Canada, alors :

   A. le dollar se dépréciera et les exportations nettes du Canada augmenteront.

   B. le dollar se dépréciera et les exportations nettes du Canada diminueront.

   C. le dollar s'appréciera et les exportations nettes du Canada augmenteront.

   D. le dollar s'appréciera et les exportations nettes du Canada diminueront.

   E. le dollar s'appréciera, mais les exportations nettes du Canada ne changeront pas.

6. Une réduction du déficit budgétaire du gouvernement fédéral provoque :

   A. une augmentation des exportations nettes canadiennes et une diminution des sorties nettes de capitaux canadiens.

   B. une diminution des exportations nettes canadiennes et une augmentation des sorties nettes de capitaux.

   C. une diminution des exportations nettes canadiennes, mais les sorties nettes de capitaux canadiens restent inchangées.

   D. une augmentation des exportations nettes canadiennes, mais les sorties nettes de capitaux canadiens restent inchangées.

7. Une augmentation du déficit budgétaire du gouvernement aboutit aux modifications suivantes, à l'exception d'une seule. Laquelle ?

   A. Une réduction de l'épargne publique.

   B. Une réduction de l'épargne nationale.

   C. Une augmentation de l'investissement intérieur.

   D. Une réduction des sorties nettes de capitaux.

8. Lequel des énoncés suivants au sujet du marché des changes est vrai ?

   A. Un accroissement des exportations nettes canadiennes fait augmenter l'offre de dollars sur le marché des changes, de sorte que le dollar se déprécie.

   B. Un accroissement des exportations nettes canadiennes fait diminuer l'offre de dollars sur le marché des changes, de sorte que le dollar se déprécie.

   C. Un accroissement des exportations nettes canadiennes fait diminuer la demande de dollars sur le marché des changes, de sorte que le dollar s'apprécie.

   D. Un accroissement des exportations nettes canadiennes fait augmenter la demande de dollars sur le marché des changes, de sorte que le dollar s'apprécie.

9. Lequel des énoncés suivants au sujet du marché des changes est vrai ?

   A. Un accroissement des sorties nettes de capitaux canadiens fait augmenter l'offre de dollars sur le marché des changes, de sorte que le dollar s'apprécie.

   B. Un accroissement des sorties nettes de capitaux canadiens fait augmenter l'offre de dollars sur le marché des changes, de sorte que le dollar se déprécie.

   C. Un accroissement des sorties nettes de capitaux canadiens fait augmenter la demande de dollars sur le marché des changes, de sorte que le dollar s'apprécie.

   D. Un accroissement des sorties nettes de capitaux canadiens fait augmenter la demande de dollars sur le marché des changes, de sorte que le dollar se déprécie.

10. Si le Canada impose un quota d'importation sur les vêtements fabriqués en Chine, lesquelles des modifications suivantes du marché des changes observe-t-on ?

    A. Une augmentation de l'offre de dollars et une dépréciation du dollar.

    B. Une diminution de l'offre de dollars et une appréciation du dollar.

    C. Une augmentation de la demande de dollars et une appréciation du dollar.

    D. Une diminution de la demande de dollars et une dépréciation du dollar.

11. Si le Canada impose un quota d'importation sur les vêtements fabriqués en Chine, lequel des effets suivants sur les exportations nettes observe-t-on ?

    A. Les exportations nettes augmentent.

    B. Les exportations nettes chutent.

    C. Les exportations nettes sont inchangées.

12. On suppose qu'en raison de l'instabilité politique les Mexicains choisissent soudainement d'investir dans des actifs canadiens plutôt que dans des actifs mexicains. Lequel des énoncés suivants au sujet des sorties nettes de capitaux canadiens est vrai ?

    A. Les sorties nettes de capitaux canadiens augmentent.

    B. Les sorties nettes de capitaux canadiens chutent.

    C. Les sorties nettes de capitaux canadiens sont inchangées parce que seules les actions de résidants canadiens peuvent les modifier.

13. On suppose qu'en raison de l'instabilité politique les Mexicains choisissent soudainement d'investir dans des actifs canadiens plutôt que dans des actifs mexicains. Lequel des énoncés suivants au sujet de la valeur du dollar et des exportations nettes du Canada est vrai ?

    A. Le dollar s'apprécie et les exportations nettes du Canada chutent.

    B. Le dollar se déprécie et les exportations nettes du Canada chutent.

    C. Le dollar s'apprécie et les exportations nettes du Canada augmentent.

    D. Le dollar se déprécie et les exportations nettes du Canada augmentent.

14. Un accroissement de l'épargne privée canadienne entraîne :

    A. une augmentation des exportations nettes du Canada et une réduction des sorties nettes de capitaux canadiens.

    B. une diminution des exportations nettes du Canada et une augmentation des sorties nettes de capitaux canadiens.

    C. une diminution des exportations nettes du Canada et une réduction d'un même montant des sorties nettes de capitaux canadiens.

    D. une augmentation des exportations nettes du Canada et une réduction d'un même montant des sorties nettes de capitaux canadiens.

15. Lequel des énoncés suivants au sujet de la politique commerciale est vrai ?

    A. Un quota d'importation restrictif fait augmenter les exportations nettes d'un pays.

    B. Un quota d'importation restrictif fait diminuer les exportations nettes d'un pays.

    C. La politique commerciale d'un pays n'a aucun effet sur sa balance commerciale.

    D. Aucune de ces réponses.

16. Lequel des groupes suivants ne bénéficierait pas de l'imposition par le Canada d'un quota d'importation sur les automobiles japonaises ?

    A. Les actionnaires des fabricants d'automobiles canadiens.

    B. Les agriculteurs canadiens qui exportent des céréales.

    C. Les membres du Syndicat national de l'automobile.

    D. Les consommateurs canadiens qui achètent des produits électroniques du Japon.

17. Lequel des événements suivants est un exemple de politique commerciale ?

    A. Une augmentation du déficit budgétaire du gouvernement, parce qu'elle fait diminuer les exportations nettes du pays.

    B. Une fuite de capitaux, parce qu'elle fait augmenter les exportations nettes du pays.

    C. L'imposition de tarifs douaniers sur les chaussures.

    D. Aucune de ces réponses.

18. Une subvention à l'exportation devrait avoir le même effet sur le taux de change:

    A. que l'imposition de tarifs douaniers.

    B. qu'une fuite de capitaux.

    C. qu'une augmentation du surplus budgétaire du gouvernement.

    D. qu'une augmentation de l'épargne privée.

19. Si le gouvernement canadien affiche un déficit budgétaire, pour lequel des groupes suivants les conséquences sont-elles les plus désastreuses?

    A. Les résidants canadiens qui désirent acheter une automobile fabriquée à l'étranger.

    B. Les emprunteurs de fonds prêtables.

    C. Les Canadiens qui désirent voyager à l'étranger.

    D. Une brasserie canadienne, qui vend de la bière aux États-Unis.

20. Une fuite de capitaux entraîne:

    A. une réduction des exportations nettes du pays et une accélération de la croissance à long terme.

    B. une réduction des exportations nettes du pays et un ralentissement de la croissance à long terme.

    C. une augmentation des exportations nettes du pays et un ralentissement de la croissance à long terme.

    D. une augmentation des exportations nettes du pays et une accélération de la croissance à long terme.

## Questions à réponse brève

1. Comment détermine-t-on la valeur des sorties nettes de capitaux dans une petite économie ouverte avec une mobilité parfaite des capitaux? _____

    _____

    _____

2. Expliquez quelle est la source de l'offre de dollars sur le marché des changes.

    _____

3. Expliquez quelle est la source de la demande de dollars sur le marché des changes.

    _____

    _____

4. Pourquoi des entreprises et des syndicats soutiennent-ils l'imposition de tarifs douaniers et de quotas d'importation même s'ils savent que de telles restrictions ne modifient pas la balance commerciale?

    _____

    _____

    _____

5. Si la qualité des biens et des services canadiens diminue et que, par conséquent, les étrangers choisissent d'acheter moins de biens canadiens, cela a-t-il un effet sur la balance commerciale du Canada? Expliquez pourquoi. _____

    _____

    _____

6. Qu'advient-il de la valeur de la devise nationale si un pays connaît une fuite de capitaux? Expliquez pourquoi. _____

_____

_____

7. Quel effet une augmentation de l'épargne des résidants canadiens aurait-elle sur la balance commerciale du Canada et le taux de change nominal du dollar? Expliquez pourquoi. _____

_____

_____

8. Pourquoi existe-t-il un lien entre les déficits budgétaires et les déficits commerciaux?

_____

_____

9. Les restrictions commerciales (tels les tarifs douaniers et les quotas d'importation) modifient-elles les exportations nettes? _____

_____

_____

## Problèmes pratiques

1. Le problème repose sur les exemples du chapitre 13 du manuel, mais on y inverse la source des variations. Utilisez le modèle présenté dans le manuel pour répondre aux questions suivantes.

a) Supposons qu'on observe une diminution du taux d'intérêt mondial. Décrivez la suite d'événements qui se produirait, selon le modèle, en précisant le déplacement des courbes et en analysant les modifications des variables macroéconomiques en cause.

_____

_____

_____

b) Supposons que le gouvernement réduise le déficit budgétaire. Décrivez la suite d'événements qui se produirait, selon le modèle, en précisant le déplacement des courbes et en analysant les modifications des variables macroéconomiques en cause. _____

_____

_____

_____

_____

c) Supposons que le gouvernement élimine un quota d'importation sur les automobiles japonaises. Décrivez la suite d'événements qui se produirait, selon le modèle, en précisant le déplacement des courbes et en analysant les modifications des variables macroéconomiques en cause.

_____

_____

_____

_____

_____

d) Supposons que le risque perçu de détenir des actifs mexicains s'atténue et que les emprunteurs mexicains soient en mesure de payer le taux d'intérêt mondial sur les fonds empruntés. Décrivez la suite d'événements qui se produirait, selon le modèle, en précisant le déplacement des courbes et en analysant les modifications des variables macroéconomiques en cause. _____

_____

_____

_____

_____

_____

_____

2. a) Si l'épargne privée augmente quel que soit le taux d'intérêt réel, qu'advient-il des variables macroéconomiques importantes selon le modèle d'une économie ouverte?

_____

_____

_____

b) Votre réponse à la question a) serait-elle la même si nous supposions que le gouvernement ait accru son déficit budgétaire? Expliquez pourquoi. _____

_____

_____

c) Si le gouvernement instaure un crédit d'impôt à l'investissement qui fait augmenter l'investissement intérieur quel que soit le taux d'intérêt réel, selon le modèle, quel est l'effet de cette politique sur les variables macroéconomiques importantes? _____

_____

_____

_____

d) Comparez vos réponses à la question a) (une augmentation de l'épargne quel que soit le taux d'intérêt réel) et à la question c) (une augmentation de l'investissement intérieur quel que soit le taux d'intérêt réel). En quoi sont-elles différentes? _____

_____

_____

3. Supposons que les Canadiens se mettent à acheter principalement des automobiles fabriquées au Japon plutôt que dans tout autre pays.

    a) Qu'advient-il de la demande de dollars sur le marché des changes ?

    _____

    b) Qu'advient-il de la valeur du dollar sur le marché des changes ?

    _____

    c) Qu'advient-il des exportations nettes du Canada ? Expliquez pourquoi.

    _____

    _____

    d) Si le Canada importe plus d'automobiles, qu'advient-il nécessairement des importations et des exportations d'autres biens et services ? _____

    _____

    _____

4. Supposons que le Canada soit perçu comme un pays politiquement instable et que cela entraîne une fuite de capitaux vers les États-Unis.

    a) Décrivez ce qui se produit sur le marché des changes d'un point de vue canadien.

    _____

    _____

    b) Décrivez ce qui se produit sur le marché des changes d'un point de vue américain.

    _____

    _____

    c) Vos réponses aux questions a) et b) sont-elles reliées ? Expliquez pourquoi.

    _____

    _____

    d) Quel devrait être l'effet de la fuite de capitaux sur la balance commerciale de chacun des deux pays ?

    _____

    _____

    e) La croissance économique sera-t-elle plus rapide dans l'un des deux pays à l'avenir ? Expliquez pourquoi.

    _____

    _____

    _____

## Pensée critique

Le système économique de Hong Kong est capitaliste. En 1997, le Royaume-Uni a rétrocédé Hong Kong à la République populaire de Chine.

1. Selon vous, qu'est-il advenu des sorties nettes de capitaux de Hong Kong entre 1990 et 1997? Expliquez pourquoi. _____

   _____

   _____

   _____

   _____

2. Des résidents de Hong Kong ont choisi de transférer leurs activités industrielles et commerciales au Canada, et en particulier dans la région de Vancouver, avant la rétrocession. Selon vous, quels ont été les effets de cette décision sur les sorties nettes de capitaux canadiens, les exportations nettes du Canada et le taux de change? _____

   _____

   _____

   _____

3. Quelles industries canadiennes, celles qui sont importatrices ou celles qui sont exportatrices, ont vraisemblablement vu d'un bon œil l'accroissement des investissements de Hong Kong au Canada? Expliquez pourquoi. _____

   _____

   _____

   _____

4. Quel effet la rétrocession de Hong Kong à la République populaire de Chine par le Royaume-Uni a-t-elle eu sur le taux de croissance économique à long terme du Canada? _____

   _____

   _____

   _____

## SOLUTIONS

### Questions de type « vrai ou faux »

1. Faux; les sorties nettes de capitaux sont égales à la valeur des achats d'actifs étrangers des résidants du pays moins la valeur des achats d'actifs nationaux des étrangers.

2. Vrai.

3. Vrai.

4. Vrai.

5. Faux; les exportations nettes sont inchangées parce que les sorties nettes de capitaux ne changent pas.

6. Vrai.

7. Faux ; une augmentation du déficit budgétaire du gouvernement provoque un déplacement de la courbe de l'offre de fonds prêtables vers la gauche.

8. Faux ; un accroissement du déficit budgétaire du gouvernement fait augmenter le taux de change réel.

9. Faux ; une réduction du déficit budgétaire entraîne une dépréciation du dollar et une augmentation des exportations nettes.

10. Faux ; il y a une diminution des importations et aussi une diminution des exportations (à la suite de l'appréciation du dollar canadien en raison de l'augmentation, dans un premier temps, des exportations nettes), de sorte qu'à la fin du processus d'ajustement, la balance commerciale ne change pas.

11. Vrai.

12. Vrai.

13. Faux ; un pays qui connaît une fuite de capitaux voit ses sorties nettes de capitaux et ses exportations nettes augmenter.

14. Faux ; le dollar va se déprécier.

15. Vrai.

## Questions à choix multiple

| | | | |
|---|---|---|---|
| 1. B | 6. D | 11. C | 16. B |
| 2. A | 7. C | 12. B | 17. C |
| 3. C | 8. D | 13. A | 18. A |
| 4. B | 9. B | 14. D | 19. D |
| 5. E | 10. C | 15. C | 20. C |

## Questions à réponse brève

1. Les sorties nettes de capitaux sont déterminées par la différence entre l'offre de fonds prêtables (l'épargne nationale) et la demande de fonds prêtables (l'investissement intérieur) au taux d'intérêt mondial.

2. L'offre de dollars vient des dollars canadiens utilisés pour les sorties nettes de capitaux.

3. La demande de dollars vient des étrangers qui ont besoin de dollars pour acheter les exportations nettes du Canada.

4. Parce que les restrictions commerciales sont susceptibles d'améliorer les ventes de compagnies nationales pour lesquelles les importations représentent une concurrence, mais cela en grande partie aux dépens de compagnies nationales qui produisent des biens d'exportation.

5. Non, cela diminue la demande de dollars sur le marché des changes et réduit la valeur du dollar, de sorte que les exportations nettes sont inchangées.

6. Il y a une augmentation de l'offre de la devise nationale sur le marché des changes et une réduction du taux de change.

7. Il y a une augmentation des sorties nettes de capitaux et de l'offre de dollars sur le marché des changes, une réduction du taux de change du dollar et une augmentation des exportations nettes.

8. Parce qu'un déficit budgétaire réduit l'épargne nationale, les sorties nettes de capitaux et les exportations nettes.

9. Les restrictions commerciales ne modifient pas la valeur totale des exportations nettes parce que $XN = SNC$. Elles changent toutefois la nature des exportations nettes.

## Problèmes pratiques

1.  a) Une réduction du taux d'intérêt mondial fait diminuer l'offre de fonds prêtables et augmenter la demande de fonds prêtables. Il en résulte une diminution des sorties nettes de capitaux, qui entraîne à son tour un déplacement vers la gauche de la courbe de l'offre de dollars sur le marché des changes. Le taux de change réel s'apprécie, ce qui provoque une chute des exportations nettes.

    b) Une réduction du déficit budgétaire du gouvernement fait augmenter l'épargne nationale, ce qui entraîne un déplacement vers la droite de la courbe de l'offre de fonds prêtables. Les sorties nettes de capitaux augmentent et il en résulte un déplacement vers la droite de la courbe de l'offre de dollars sur le marché des changes. Le taux de change réel se déprécie, ce qui provoque une augmentation des exportations nettes.

    c) L'élimination d'un quota d'importation n'a pas d'effet sur le marché des fonds prêtables. Les sorties nettes de capitaux sont inchangées, de sorte qu'il n'y a pas de déplacement de la courbe de l'offre de dollars sur le marché des changes. La courbe de la demande de dollars se déplace vers la gauche, ce qui entraîne une dépréciation du taux de change réel. La balance commerciale ne change pas, mais le volume des échanges augmente (plus d'importations et plus d'exportations).

    d) En l'absence de prime de risque, le taux d'intérêt payé sur les actifs mexicains est égal au taux d'intérêt mondial. La courbe de l'offre de fonds prêtables se déplace vers le bas, ce qui laisse la quantité offerte de fonds prêtables inchangée. La quantité demandée de fonds prêtables augmente et il en résulte une chute des sorties nettes de capitaux. La courbe de l'offre de pesos sur le marché des changes se déplace vers la gauche, ce qui entraîne une appréciation du peso et une chute des exportations nettes.

2.  a) La courbe de l'offre de fonds prêtables se déplace vers la droite, les sorties nettes de capitaux augmentent et il en résulte un accroissement de l'offre de dollars sur le marché des changes, ce qui entraîne une dépréciation du taux de change réel et une augmentation des exportations nettes.

    b) Oui, parce que la raison pour laquelle l'épargne nationale augmente n'a pas d'importance. L'une ou l'autre variation entraîne un déplacement de l'offre de fonds prêtables vers la droite.

    c) Une augmentation de la demande de fonds prêtables entraîne une diminution des sorties nettes de capitaux et de l'offre de dollars sur le marché des changes, d'où une appréciation du taux de change réel et une chute des exportations nettes.

    d) Une augmentation de l'épargne rend la balance commerciale excédentaire, tandis qu'un accroissement de la demande de fonds à des fins d'investissement rend la balance commerciale déficitaire.

3.  a) La courbe de la demande de dollars se déplace vers la gauche.

    b) Le taux de change réel chute, de sorte que la valeur du dollar baisse.

    c) Les sorties nettes de capitaux sont inchangées ; donc, la valeur totale des exportations nettes ne varie pas.

    d) Si les exportations nettes sont constantes, cela signifie que le Canada importe moins ou exporte davantage de biens d'autres natures.

4.  a) La courbe de l'offre de dollars canadiens se déplace vers la droite et la valeur du dollar canadien chute.

    b) La courbe de l'offre de dollars américains se déplace vers la gauche et la valeur du dollar américain augmente.

    c) Oui. Une augmentation de la valeur du dollar américain par rapport au dollar canadien correspond à une baisse de la valeur du dollar canadien par rapport au dollar américain.

d) La baisse de la valeur du dollar canadien fait augmenter les exportations nettes du Canada, alors que la hausse de la valeur du dollar américain fait diminuer les exportations nettes des États-Unis.

e) Les sorties nettes de capitaux canadiens vers les États-Unis augmentent, tandis que les sorties nettes de capitaux américains vers le Canada diminuent, de sorte que les États-Unis connaîtront probablement une croissance plus rapide.

## Pensée critique

1. Les sorties nettes de capitaux de Hong Kong ont augmenté parce que les étrangers n'achetaient pas d'actifs à Hong Kong, tandis que les résidants de Hong Kong achetaient des actifs à l'étranger, d'où une fuite des capitaux. Les investisseurs craignaient que la Chine ne nationalise une grande partie des industries de Hong Kong.

2. Il en a résulté une diminution des sorties nettes de capitaux canadiens, ce qui a entraîné une baisse de l'offre de dollars canadiens sur le marché des changes, une hausse du taux de change et une chute des exportations nettes.

3. La hausse de la valeur du dollar canadien a réduit la compétitivité des producteurs canadiens à l'échelle internationale, mais elle a fait baisser le prix des importations canadiennes. Les exportateurs ont donc été désavantagés, tandis que les entreprises importatrices ont été avantagées.

4. La réduction des sorties nettes de capitaux (provoquée par l'augmentation des sorties nettes de capitaux de Hong Kong) a fait augmenter le capital national du Canada, ce qui a accéléré la croissance économique.

# PARTIE 6
# LES FLUCTUATIONS ÉCONOMIQUES À COURT TERME

# L'OFFRE ET LA DEMANDE AGRÉGÉES

## APERÇU DU CHAPITRE

### Contexte et objectif

Dans les treize premiers chapitres, l'étude de la théorie macroéconomique est centrée sur le comportement de l'économie à long terme. Les chapitres 14 à 16 traitent par contre des fluctuations économiques à court terme autour de la tendance à long terme. Dans le chapitre 14, on présente les notions de demande et d'offre agrégées et on décrit comment le déplacement des courbes respectives de ces deux grandeurs peut causer une récession. Dans le chapitre 15, on examine comment les responsables de l'élaboration des politiques utilisent les politiques monétaire et fiscale pour influer sur la demande agrégée. Le chapitre 16 est consacré à la relation à court terme entre l'inflation et le chômage.

L'objectif du chapitre 14 est d'élaborer le modèle que les économistes emploient pour analyser les fluctuations économiques à court terme, à savoir le modèle de l'offre et de la demande agrégées. On y décrit les causes des déplacements des courbes respectives de l'offre agrégée et de la demande agrégée, et on montre comment de tels déplacements peuvent provoquer une récession. On y présente également les actions que peuvent entreprendre les responsables de l'élaboration des politiques pour prévenir les récessions.

### Indications utiles

1. *Les variables réelles ne changent pas le long de la courbe de l'offre agrégée à long terme.* Si tous les prix varient également, aucune variable réelle ne change. La verticalité de la courbe de l'offre agrégée à long terme illustre cette leçon classique. Si on choisit un point quelconque de cette courbe et qu'on double le niveau des prix et chacune des variables nominales, comme les salaires, les prix relatifs restent néanmoins constants, et cela inclut le salaire réel. Il n'y a pas de modification des incitatifs de chacun à produire ni, par conséquent, de variation de la production. Donc, si l'économie affiche

temporairement un niveau de production différent de son niveau naturel à long terme, c'est qu'au moins une partie des salaires ou des prix ne se sont pas ajustés au niveau des prix d'équilibre à long terme, ce qui entraîne une modification de certains des prix relatifs de manière à produire moins ou davantage. C'est ce qu'on observe en fait le long de la courbe de l'offre agrégée à court terme.

2. ***La production peut fluctuer aussi bien au-dessus qu'au-dessous de son niveau naturel.*** Les exemples de fluctuations économiques présentés dans le manuel sont axés sur les récessions, c'est-à-dire qu'ils portent sur des périodes où le niveau de production est inférieur à son niveau naturel. Il est cependant à noter que le niveau de production peut aussi être temporairement supérieur à son niveau naturel, puisque le taux de chômage peut être inférieur au taux naturel. On observe ce phénomène lorsqu'il se produit un choc positif de la demande, par exemple quand les exportations ou l'investissement augmentent. On l'observe aussi lorsqu'il se produit un choc positif de l'offre agrégée, par exemple quand le prix du pétrole chute ou que les demandes salariales des syndicats diminuent. Certains des problèmes présentés dans le chapitre portent sur ces notions afin d'en faciliter la compréhension.

3. ***Les tableaux 14.1 et 14.2 du manuel présentent un résumé très utile des caractéristiques des courbes respectives de l'offre agrégée et de la demande agrégée.*** On explique dans le manuel qu'une augmentation du niveau des prix anticipés entraîne un déplacement vers la gauche de la courbe de l'offre agrégée à court terme. Il est bon de se rappeler que les déplacements de ce type sont souvent causés par l'accroissement des coûts de production, comme la hausse des salaires nominaux ou du prix des ressources naturelles.

## EXERCICES D'AUTORÉVISION

Tracez un graphique du modèle de l'offre et de la demande agrégées sur un bout de papier pour vous aider à répondre aux questions et à résoudre les problèmes suivants.

### Questions de type « vrai ou faux »

_____ 1. Au cours des 140 dernières années, le PIB canadien par habitant a augmenté en moyenne à un rythme d'environ 2 % par année.

_____ 2. L'investissement est une composante des dépenses totales qui fluctue particulièrement, durant le cycle économique.

_____ 3. Si le PIB chute, alors le taux de chômage diminue aussi.

_____ 4. Si la dichotomie classique et la neutralité monétaire sont vérifiées à long terme, alors la courbe de l'offre agrégée à long terme doit être verticale.

_____ 5. Les économistes désignent les fluctuations de la production par l'expression « cycle économique », qui correspond à des variations régulières et prévisibles de la production.

_____ 6. L'effet d'encaisses réelles explique en partie la pente négative de la courbe de la demande agrégée. Autrement dit, une diminution du niveau des prix fait augmenter la valeur réelle de la monnaie, ce qui entraîne un accroissement des dépenses de consommation.

_____ 7. Si la Banque du Canada augmente l'offre de monnaie, alors la courbe de la demande agrégée se déplace vers la gauche.

_____ 8. Si on s'attend à ce que les prix augmentent, il y aura une hausse des salaires, ce qui entraînera un déplacement de la courbe de l'offre agrégée à court terme vers la gauche.

_____ 9. Si l'économie est en récession, elle s'ajustera d'elle-même au niveau d'équilibre à long terme puisque les salaires et les prix anticipés augmenteront.

_____ 10. Si le gouvernement décide de réduire substantiellement ses dépenses afin d'équilibrer son budget, cela peut provoquer une récession à court terme.

_____ 11. Une augmentation de la demande agrégée entraîne, à court terme, un accroissement de la production et du niveau des prix.

_____ 12. Une augmentation du prix du pétrole peut causer une stagflation.

_____ 13. Une augmentation des dépenses publiques entraîne à long terme une hausse de la production et des prix.

_____ 14. Si les décideurs veulent tenter de sortir l'économie d'une récession, alors ils devraient utiliser les outils dont ils disposent de manière à réduire la demande agrégée.

# Questions à choix multiple

1. Lequel des énoncés suivants à propos des fluctuations économiques est vrai ?

   A. Il y a récession lorsque le niveau de production est supérieur à son niveau naturel.

   B. On appelle dépression une récession légère.

   C. On désigne les fluctuations économiques par l'expression « cycle économique » parce que les variations de la production sont régulières et prévisibles.

   D. On emploie diverses mesures des dépenses, du revenu et de la production pour surveiller les fluctuations économiques parce que la plupart des quantités macroéconomiques ont tendance à fluctuer ensemble.

   E. Aucune de ces réponses.

2. Laquelle des variations suivantes entraînerait un déplacement de la courbe de la demande agrégée vers la droite ?

   A. Une réduction des dépenses publiques dans le domaine des autoroutes.

   B. Une réduction de l'impôt des particuliers.

   C. Une hausse du taux de change.

   D. Une hausse des taux d'intérêt.

3. Laquelle des variations suivantes entraînerait un déplacement de la courbe de la demande agrégée vers la gauche ?

   A. Un boum boursier. _Stock market boom_

   B. Une chute des taux d'intérêt.

   C. Une baisse du taux de change.

   D. Une réduction des profits anticipés des entreprises.

4. Lequel des effets suivants n'est pas une raison qui explique la pente négative de la courbe de la demande agrégée ?

   A. L'effet d'encaisses réelles.

   B. L'effet du taux d'intérêt.

   C. L'effet de la dichotomie classique ou de la neutralité monétaire.

   D. L'effet de substitution internationale.

   E. Aucune de ces réponses.

5. Selon le modèle de l'offre et de la demande agrégées, si les consommateurs deviennent optimistes par rapport à l'avenir, le premier effet sera :

A. un déplacement vers la droite de la courbe de l'offre agrégée à court terme.

B. un déplacement vers la gauche de la courbe de l'offre agrégée à court terme.

C. un déplacement vers la droite de la courbe de la demande agrégée.

D. un déplacement vers la gauche de la courbe de la demande agrégée.

E. un déplacement vers la gauche de la courbe de l'offre agrégée à long terme.

6. Lequel des énoncés suivants à propos de la courbe de l'offre agrégée à long terme est vrai ?

A. La courbe se déplace vers la gauche quand le taux de chômage naturel baisse.

B. La courbe est verticale parce qu'une variation égale des prix et des salaires ne modifie pas la production.

C. La courbe a une pente positive parce que les prix anticipés et les salaires ont tendance à être rigides à long terme.

D. La courbe se déplace vers la droite quand le gouvernement augmente le salaire minimum.

7. D'après l'effet d'encaisses réelles, la courbe de la demande agrégée est décroissante (c'est-à-dire que sa pente est négative) parce que :

A. une baisse des prix fait augmenter la valeur réelle de la monnaie, ce qui entraîne une hausse des dépenses de consommation.

B. une chute des prix fait diminuer la valeur réelle de la monnaie, ce qui entraîne une baisse des dépenses de consommation.

C. une baisse des prix fait diminuer la valeur réelle de la monnaie et augmenter les emprunts, ce qui entraîne une chute des taux d'intérêt et une augmentation des dépenses d'investissement.

D. une baisse des prix fait augmenter la valeur réelle de la monnaie et diminuer les emprunts, ce qui entraîne une hausse des taux d'intérêt et une réduction des dépenses d'investissement.

8. Le niveau de production naturel est le montant de PIB réel produit :

A. lorsqu'il n'y a pas de chômage.

B. lorsque l'économie est au taux naturel d'investissement.

C. lorsque l'économie est au taux naturel de la demande agrégée.

D. lorsque l'économie est au taux de chômage naturel.

9. On suppose que le niveau des prix baisse, mais que les salaires réels augmentent à cause de l'existence de contrats qui fixent les salaires nominaux, ce qui incite les entreprises à réduire leur production. Quelle théorie permet de prédire cette chaîne d'événements ?

A. La théorie de la neutralité monétaire de la courbe de l'offre agrégée à court terme.

B. La théorie des salaires rigides de la courbe de l'offre agrégée à court terme.

C. La théorie quantitative de la monnaie de la courbe de l'offre agrégée à court terme.

D. La théorie classique de la dichotomie de la courbe de l'offre agrégée à court terme.

10. On suppose qu'il y a une baisse générale du niveau des prix, mais que les producteurs pensent que c'est uniquement le prix de leurs propres produits qui a chuté. En réaction à la diminution du prix relatif de leurs produits, ils réduisent la production. Quelle théorie permet de prédire cette chaîne d'événements ?

A. La théorie de la neutralité monétaire de la courbe de l'offre agrégée à court terme.

B. La théorie des salaires rigides de la courbe de l'offre agrégée à court terme.

C. La théorie quantitative de la monnaie de la courbe de l'offre agrégée à court terme.

D. La théorie classique de la dichotomie de la courbe de l'offre agrégée à court terme.

11. On suppose que l'économie est initialement en équilibre de long terme, puis que les entreprises réduisent leurs dépenses d'investissement. Selon le modèle de l'offre et de la demande agrégées, qu'adviendra-t-il des prix et de la production à court terme ?

    A. Les prix et la production augmentent.
    B. Les prix augmentent et la production diminue.
    C. Les prix et la production baissent.
    D. Les prix baissent et la production augmente.

12. On suppose que l'économie est initialement en équilibre de long terme, puis que les entreprises réduisent leurs dépenses d'investissement. Si les responsables de l'élaboration des politiques laissent l'économie s'ajuster vers son point d'équilibre à long terme, selon le modèle de l'offre et de la demande agrégées, qu'advient-il des prix et de la production à long terme ?

    A. Les prix augmentent et la production reste à sa valeur initiale.
    B. Les prix chutent et la production reste à sa valeur initiale.
    C. La production augmente et les prix restent à leur valeur initiale.
    D. La production baisse et les prix restent à leur valeur initiale.
    E. La production et les prix restent à leur valeur initiale.

13. On suppose que l'économie est initialement en équilibre de long terme et qu'il se produit une sécheresse qui détruit une grande partie des récoltes de blé. Selon le modèle de l'offre et de la demande agrégées, qu'advient-il des prix et de la production à court terme ?

    A. Les prix et la production augmentent.
    B. Les prix augmentent et la production baisse.
    C. Les prix et la production baissent.
    D. Les prix chutent et la production augmente.

14. On suppose que l'économie est initialement en équilibre de long terme et qu'il se produit une sécheresse qui détruit une grande partie des récoltes de blé. Si les responsables de l'élaboration des politiques laissent l'économie s'ajuster à son point d'équilibre à long terme, selon le modèle de l'offre et de la demande agrégées, qu'advient-il des prix et de la production à long terme ?

    A. Les prix augmentent et la production reste à sa valeur initiale.
    B. Les prix chutent et la production reste à sa valeur initiale.
    C. La production augmente et les prix restent à leur valeur initiale.
    D. La production baisse et les prix restent à leur valeur initiale.
    E. La production et les prix restent à leur valeur initiale.

15. Il y a stagflation lorsque :

    A. les prix et la production baissent.
    B. les prix chutent et la production augmente.
    C. les prix et la production augmentent.
    D. les prix augmentent et la production baisse.

16. Lequel des événements suivants a initialement comme effet de déplacer la courbe de l'offre agrégée à court terme vers la droite ?

    A. Une augmentation des dépenses publiques en matériel militaire.
    B. Une augmentation des prix anticipés.
    C. Une chute du prix du pétrole.
    D. Une diminution de la masse monétaire.
    E. Aucune de ces réponses.

17. Dans une économie en récession, si les responsables de l'élaboration des politiques désirent faire tendre la production vers son niveau naturel à long terme, ils devraient faire en sorte de :
    A. déplacer la courbe de la demande agrégée vers la droite.
    B. déplacer la courbe de la demande agrégée vers la gauche.
    C. déplacer la courbe de l'offre agrégée à court terme vers la droite.
    D. déplacer la courbe de l'offre agrégée à court terme vers la gauche.

18. Dans une économie en récession, si les décideurs laissent l'économie s'ajuster à son niveau naturel à long terme, alors :
    A. les prix anticipés augmentent et la courbe de l'offre agrégée à court terme se déplace vers la gauche.
    B. les prix anticipés diminuent et la courbe de l'offre agrégée à court terme se déplace vers la droite.
    C. les prix anticipés augmentent et la courbe de la demande agrégée se déplace vers la gauche.
    D. les prix anticipés diminuent et la courbe de la demande agrégée se déplace vers la droite.

19. Selon le modèle de l'offre et de la demande agrégées, à long terme, une augmentation de la masse monétaire entraîne :
    A. une augmentation des prix et de la production.
    B. une réduction des prix et de la production.
    C. une augmentation des prix, la production restant la même.
    D. une réduction des prix, la production restant la même.

20. On dit que les décideurs accommodent un choc d'offre défavorable :
    A. s'ils réagissent à ce choc en augmentant la demande agrégée, ce qui fait augmenter encore davantage les prix.
    B. s'ils réagissent à ce choc en réduisant la demande agrégée, ce qui fait baisser les prix.
    C. s'ils réagissent à ce choc en diminuant l'offre agrégée à court terme.
    D. s'ils ne réagissent pas au choc, mais laissent plutôt l'économie s'ajuster d'elle-même.

## Questions à réponse brève

1. Énoncez les trois caractéristiques fondamentales concernant les fluctuations économiques.

   _____

   _____

   _____

2. Quelle composante de la demande agrégée est la plus volatile durant le cycle économique ?

   _____

   _____

3. Qu'advient-il du niveau de production naturel lorsque le taux de chômage naturel diminue ?

   _____

   _____

   _____

4. Énoncez trois raisons pour lesquelles la courbe de la demande agrégée a une pente négative et expliquez chacune d'elles. _____

_____

_____

_____

_____

_____

5. Supposons que l'économie est à son point d'équilibre à long terme. Selon la théorie des salaires rigides de la courbe de l'offre agrégée à court terme, qu'advient-il initialement des salaires si une diminution de la demande agrégée se produit ? _____

_____

_____

6. Dans le contexte décrit à la question 5, si l'économie s'ajuste à son niveau de production d'équilibre à long terme, qu'advient-il des salaires réels ? _____

_____

7. Si l'économie était en récession, pourquoi les décideurs choisiraient-ils d'entreprendre des actions visant à ajuster la demande agrégée dans l'espoir de sortir l'économie de la récession, plutôt que de laisser simplement l'économie s'ajuster d'elle-même, ou s'autocorriger ?

_____

_____

_____

8. Un déplacement de la demande agrégée entraîne-t-il une modification de la production à long terme ? Expliquez pourquoi. _____

_____

_____

_____

9. Pourquoi est-il peu probable que la monnaie soit neutre à court terme ? _____

_____

_____

_____

_____

10. Quelle est l'origine du modèle des fluctuations économiques à court terme ?

_____

_____

_____

## Problèmes pratiques

1. Décrivez l'effet de chacun des quatre chocs décrits ci-dessous en répondant dans chaque cas aux trois questions suivantes : Qu'advient-il des prix et de la production à court terme ? Qu'advient-il des prix et de la production à long terme si on laisse l'économie s'ajuster d'elle-même à son point d'équilibre à long terme ? Si les décideurs avaient tenté de ramener la production à son niveau naturel au lieu de laisser l'économie s'autocorriger, dans quel sens auraient-ils dû déplacer la courbe de la demande agrégée ?

   a) Un déplacement de la courbe de la demande agrégée vers la gauche.

   _____

   _____

   b) Un déplacement de la courbe de la demande agrégée vers la droite.

   _____

   _____

   c) Un déplacement vers la gauche de la courbe de l'offre agrégée à court terme.

   _____

   _____

   d) Un déplacement vers la droite de la courbe de l'offre agrégée à court terme.

   _____

   _____

2. L'impact des événements décrits ci-dessous se fait sentir initialement sur laquelle des courbes suivantes : la demande agrégée, l'offre agrégée à long terme ou l'offre agrégée à court terme ? La courbe se déplace-t-elle vers la droite ou vers la gauche ?

   a) Le gouvernement entreprend la réparation des routes et des ponts endommagés.

   _____

   b) L'OPEP augmente le prix du pétrole.

   _____

   c) Le gouvernement augmente les prestations d'assurance emploi.

   _____

   d) Les Canadiens ont le sentiment que leur emploi est moins menacé et ils se montrent plus optimistes par rapport à l'avenir.

   _____

   e) On assiste à un progrès technologique dans l'application de l'informatique à la production de l'acier.

   _____

   f) Le gouvernement augmente le salaire minimum.

   _____

g) Les demandes salariales des nouveaux diplômés universitaires diminuent.

_____

h) La Banque du Canada réduit l'offre de monnaie.

_____

i) Une sécheresse détruit une grande partie des récoltes de maïs.

_____

3. Supposons que l'économie soit à son point d'équilibre à long terme et que la Banque du Canada augmente soudainement l'offre de monnaie.

a) Décrivez l'effet initial de cet événement, selon le modèle de l'offre et de la demande agrégées, en expliquant quelle courbe se déplace, et dans quel sens.

_____

b) Qu'advient-il du niveau des prix et de la production réelle à court terme ?

_____

c) Si on laisse l'économie s'ajuster à l'augmentation de l'offre de monnaie, qu'advient-il du niveau des prix et de la production réelle à long terme (comparativement à leur niveau initial) ?

_____

d) Une augmentation de l'offre de monnaie entraîne-t-elle indéfiniment un accroissement de la production au-dessus de son niveau naturel ? Expliquez pourquoi.

_____

_____

4. Supposons que l'économie soit à son point d'équilibre à long terme et que les travailleurs et les entreprises s'attendent soudainement à une hausse des prix et, par conséquent, s'entendent sur une augmentation des salaires.

a) Décrivez l'effet initial de cet événement, selon le modèle de l'offre et de la demande agrégées, en expliquant quelle courbe se déplace, et dans quel sens.

_____

b) Qu'advient-il du niveau des prix et de la production réelle à court terme ?

_____

c) Quelle expression désigne une telle combinaison du mouvement de la production et des prix ?

_____

d) Si les décideurs veulent ramener la production à son niveau naturel, que devraient-ils faire ?

_____

e) Si les décideurs réussissaient à ramener la production à son niveau naturel, quel effet la politique retenue aurait-elle sur les prix ?

_____

f) Si les décideurs n'entreprennent aucune action, qu'adviendra-t-il des salaires au fur et à mesure que l'économie s'autocorrigera, ou s'ajustera d'elle-même au niveau de production naturel ?

_____

_____

g) Est-il probable qu'une augmentation des prix anticipés et des salaires soit suffisante pour provoquer une hausse permanente du niveau des prix ? Expliquez pourquoi.

_____

_____

5. Supposons que la demande agrégée ait diminué et que l'économie soit en récession. Décrivez le processus d'ajustement requis pour que l'économie revienne d'elle-même à son niveau de production naturel, selon la théorie des salaires rigides. _____

_____

_____

_____

_____

_____

6. Selon vous, un ajustement comme celui que vous venez de décrire met-il plus de temps à se produire si l'économie est initialement en récession ou si la production est supérieure à son niveau naturel à long terme ? Expliquez pourquoi. _____

_____

_____

_____

_____

# Pensée critique

Vous regardez le bulletin d'informations télévisé de fin de journée et le journaliste affirme que les demandes salariales des syndicats sont beaucoup plus élevées pour l'année en cours qu'elles ne l'avaient été les années précédentes parce que les travailleurs s'attendent à une augmentation du taux d'inflation. Votre colocataire émet le commentaire suivant : « L'inflation est une prophétie évidente. Si les travailleurs pensent que les prix vont augmenter, alors ils exigent des salaires plus élevés, ce qui fait augmenter les coûts de production. Les entreprises réagissent à leur tour en haussant leurs prix. Bref, l'anticipation d'une augmentation des prix mène effectivement à une hausse. »

1. Ce qu'affirme votre colocataire est-il vrai à court terme ? Expliquez pourquoi.

_____

_____

2. Si les décideurs n'entreprennent aucune action mais laissent plutôt l'économie s'ajuster d'elle-même au niveau de production naturel, l'anticipation d'une augmentation des prix entraîne-t-elle effectivement une hausse du niveau des prix à long terme? Expliquez pourquoi.

_____

_____

3. Si les décideurs accommodent le choc défavorable du côté de l'offre agrégée, l'anticipation d'une augmentation des prix entraîne-t-elle effectivement une hausse du niveau des prix à long terme? Expliquez pourquoi. _____

_____

_____

# SOLUTIONS

## Questions de type « vrai ou faux »

1. Vrai.

2. Vrai.

3. Faux; si la production baisse, alors le chômage augmente.

4. Vrai.

5. Faux; les fluctuations de la production sont irrégulières et imprévisibles.

6. Vrai.

7. Faux; la courbe de la demande agrégée se déplace vers la droite.

8. Vrai.

9. Faux; en période de récession, l'économie s'ajuste à son point d'équilibre à long terme à mesure que les salaires et les prix anticipés diminuent.

10. Vrai.

11. Vrai.

12. Vrai.

13. Faux; à long terme, une augmentation des dépenses publiques a tendance à faire augmenter les prix, mais elle n'a aucun effet sur la production.

14. Faux; les décideurs devraient augmenter la demande agrégée.

## Questions à choix multiple

| | | | |
|---|---|---|---|
| 1. D | 6. B | 11. C | 16. C |
| 2. B | 7. A | 12. B | 17. A |
| 3. D | 8. D | 13. B | 18. B |
| 4. C | 9. B | 14. E | 19. C |
| 5. C | 10. A | 15. D | 20. A |

## Questions à réponse brève

1. Les fluctuations économiques sont irrégulières et imprévisibles ; la plupart des grandeurs macroéconomiques fluctuent ensemble ; quand la production baisse, le chômage augmente.

2. Les dépenses d'investissement.

3. Une réduction du taux de chômage naturel entraîne une augmentation du niveau de production naturel et un déplacement vers la droite de la courbe de l'offre agrégée à long terme.

4. L'effet d'encaisses réelles : une diminution des prix fait augmenter la valeur réelle de la monnaie, de sorte que les dépenses de consommation augmentent. L'effet du taux d'intérêt : une diminution des prix entraîne une réduction des réserves de monnaie, dont une partie est prêtée, de sorte que les taux d'intérêt baissent et les dépenses d'investissement augmentent. L'effet de substitution internationale : une diminution des prix fait baisser le taux de change réel, de sorte que les exportations nettes augmentent.

5. Étant donné que les salaires nominaux sont constants durant une période donnée, la chute du niveau des prix fait augmenter le salaire réel, égal à $T/P$.

6. Les salaires nominaux doivent diminuer pour que les salaires réels reviennent à leur niveau initial.

7. Parce qu'ils pensent être en mesure de ramener l'économie au niveau de production naturel à long terme plus rapidement ou, s'il se produit un choc d'offre négatif, parce que la production et le chômage les préoccupent davantage que l'inflation.

8. Non. À long terme, la production est déterminée par les facteurs de production et la technologie (l'offre agrégée à long terme). Les variations de la demande agrégée influent uniquement sur la production à court terme, puisqu'elles modifient temporairement les prix relatifs.

9. Parce qu'un déplacement de la courbe de la demande agrégée provoquée par une variation de l'offre de monnaie peut modifier le niveau des prix de façon inattendue. Certains prix et salaires s'ajustent à la variation du niveau des prix plus rapidement que d'autres, ce qui entraîne une modification des prix relatifs à court terme.

10. Le modèle des fluctuations économiques à court terme a été créé à la suite de la crise de 1929. En 1936, l'économiste John Maynard Keynes élabora la théorie selon laquelle une récession peut être provoquée par une demande agrégée inadéquate.

## Problèmes pratiques

1. a) Les prix et la production baissent. Les prix baissent et la production revient à son niveau naturel. La courbe de la demande agrégée se déplace vers la droite.

   b) Les prix et la production augmentent. Les prix augmentent et la production revient à son niveau naturel. La courbe de la demande agrégée se déplace vers la gauche.

   c) Les prix augmentent et la production baisse. Le niveau des prix revient à sa valeur initiale et la production, à son niveau naturel. La courbe de la demande agrégée se déplace vers la droite.

   d) Les prix baissent et la production augmente. Le niveau des prix revient à sa valeur initiale et la production, à son niveau naturel. La courbe de la demande agrégée se déplace vers la gauche.

2. a) La demande agrégée ; vers la droite.

   b) L'offre agrégée à court terme ; vers la gauche.

   c) L'offre agrégée à long terme et à court terme ; vers la gauche.

   d) La demande agrégée ; vers la droite.

    e) L'offre agrégée à long terme et à court terme ; vers la droite.

    f) L'offre agrégée à long terme et à court terme ; vers la gauche.

    g) L'offre agrégée à court terme ; vers la droite.

    h) La demande agrégée ; vers la gauche.

    i) L'offre agrégée à court terme ; vers la gauche.

3. a) La courbe de la demande agrégée se déplace vers la droite.

    b) Le niveau des prix et la production réelle augmentent.

    c) Le niveau des prix augmente, mais la production réelle ne change pas.

    d) Non. Avec le temps, les particuliers et les entreprises s'adaptent à l'augmentation des dépenses en haussant les prix et les salaires.

4. a) La courbe de l'offre agrégée à court terme se déplace vers la gauche.

    b) Les prix augmentent et la production baisse.

    c) Stagflation.

    d) Déplacer la courbe de la demande agrégée vers la droite.

    e) Les prix augmenteraient encore pendant quelque temps, puis ils se stabiliseraient.

    f) Le taux de chômage élevé et le faible niveau de production feront en sorte que les salaires auront tendance à revenir à leur valeur initiale.

    g) Non. Les politiques gouvernementales doivent composer avec l'augmentation du coût de production pour qu'il se produise une augmentation permanente des prix.

5. Les contrats qui fixent les salaires nominaux ont été rédigés en fonction d'une hausse anticipée du niveau des prix, de sorte que les salaires réels ont augmenté et que des travailleurs ont été mis à pied. Si les travailleurs et les entreprises se rendent compte de la chute du niveau des prix, les salaires nominaux fixés par les nouveaux contrats seront moins élevés, les salaires réels diminueront et les entreprises augmenteront la production, quel que soit le niveau des prix, ce qui entraînera un déplacement vers la droite de la courbe de l'offre agrégée à court terme.

6. Ils mettent plus de temps à se produire si l'économie est initialement en récession parce qu'il doit y avoir une réduction des prix et des salaires, et ceux-ci sont généralement plus rigides lorsqu'ils sont faibles. Si la production est supérieure à son niveau naturel, il faut par contre que les prix et les salaires augmentent.

## Pensée critique

1. Oui. Une augmentation anticipée des prix entraîne un déplacement vers la gauche de la courbe de l'offre agrégée à court terme, de sorte que les prix augmentent effectivement.

2. Non. À long terme, l'accroissement du chômage ramène les salaires et les prix anticipés à leur niveau initial.

3. Oui. Si les décideurs composent avec le choc d'offre défavorable en augmentant la demande agrégée, alors le niveau des prix augmentera constamment.

# LES IMPACTS DES POLITIQUES MONÉTAIRE ET BUDGÉTAIRE SUR LA DEMANDE AGRÉGÉE

## APERÇU DU CHAPITRE

### Contexte et objectif

Le chapitre 15 est le deuxième d'une série de trois chapitres qui traitent des fluctuations économiques à court terme autour de la tendance à long terme. Dans le chapitre 14, on présente le modèle de l'offre et de la demande agrégées. Dans le chapitre 15, on décrit comment les politiques monétaire et budgétaire du gouvernement influent sur la demande agrégée. Dans le chapitre 16, il est question d'arbitrage entre divers objectifs à court terme en ce qui a trait à la relation entre l'inflation et le chômage.

L'objectif du chapitre 15 est d'analyser les effets à court terme des politiques monétaire et budgétaire. Dans le chapitre 14, on a vu qu'un déplacement de la courbe de l'offre agrégée à court terme ou de la courbe de la demande agrégée provoque des fluctuations de la production. Les responsables de l'élaboration des politiques essaient donc parfois de contrer de telles fluctuations en adoptant des politiques monétaire et budgétaire qui entraînent un déplacement de la demande agrégée. Le chapitre 15 traite de la théorie sous-jacente aux politiques de ce type et des lacunes d'une politique de stabilisation.

### Indications utiles

1. *Une politique de stabilisation a plusieurs appellations descriptives.* Une politique de stabilisation consiste en l'emploi de politiques monétaire et budgétaire discrétionnaires visant à influer sur la demande agrégée, de manière à minimiser les fluctuations de la production et à maintenir celle-ci à son niveau naturel à long terme. Pour cette raison, la politique de stabilisation est parfois appelée *politique discrétionnaire*, afin de la différencier des stabilisateurs automatiques. On la nomme aussi *politique relative à la demande agrégée* parce qu'on utilise les politiques monétaire et budgétaire pour ajuster les

dépenses totales d'une économie. Enfin, comme les responsables de l'élaboration des politiques essaient de contrer le cycle économique en réduisant la demande agrégée lorsqu'elle est trop élevée et en l'augmentant lorsqu'elle est trop faible, la politique de stabilisation est parfois appelée *politique anticyclique*.

2. ***On peut utiliser une politique de stabilisation pour modifier la production vers son niveau naturel à long terme, peu importe qu'elle soit supérieure ou inférieure à ce niveau naturel.*** Dans les exemples de politiques de stabilisation du manuel, on suppose que l'économie est en récession, celle-ci étant définie comme une période durant laquelle la production est inférieure à son niveau naturel à long terme. Cependant, on peut employer une politique de stabilisation pour réduire la demande agrégée et la production durant une période où la production excède son niveau naturel à long terme. Dans ce dernier cas, on parle parfois de boum économique, ou on dit que l'économie est en expansion ou qu'il y a surchauffe économique. Quand la production est supérieure à son niveau naturel, on parle de surchauffe économique parce que, si on laisse l'économie à elle-même, elle s'ajustera à un niveau des prix et des salaires anticipés plus élevé, et la production redescendra à son niveau naturel (la courbe de l'offre agrégée à court terme se déplacera vers la gauche). La majorité des économistes pensent que la Banque du Canada doit être indépendante du pouvoir politique pour combattre une surchauffe économique. En effet, la politique active préconisée lorsque l'économie surchauffe est une réduction de la demande agrégée, et cette mesure peut susciter de l'opposition pour des raisons politiques. Autrement dit, il est rarement bien vu sur le plan politique de retirer le bol de punch juste au moment où la fête bat son plein.

3. ***L'une des différences importantes entre une politique budgétaire et une politique monétaire expansionnistes est l'effet sur les taux d'intérêt à court terme.*** Une politique monétaire expansionniste (c'est-à-dire un accroissement de l'offre de monnaie) fait baisser les taux d'intérêt, ce qui stimule les dépenses d'investissement et entraîne un déplacement de la courbe de la demande agrégée vers la droite. Une politique budgétaire expansionniste (c'est-à-dire un accroissement des dépenses publiques ou une réduction des impôts) fait augmenter les taux d'intérêt, ce qui a un effet d'éviction sur les investissements et neutralise partiellement la hausse initiale de la demande agrégée.

4. ***À long terme, en économie ouverte, le taux d'intérêt canadien doit être égal au taux mondial.*** En régime de change flottant, une politique monétaire expansionniste entraîne une dépréciation du taux de change réel, ce qui stimule encore la demande agrégée. L'accroissement de la production et du revenu fait suffisamment augmenter la demande de monnaie pour hausser le taux d'intérêt canadien au niveau du taux mondial. Une politique budgétaire expansionniste entraîne une appréciation du taux de change réel, ce qui fait baisser la demande agrégée. La réduction de la production et du revenu réduit suffisamment la demande de monnaie pour provoquer une chute du taux d'intérêt canadien au niveau du taux mondial.

5. ***En régime de change fixe, une politique monétaire n'a pas d'effet.*** En régime de change fixe, la responsabilité de la Banque du Canada de maintenir fixe la valeur externe du dollar canadien l'oblige à traiter sur le marché des changes, de sorte qu'elle n'exerce plus de contrôle sur la masse monétaire. Une politique budgétaire est efficace seulement en régime de change flottant ; elle n'a pas d'effet d'éviction sur l'investissement, ni sur les exportations nettes, et a donc un effet durable sur la demande agrégée.

# EXERCICES D'AUTORÉVISION

## Questions de type « vrai ou faux »

_____ 1. Une hausse du taux d'intérêt fait augmenter la quantité de monnaie demandée parce qu'elle accroît le taux de rendement de la monnaie.

_____ 2. Si on trace la courbe de la demande de monnaie à l'aide d'un graphique où l'axe vertical représente le taux d'intérêt et l'axe horizontal la quantité de monnaie, une augmentation du niveau des prix entraîne un déplacement de la courbe de la demande de monnaie vers la droite.

_____ 3. La théorie de la préférence pour la liquidité de Keynes stipule que le taux d'intérêt est déterminé par l'offre et la demande de monnaie.

_____ 4. En raison de l'effet du taux d'intérêt, la courbe de la demande agrégée a une pente négative parce qu'une augmentation du niveau des prix entraîne un déplacement de la courbe de la demande de monnaie vers la droite, ce qui fait augmenter le taux d'intérêt et diminuer les dépenses d'investissement et de consommation.

_____ 5. Un accroissement de l'offre de monnaie entraîne un déplacement de la courbe de l'offre de monnaie vers la droite, ce qui fait augmenter le taux d'intérêt et diminuer les dépenses d'investissement et de consommation, d'où un déplacement de la courbe de la demande agrégée vers la gauche.

_____ 6. Supposons que les entreprises et les consommateurs soient pessimistes quant à la conjoncture économique et qu'ils réduisent, par conséquent, leurs dépenses. Si la Banque du Canada applique une politique de stabilisation, alors il s'ensuivra une diminution de l'offre de monnaie.

_____ 7. La Banque du Canada n'est pas habilitée à choisir le volume de la masse monétaire, ni la valeur externe du dollar canadien.

_____ 8. À cause de l'effet multiplicateur, une augmentation des dépenses publiques de quatre milliards de dollars entraîne un déplacement vers la droite de la courbe de la demande agrégée de plus de quatre milliards de dollars (en supposant qu'il n'y ait pas d'effet d'éviction).

_____ 9. Si la propension marginale à consommer (PmC) est de 0,80, alors la valeur du multiplicateur en économie fermée est 8.

_____ 10. L'effet d'éviction se fait sentir dans une économie fermée quand une hausse des dépenses publiques provoque les événements suivants: 1° les revenus croissent; 2° cette augmentation entraîne un déplacement de la courbe de la demande de monnaie vers la droite; 3° ce déplacement provoque une augmentation des taux d'intérêt; 4° il en résulte une réduction des dépenses d'investissement.

_____ 11. Supposons que le gouvernement dans une économie fermée augmente ses dépenses de deux milliards de dollars. Si l'effet d'éviction est plus important que l'effet multiplicateur, alors la courbe de la demande agrégée se déplace vers la droite de plus de deux milliards de dollars.

_____ 12. Supposons que les entreprises et les consommateurs soient pessimistes quant à la conjoncture économique et qu'ils réduisent leurs dépenses. Si les responsables de l'élaboration de la politique budgétaire adoptent une politique de stabilisation, alors il s'ensuit une diminution des dépenses publiques et une augmentation des impôts.

_____ 13. Plusieurs économistes favorisent les stabilisateurs automatiques parce que leurs effets sur l'économie se font sentir plus rapidement que les effets des politiques de stabilisation.

_____ 14. À court terme, le taux d'intérêt est déterminé par l'interaction de la demande de monnaie et de l'offre de monnaie en économie fermée, mais non en économie ouverte.

_____ 15. Les prestations d'assurance emploi sont un exemple de stabilisateur automatique parce qu'une baisse des revenus durant une récession entraîne une augmentation des sommes versées en prestations d'assurance emploi.

# Questions à choix multiple

1. Selon la théorie de la préférence pour la liquidité de Keynes, le taux d'intérêt est déterminé par :
   A. l'offre et la demande de fonds prêtables.
   B. l'offre et la demande de monnaie.
   C. l'offre et la demande de travail.
   D. l'offre et la demande agrégées.

2. Si on trace la courbe de la demande de monnaie à l'aide d'un graphique où l'axe vertical représente le taux d'intérêt et l'axe horizontal, la quantité de monnaie, une hausse du taux d'intérêt entraîne :
   A. une augmentation de la quantité de monnaie demandée.
   B. une augmentation de la demande de monnaie.
   C. une diminution de la quantité de monnaie demandée.
   D. une diminution de la demande de monnaie.
   E. Aucune de ces réponses.

3. Si on trace la courbe de l'offre et de la demande de monnaie à l'aide d'un graphique où l'axe vertical représente le taux d'intérêt et l'axe horizontal, la quantité de monnaie, une hausse du niveau des prix entraîne :
   A. un déplacement de la courbe de la demande de monnaie vers la droite et une hausse du taux d'intérêt.
   B. un déplacement de la courbe de la demande de monnaie vers la gauche et une hausse du taux d'intérêt.
   C. un déplacement de la courbe de la demande de monnaie vers la droite et une baisse du taux d'intérêt.
   D. un déplacement de la courbe de la demande de monnaie vers la gauche et une baisse du taux d'intérêt.
   E. Aucune de ces réponses.

4. Dans une économie fermée, la principale raison qui explique la pente négative de la courbe de la demande agrégée est :
   A. l'effet de substitution internationale.
   B. l'effet d'encaisses réelles.
   C. l'effet budgétaire.
   D. l'effet du taux d'intérêt.
   E. Aucune de ces réponses.

5. Sur le marché de la production réelle, l'effet initial d'une augmentation de l'offre de monnaie est :
   A. un déplacement de la courbe de la demande agrégée vers la droite.
   B. un déplacement de la courbe de la demande agrégée vers la gauche.
   C. un déplacement de la courbe de l'offre agrégée vers la droite.
   D. un déplacement de la courbe de l'offre agrégée vers la gauche.

6. En économie ouverte, l'effet à court terme d'une augmentation de l'offre de monnaie est :
   A. une hausse du taux de change.
   B. une baisse du niveau des prix.
   C. une hausse du taux d'intérêt.
   D. une baisse du taux d'intérêt.

7. En économie ouverte, l'effet à long terme d'une augmentation de l'offre de monnaie est :

   A. plus important en régime de taux flottant.

   B. moins important qu'en économie fermée.

   C. plus important en régime de taux fixe.

   D. le même qu'en économie fermée.

8. Supposons que les entreprises et les consommateurs soient frappés par une vague de pessimisme, ce qui provoque une réduction de la dépense totale dans l'économie. Si la Banque du Canada décidait d'appliquer une politique de stabilisation active, cela devrait entraîner :

   A. une augmentation des dépenses publiques et une baisse des impôts.

   B. une diminution des dépenses publiques et une hausse des impôts.

   C. une augmentation de l'offre de monnaie et une baisse des taux d'intérêt.

   D. une diminution de l'offre de monnaie et une hausse des taux d'intérêt.

9. Une réduction des dépenses publiques entraîne un déplacement :

   A. de la courbe de l'offre agrégée vers la droite.

   B. de la courbe de l'offre agrégée vers la gauche.

   C. de la courbe de la demande agrégée vers la droite.

   D. de la courbe de la demande agrégée vers la gauche.

10. Si la propension marginale à consommer (PmC) est de 0,75 et que la propension marginale à importer (PmI) est de 0,25, alors la valeur du multiplicateur est de :

    A. 0,75.

    B. 2,0.

    C. 5,25.

    D. 7,5.

    E. Aucune de ces réponses.

11. Un accroissement de la propension marginale à consommer (PmC) :

    A. fait augmenter la valeur du multiplicateur.

    B. fait diminuer la valeur du multiplicateur.

    C. n'a pas d'effet sur la valeur du multiplicateur.

    D. se produit rarement, parce que la PmC est régie par une loi fédérale.

12. Supposons qu'une vague d'optimisme ayant frappé les entreprises et les consommateurs fait augmenter leurs dépenses, de sorte que le niveau courant de la production excède le niveau naturel à long terme. Si les décideurs choisissaient d'appliquer une politique de stabilisation, ils devraient :

    A. réduire les impôts, ce qui entraînerait un déplacement de la courbe de la demande agrégée vers la droite.

    B. réduire les impôts, ce qui entraînerait un déplacement de la courbe de la demande agrégée vers la gauche.

    C. réduire les dépenses publiques, ce qui entraînerait un déplacement de la courbe de la demande agrégée vers la droite.

    D. réduire les dépenses publiques, ce qui entraînerait un déplacement de la courbe de la demande agrégée vers la gauche.

13. Un accroissement des dépenses publiques à court terme entraîne une augmentation des revenus, un déplacement de la courbe de la demande de monnaie vers la droite et une hausse des taux d'intérêt. Comment nomme-t-on cette chaîne d'événements?

    A. L'effet multiplicateur.

    B. L'accélérateur de l'investissement.

    C. L'effet d'éviction.

    D. L'économie de l'offre.

    E. Aucune de ces réponses.

14. Lequel des énoncés suivants à propos de l'impôt est exact?

    A. La majorité des économistes pensent que, à court terme, une modification des impôts influe principalement sur l'offre agrégée, et non sur la demande agrégée.

    B. Une modification des impôts influe davantage sur la demande agrégée en régime de change fixe qu'en régime de change flottant.

    C. Une augmentation des impôts entraîne un déplacement de la courbe de la demande agrégée vers la droite.

    D. Une réduction des impôts entraîne un déplacement de la courbe de l'offre agrégée vers la gauche.

15. Supposons que le gouvernement augmente ses dépenses de six milliards de dollars. Si l'effet multiplicateur est plus important que l'effet d'éviction, alors:

    A. la courbe de l'offre agrégée se déplace de plus de six milliards vers la droite.

    B. la courbe de l'offre agrégée se déplace de plus de six milliards vers la gauche.

    C. la courbe de la demande agrégée se déplace de plus de six milliards vers la droite.

    D. la courbe de la demande agrégée se déplace de plus de six milliards vers la gauche.

16. Un accroissement des dépenses publiques entraîne une hausse du revenu d'une partie des consommateurs, et ces derniers dépensent partiellement l'augmentation pour acheter davantage de biens de consommation qu'ils ne l'auraient fait si leur revenu était resté le même. Qu'illustre cette situation?

    A. L'effet multiplicateur.

    B. L'accélérateur de l'investissement.

    C. L'effet d'éviction.

    D. L'économie de l'offre.

    E. Aucune de ces réponses.

17. Une hausse des dépenses publiques amène les entreprises à investir dans la construction d'usines et l'achat d'équipement. Cette situation illustre:

    A. l'effet multiplicateur.

    B. l'accélérateur de l'investissement.

    C. l'effet d'éviction.

    D. l'économie de l'offre.

    E. Aucune de ces réponses.

18. Lequel des éléments suivants est un stabilisateur automatique?

    A. Des dépenses militaires.

    B. Des dépenses affectées aux écoles publiques.

    C. Le versement de prestations d'assurance emploi.

    D. Le versement de salaires aux fonctionnaires.

    E. Toutes ces réponses.

19. Lequel des énoncés suivants à propos des politiques de stabilisation est vrai ?

    A. À court terme, la décision de la Banque du Canada d'augmenter l'offre de monnaie est essentielle-ment équivalente à la décision d'augmenter les taux d'intérêt.

    B. Le Parlement ne prend aucune initiative en matière de politique budgétaire.

    C. Un long temps de réaction accroît la capacité des responsables de l'élaboration des politiques à ajuster l'économie.

    D. Plusieurs économistes sont en faveur des stabilisateurs automatiques parce que ceux-ci influent plus rapidement sur l'économie qu'une politique de stabilisation active.

    E. Aucune de ces réponses.

20. Lequel des énoncés suivants est exact ?

    A. L'adoption d'un régime de change flottant neutralise l'effet d'éviction sur l'investissement et les exportations nettes d'une politique budgétaire expansionniste.

    B. En régime de change flottant, la politique budgétaire n'a pas d'effet durable sur la demande agré-gée.

    C. L'affaire Coyne est un exemple de conflit entre le gouvernement fédéral et les gouvernements pro-vinciaux quant à la mise en œuvre d'une même politique budgétaire.

    D. L'ouvrage de Keynes, *Théorie générale de l'emploi, de l'intérêt et de la monnaie*, met en évidence le rôle fondamental de l'offre agrégée dans les fluctuations économiques à court terme.

## Questions à réponse brève

1. Pourquoi la courbe de l'offre de monnaie est-elle verticale si on la trace à l'aide d'un graphique où l'axe vertical représente le taux d'intérêt et l'axe horizontal, la quantité de monnaie ?

    _____

    _____

2. Pourquoi la pente de la courbe de la demande de monnaie est-elle négative si on trace celle-ci à l'aide d'un graphique où l'axe vertical représente le taux d'intérêt et l'axe horizontal, la quantité de monnaie ?

    _____

    _____

    _____

3. Pourquoi une augmentation du niveau des prix fait-elle diminuer la quantité demandée de production réelle ? (Expliquez la direction de la pente de la courbe de la demande agrégée à l'aide de l'effet du taux d'intérêt.) _____

    _____

    _____

    _____

4. Expliquez le déplacement de la courbe de la demande agrégée à court terme dû à une augmentation de l'offre de monnaie. _____

    _____

    _____

    _____

5. Expliquez pourquoi l'effet multiplicateur peut provoquer une hausse des dépenses publiques en économie fermée. Pourquoi cet effet devrait-il être d'autant plus important que la PmC est grande ?

_____

_____

_____

6. Expliquez pourquoi une augmentation des dépenses publiques peut provoquer l'effet d'éviction en économie ouverte. _____

_____

_____

_____

7. Supposons que le gouvernement dépense deux milliards de dollars pour un programme de travaux publics qui vise à stimuler la demande agrégée dans une économie fermée. Si l'effet d'éviction est plus important que l'effet multiplicateur, la courbe de la demande agrégée se déplace-t-elle vers la droite de plus ou de moins de deux milliards de dollars ? Expliquez pourquoi.

_____

_____

_____

8. Quel est l'effet d'une réduction des impôts sur l'offre agrégée ?

_____

_____

9. Une réduction des impôts influera-t-elle davantage sur la demande agrégée en régime de change flottant ou en régime de change fixe ? Expliquez pourquoi. _____

_____

_____

10. Expliquez pourquoi les impôts et les dépenses gouvernementales peuvent jouer le rôle de stabilisateurs économiques. _____

_____

_____

_____

## Problèmes pratiques

1. Si la Banque du Canada décide d'adopter une politique de stabilisation, dans quel sens devrait-elle déplacer la courbe de l'offre de monnaie dans chacune des situations suivantes ?

   a) Une vague d'optimisme amène les entreprises à accroître leurs dépenses d'investissement et les ménages, leurs dépenses de consommation.

   b) L'OPEP augmente le prix du pétrole brut.

   c) Les étrangers réduisent leur demande de bois d'œuvre canadien.

2. Si le ministre des Finances décide d'adopter une politique budgétaire visant à stabiliser l'économie, de quelle façon doit-il modifier les dépenses publiques et le taux de change dans chacun des cas suivants ?

   a) Une vague de pessimisme amène les entreprises à réduire leurs investissements et les ménages, leurs dépenses de consommation.

   b) Les étrangers augmentent leur demande d'équipement de télécommunication produit au Canada.

   c) Le prix mondial du pétrole brut chute.

3. Dans une économie en récession, les responsables de l'élaboration des politiques estiment que la demande agrégée est inférieure de dix milliards de dollars à la valeur requise pour maintenir la production à son niveau naturel à long terme. Autrement dit, un déplacement de la courbe de la demande agrégée vers la droite de 10 milliards de dollars amènerait l'économie à son point d'équilibre à long terme.

   a) Si le gouvernement fédéral décide d'adopter une politique fiscale visant à stabiliser l'économie, de quel montant doit-il augmenter les dépenses publiques si la propension marginale à consommer (PmC) est de 0,75, que l'économie est fermée et qu'il n'y a pas d'effet d'éviction ?

   b) Si le gouvernement fédéral décide d'adopter une politique budgétaire visant à stabiliser l'économie, de quel montant doit-il augmenter les dépenses publiques si la propension marginale à consommer (PmC) est de 0,75, que la propension marginale à importer (PmI) en économie ouverte est de 0,25, et qu'il n'y a pas d'effet d'éviction ?

c) S'il y a un effet d'éviction sur l'investissement dans une économie fermée, le gouvernement doit-il dépenser plus ou moins que le montant que vous avez déterminé en a) ? Expliquez pourquoi.

_____

_____

_____

d) Si le niveau des dépenses d'investissement des entreprises dans une économie fermée est très sensible aux variations du taux d'intérêt, l'effet d'éviction est-il alors un problème plus important ou moins important ? Expliquez pourquoi. _____

_____

_____

e) Si les décideurs se rendent compte que l'adoption d'une politique budgétaire en économie fermée prend deux ans à se réaliser, cela les incitera-t-il vraisemblablement à employer une telle politique comme outil de stabilisation, ou plutôt à laisser l'économie s'ajuster d'elle-même ? Expliquez pourquoi. _____

_____

_____

4. a) Quel est l'effet à court terme d'une augmentation de l'offre de monnaie sur les taux d'intérêt en économie ouverte ? Expliquez pourquoi. _____

_____

_____

b) Quel est l'effet à long terme d'une augmentation de l'offre de monnaie sur les taux d'intérêt en économie ouverte ? Expliquez pourquoi. _____

_____

_____

c) Les conséquences exprimées en a) et en b) sont-elles reliées ? Expliquez pourquoi.

_____

_____

_____

## Pensée critique

Vous regardez le bulletin d'informations télévisé de fin de soirée. Le chroniqueur économique annonce que la Banque du Canada a augmenté le taux d'intérêt de 0,25 % au cours de la journée pour tenter de juguler l'inflation. Il interviewe ensuite des dirigeants politiques importants. La chef de l'opposition officielle réagit de cette façon : « L'indice des prix à la consommation n'a pas augmenté, et pourtant la Banque du Canada freine la croissance de l'économie, soi-disant pour lutter contre l'inflation. Mes électeurs vont exiger qu'on leur explique pourquoi ils devront dépenser davantage s'ils ont besoin d'un prêt, et je n'ai pas de réponse satisfaisante à leur donner. Je pense que cette initiative est tout à fait inacceptable et que le Parlement devrait former une commission pour examiner les pouvoirs de la Banque du Canada en matière d'élaboration des politiques. »

1. Quel taux d'intérêt la Banque du Canada a-t-elle haussé ?

   _____

2. Énoncez la politique de la Banque du Canada à l'aide du concept d'offre de monnaie.

   _____

3. Pour quelle raison la Banque du Canada voudrait-elle hausser les taux d'intérêt avant même que l'indice des prix à la consommation n'ait commencé à augmenter ? _____

   _____

   _____

   _____

   _____

4. En vous servant des propos de la chef de l'opposition, expliquez pourquoi la majorité des économistes pense que la Banque du Canada doit être indépendante du gouvernement.

   _____

   _____

   _____

   _____

## SOLUTIONS

## Questions de type « vrai ou faux »

1. Faux ; une hausse du taux d'intérêt fait diminuer la quantité de monnaie demandée parce qu'elle entraîne une augmentation du coût d'option du capital.

2. Vrai.

3. Vrai.

4. Vrai.

5. Faux ; une hausse de l'offre de monnaie fait baisser le taux d'intérêt, ce qui provoque une augmentation de l'investissement et de la consommation, d'où un déplacement de la courbe de la demande agrégée vers la droite.

6. Faux ; la Banque du Canada devrait augmenter l'offre de monnaie.

7. Vrai.

8. Vrai.

9. Faux ; la valeur du multiplicateur est 5.

10. Vrai.

11. Faux ; la courbe de la demande agrégée se déplace vers la droite de moins de deux milliards de dollars.

12. Faux ; les responsables de l'élaboration des politiques devraient augmenter les dépenses publiques et réduire les impôts.

13. Vrai.

14. Faux ; à court terme, le taux d'intérêt est déterminé par la demande et l'offre de monnaie, tant en économie ouverte qu'en économie fermée.

15. Vrai.

## Questions à choix multiple

| | | | |
|---|---|---|---|
| 1. B | 6. D | 11. A | 16. A |
| 2. C | 7. A | 12. D | 17. B |
| 3. A | 8. C | 13. C | 18. C |
| 4. D | 9. D | 14. B | 19. D |
| 5. A | 10. B | 15. C | 20. B |

## Questions à réponse brève

1. Parce que la quantité de monnaie est fixe, quelle qu'en soit la valeur décidée par la Banque du Canada, et que la quantité de monnaie ne dépend pas du taux d'intérêt.

2. Le taux d'intérêt est le coût de renonciation de la détention de monnaie puisque le taux de rendement de celui-ci est nul. Une augmentation du taux d'intérêt incite donc les gens à réduire leur encaisse et à placer davantage leurs avoirs dans des obligations qui rapportent des intérêts.

3. Une hausse du niveau des prix entraîne un déplacement de la courbe de la demande de monnaie vers la droite, ce qui fait augmenter le taux d'intérêt, d'où une diminution des dépenses d'investissement et de consommation.

4. La courbe de l'offre de monnaie se déplace vers la droite, le taux d'intérêt baisse, et l'investissement et la consommation augmentent, quel que soit le niveau des prix, ce qui correspond à un déplacement de la courbe de la demande agrégée vers la droite.

5. Si le gouvernement achète des biens ou des services, il s'ensuit une hausse du revenu des vendeurs, qui dépensent une partie de l'augmentation de leur revenu pour l'achat de biens ou de services, d'où un accroissement du revenu des vendeurs, et ainsi de suite. Plus la PmC est grande, plus la proportion de l'augmentation du revenu dépensé est élevée à chaque niveau.

6. Un accroissement des dépenses publiques entraîne une augmentation des revenus, un déplacement de la courbe de la demande de monnaie vers la droite, une hausse du taux d'intérêt et un effet d'éviction sur l'investissement. En régime de change flottant, le dollar canadien s'apprécie, d'où un effet d'éviction sur les exportations nettes.

7. De moins de deux milliards de dollars parce que l'effet d'éviction, qui réduit le déplacement de la courbe de la demande agrégée, fait plus que contrebalancer l'effet multiplicateur, qui amplifie le déplacement.

8. Une réduction des impôts entraîne une augmentation de l'offre agrégée parce qu'elle incite à travailler davantage et à produire plus de biens et de services.

9. Une réduction des impôts en régime de change fixe, parce que la politique budgétaire n'a pas alors d'effet d'éviction sur l'investissement, ni sur les exportations nettes.

10. Les revenus d'impôt chutent en période de récession et le gouvernement doit verser des montants plus élevés en prestations d'aide sociale et d'assurance emploi. Ces deux fluctuations stimulent la demande agrégée.

## Problèmes pratiques

1. a) Il faut réduire l'offre de monnaie.

   b) Il faut augmenter l'offre de monnaie.

   c) Il faut augmenter l'offre de monnaie.

2. a) Il faut augmenter les dépenses et réduire les impôts.

   b) Il faut réduire les dépenses et augmenter les impôts.

   c) Il faut réduire les dépenses et augmenter les impôts.

3. a) Multiplicateur = 1/(1 − 0,75) = 4 ; 10 G\$/4 = 2,5 milliards de dollars.

   b) Multiplicateur = 1/(1 − 0,75 + 0,25) = 2 ; 10 G\$/2 = 5 milliards de dollars.

   c) Plus, parce les entreprises dépensent d'autant moins pour des installations et de l'équipement que le gouvernement dépense davantage, de sorte que la demande agrégée augmente moins que ne le laisse supposer le multiplicateur.

   d) Plus important. L'accroissement des dépenses publiques fait augmenter les taux d'intérêt. Plus l'investissement est sensible au taux d'intérêt, plus l'accroissement des dépenses publiques le réduira, ou le soumettra à un effet d'éviction.

   e) À laisser l'économie s'ajuster d'elle-même, parce que si l'ajustement se produit avant que les conséquences de la politique budgétaire ne se fassent sentir, celle-ci aura un effet déstabilisateur.

4. a) Une baisse des taux d'intérêt. Une augmentation de l'offre de monnaie exige qu'on réduise les taux d'intérêt afin d'inciter les gens à conserver la monnaie additionnelle.

   b) Une augmentation de l'offre de monnaie n'a aucun effet parce que, à long terme, le taux d'intérêt canadien doit être égal au taux mondial.

   c) Non. À court terme, les taux d'intérêt s'ajustent de manière à équilibrer l'offre et la demande de monnaie. À long terme, le taux d'intérêt canadien doit être égal au taux mondial et les sorties nettes de capitaux s'ajustent de manière à équilibrer l'offre et la demande de fonds prêtables.

## Pensée critique

1. Le taux au jour le jour.

2. Elle réduit l'offre de monnaie (ou son taux de croissance).

3. Parce que le décalage entre l'application d'une politique monétaire et l'apparition de ses effets sur l'économie est d'au moins six mois. Si la Banque du Canada attend que l'inflation soit perceptible, les effets de sa politique se feront sentir trop tard. C'est pourquoi la Banque du Canada réagit dès qu'elle prévoit qu'il y aura inflation.

4. Les élus doivent tenir compte des besoins à court terme de leurs électeurs, tandis qu'une politique monétaire doit reposer sur une vision à long terme. Il est parfois nécessaire de prendre des décisions impopulaires lorsque l'économie surchauffe (c'est-à-dire quand la production est supérieure à son niveau naturel à long terme).

# PARTIE 6

## CHAPITRE 16

# L'ARBITRAGE À COURT TERME ENTRE L'INFLATION ET LE CHÔMAGE

## APERÇU DU CHAPITRE

### Contexte et objectif

Le chapitre 16 est le dernier d'une série de trois chapitres portant sur les fluctuations économiques de la production autour de la tendance à long terme. Dans le chapitre 14, on aborde l'offre et la demande agrégées; dans le chapitre 15, on décrit les effets des politiques monétaire et budgétaire sur la demande agrégée. Ces deux chapitres traitent de la relation entre le niveau des prix et la production. Le chapitre 16 est consacré à l'étude d'une relation analogue entre l'inflation et le chômage.

L'objectif du chapitre 16 est de présenter une histoire de la pensée économique au sujet de la relation entre l'inflation et le chômage. On verra pourquoi il y a un arbitrage temporaire entre l'inflation et le chômage, plutôt qu'un arbitrage permanent. Il s'agit d'un des événements décrits dans le modèle de l'offre et de la demande agrégées, selon lequel une variation du niveau des prix causée par une fluctuation temporaire de la demande agrégée modifie la production, mais n'a pas d'effet permanent sur cette dernière.

### Indications utiles

1. ***Les courbes de Phillips à long terme et à court terme sont presque une réflexion des courbes de l'offre agrégée à long terme et à court terme respectivement.*** Dans les figures 16.2 et 16.4 du manuel, le graphique a) est la courbe de l'offre agrégée et le graphique b), la courbe de Phillips correspondante. En comparant les deux graphiques, on note que les courbes semblent se réfléchir l'une l'autre. La courbe de l'offre agrégée à long terme est verticale parce que, à long terme, une augmentation du niveau des prix correspond à une augmentation proportionnelle de tous les prix et revenus, de sorte qu'elle n'incite pas à modifier la production. Une augmentation des prix n'a donc aucun effet sur le chômage, de sorte que la courbe de Phillips à long terme du graphique b) est aussi verticale. À court terme, une fois

les prix anticipés fixés, une augmentation du niveau des prix incite les entreprises à accroître leur production, ce qui explique que la pente de la courbe de l'offre agrégée à court terme est positive dans le graphique a). Quand la production augmente, le chômage a tendance à baisser, de sorte que la courbe de Phillips à court terme du graphique b) a une pente négative. En résumé, comme dans les deux graphiques des mesures quelconques des prix sont représentées sur l'axe vertical, et que des mesures réelles de l'activité économique liées par une corrélation négative sont représentées sur l'axe horizontal (une augmentation de la production est associée à une baisse du chômage), la courbe de l'offre agrégée et la courbe de Phillips devraient se réfléchir l'une l'autre.

2. ***Pour comprendre la courbe de Phillips à court terme, étudiez de nouveau la courbe de l'offre agrégée à court terme.*** Afin de vous sentir à l'aise pour tracer et déplacer des courbes de Phillips à court terme, retournez au chapitre 14 pour revoir les raisons qui expliquent que la pente de la courbe de l'offre agrégée à court terme est positive. Rappelez-vous que ces raisons sont multiples : fausse perception des prix relatifs, salaires rigides et prix rigides. Étant donné que la courbe de l'offre agrégée à court terme et la courbe de Phillips à court terme se réfléchissent l'une l'autre, ce sont exactement pour les mêmes raisons que la pente de la courbe de l'offre agrégée à court terme est positive et que celle de la courbe de Phillips à court terme est négative. Rappelez-vous aussi que les trois théories de la courbe de l'offre agrégée à court terme reposent sur l'hypothèse que les prix anticipés sont fixes. Si le taux d'inflation monte au-dessus du taux anticipé, la courbe de l'offre agrégée à court terme se déplace vers la gauche. De même, comme la courbe de l'offre agrégée à court terme et la courbe de Phillips à court terme se réfléchissent l'une l'autre, une augmentation du taux d'inflation au-dessus du taux anticipé entraîne un déplacement de la courbe de Phillips à court terme vers la droite.

3. ***Les estimations du taux de chômage naturel varient grandement, de sorte que les décideurs ne s'entendent pas sur les politiques monétaire et budgétaire à adopter.*** Si on examine une courbe de Phillips ou le modèle de l'offre et de la demande agrégées, il semble que les responsables de l'élaboration des politiques devraient toujours savoir s'il faut accroître ou réduire la demande agrégée, ou bien la laisser s'ajuster d'elle-même. En effet, on peut voir si l'économie se situe au-dessus ou au-dessous du taux de chômage naturel qui apparaît sur le graphique. En réalité, il est très difficile de mesurer le taux de chômage naturel, de sorte que les responsables de l'élaboration des politiques ne peuvent savoir avec certitude si l'économie se situe couramment au-dessus ou au-dessous de ce taux. Par exemple, si l'économie accuse un taux de chômage de 6 %, alors elle produit sous son niveau de production naturel si le taux de chômage naturel est de 5 %, à pleine capacité s'il est de 6 % et à surcapacité s'il est de 7 %. Chaque situation peut appeler une politique de stabilisation différente même si le taux de chômage courant est toujours de 6 %.

## EXERCICES D'AUTORÉVISION

### Questions de type « vrai ou faux »

_____ 1. La courbe de Phillips représente la relation positive existant entre l'inflation et le chômage.

_____ 2. À court terme, un accroissement de la demande agrégée fait augmenter le niveau des prix et de la production, mais il fait baisser le taux de chômage.

_____ 3. Si le chômage est inférieur à son taux naturel, le marché du travail est exceptionnellement restreint, ce qui exerce une pression à la hausse sur les salaires et les prix.

_____ 4. Une augmentation imprévue de l'inflation entraîne un déplacement de la courbe de Phillips vers la droite et accentue l'arbitrage entre l'inflation et le chômage.

_____ 5. Une augmentation de l'offre de monnaie provoque une hausse de l'inflation et une baisse permanente du chômage.

_____ 6. À long terme, le taux de chômage est indépendant de l'inflation et la courbe de Phillips est verticale lorsque le chômage est à son taux naturel.

_____ 7. Quand le taux d'inflation observé est supérieur au taux anticipé, le chômage excède son taux naturel.

_____ 8. Selon l'hypothèse du taux naturel, à long terme, le chômage retourne à son taux naturel quel que soit le taux d'inflation.

_____ 9. Un choc négatif sur l'offre agrégée, comme une augmentation du prix du pétrole importé, provoque un déplacement de la courbe de Phillips vers la droite et une accentuation de l'arbitrage entre l'inflation et le chômage.

_____ 10. Une réduction des prestations d'assurance emploi entraîne une baisse du taux de chômage naturel et un déplacement de la courbe de Phillips à long terme vers la droite.

_____ 11. Une augmentation de la demande agrégée réduit temporairement le chômage mais, une fois que les gens ont ajusté leurs anticipations en matière d'inflation, le chômage retourne à son taux naturel.

_____ 12. Une contraction soudaine de la masse monétaire entraîne l'économie vers le haut le long d'une courbe de Phillips à court terme, ce qui réduit le chômage et accroît l'inflation.

_____ 13. Si le comportement des gens est conforme à la théorie des anticipations rationnelles, une annonce crédible d'une contraction de la masse monétaire de la Banque du Canada est susceptible de réduire l'inflation sans que le chômage n'augmente, ou alors très peu.

_____ 14. Si le ratio de sacrifice est de 4, une réduction du taux d'inflation de 9 % à 5 % doit s'accompagner d'une réduction de la production de 8 %.

## Questions à choix multiple

1. La courbe de Phillips initiale représente :
   A. l'arbitrage entre l'inflation et le chômage.
   B. la relation positive entre l'inflation et le chômage.
   C. l'arbitrage entre la production et le chômage.
   D. la relation positive entre la production et le chômage.

2. La courbe de Phillips est une extension du modèle de l'offre et de la demande agrégées parce que, à court terme, une augmentation de la demande agrégée entraîne une hausse du niveau des prix et :
   A. une réduction de la croissance.
   B. une réduction de l'inflation.
   C. une hausse du taux de chômage.
   D. une baisse du taux de chômage.

3. Le long d'une courbe de Phillips à court terme :
   A. une augmentation du taux de croissance de la production est associée à une baisse du taux d'inflation.
   B. une augmentation du taux de croissance de la production est associée à une hausse du taux de chômage.
   C. une augmentation du taux d'inflation est associée à une baisse du taux de chômage.
   D. une augmentation du taux d'inflation est associée à une hausse du taux de chômage.

4. Si les gens ajustent leur anticipation du niveau des prix de manière que tous les prix et les revenus varient proportionnellement lors d'une hausse du niveau des prix, la courbe de Phillips à long terme :

    A. a une pente positive.

    B. a une pente négative.

    C. est verticale.

    D. présente une pente déterminée par la vitesse à laquelle les gens ajustent leur perception des prix anticipés.

5. Selon la courbe de Phillips, si les décideurs adoptent des politiques monétaire et budgétaire expansionnistes afin de réduire le taux de chômage, alors, à court terme :

    A. l'économie va connaître une baisse de l'inflation.

    B. l'économie va connaître une hausse de l'inflation.

    C. l'inflation va rester la même si les anticipations d'inflation ne changent pas.

    D. Aucune de ces réponses.

6. Une augmentation de l'inflation anticipée entraîne :

    A. un déplacement de la courbe de Phillips à court terme vers la droite, ce qui accentue l'arbitrage entre l'inflation et le chômage.

    B. un déplacement de la courbe de Phillips à court terme vers la gauche, ce qui réduit l'arbitrage entre l'inflation et le chômage.

    C. un déplacement de la courbe de Phillips à court terme vers la droite, ce qui réduit l'arbitrage entre l'inflation et le chômage.

    D. un déplacement de la courbe de Phillips à court terme vers la gauche, ce qui accentue l'arbitrage entre l'inflation et le chômage.

7. Laquelle des variations suivantes provoquerait un déplacement vers la droite de la courbe de Phillips à long terme ?

    A. Une augmentation du prix du pétrole importé.

    B. Une augmentation du taux d'inflation anticipé.

    C. Une augmentation de la demande agrégée.

    D. Une augmentation du salaire minimum.

8. Si le taux d'inflation observé est supérieur au taux anticipé, alors :

    A. le taux de chômage est supérieur au taux naturel.

    B. le taux de chômage est inférieur au taux naturel.

    C. le taux de chômage est égal au taux naturel.

    D. à l'avenir, les gens vont réviser à la baisse leurs anticipations en matière d'inflation.

9. Une baisse du prix du pétrole importé entraîne :

    A. un déplacement vers la droite de la courbe de Phillips à court terme, ce qui accentue l'arbitrage entre l'inflation et le chômage.

    B. un déplacement vers la droite de la courbe de Phillips à court terme, ce qui réduit l'arbitrage entre l'inflation et le chômage.

    C. un déplacement vers la gauche de la courbe de Phillips à court terme, ce qui réduit l'arbitrage entre l'inflation et le chômage.

    D. un déplacement vers la gauche de la courbe de Phillips à court terme, ce qui accentue l'arbitrage entre l'inflation et le chômage.

10. L'hypothèse du taux naturel stipule que :

    A. le taux de chômage est toujours supérieur au taux naturel.

    B. le taux de chômage est toujours inférieur au taux naturel.

    C. le taux de chômage est toujours égal au taux naturel.

    D. à long terme, le taux de chômage revient au taux naturel quel que soit le taux d'inflation.

Utilisez le graphique suivant pour répondre aux questions 11 à 16.

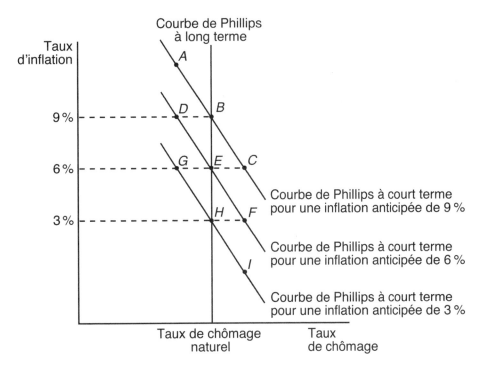

11. Dans une économie, si les gens s'attendent à un taux d'inflation de 3 % et que le taux observé est de 6 %, alors l'économie se situe au point :

    A. *A.*               D. *D.*               G. *G.*

    B. *B.*               E. *E.*               H. *H.*

    C. *C.*               F. *F.*                I. *I.*

12. Dans une économie, si les gens s'attendent à un taux d'inflation de 6 %, mais que le taux observé est de 3 %, alors l'économie se situe au point :

    A. *A.*               D. *D.*               G. *G.*

    B. *B.*               E. *E.*               H. *H.*

    C. *C.*               F. *F.*                I. *I.*

13. Supposons que l'économie est en équilibre à long terme au point *E*. Une augmentation soudaine des dépenses publiques devrait faire déplacer l'économie vers le point :

    A. *A.*               D. *D.*               G. *G.*

    B. *B.*               E. *E.*               H. *H.*

    C. *C.*               F. *F.*                I. *I.*

14. Supposons que l'économie est au point *D*. Si les gens révisent leurs anticipations en matière d'inflation, alors :

   A. la courbe de Phillips à court terme se déplace dans la direction de la courbe de Phillips à court terme associée à un taux d'inflation anticipé de 3 %.

   B. la courbe de Phillips à court terme se déplace dans la direction de la courbe de Phillips à court terme associée à un taux d'inflation anticipé de 6 %.

   C. la courbe de Phillips à court terme se déplace dans la direction de la courbe de Phillips à court terme associée à un taux d'inflation anticipé de 9 %.

   D. la courbe de Phillips à long terme se déplace vers la gauche.

15. Supposons que l'économie est en équilibre à long terme au point *E*. Une contraction imprévue de la masse monétaire fait déplacer l'économie vers le point :

   A. *A.*          D. *D.*          G. *G.*
   B. *B.*          E. *E.*          H. *H.*
   C. *C.*          F. *F.*          I. *I.*

16. Supposons que l'économie est en équilibre à long terme au point *E*. À long terme, une contraction de la masse monétaire fera déplacer l'économie vers le point :

   A. *A.*          D. *D.*          G. *G.*
   B. *B.*          E. *E.*          H. *H.*
   C. *C.*          F. *F.*          I. *I.*

17. Si les gens se comportent conformément à la théorie des anticipations rationnelles, une politique monétaire restrictive, annoncée et crédible, est susceptible de :

   A. réduire l'inflation, mais aussi de faire augmenter le chômage dans une proportion exceptionnelle.

   B. réduire l'inflation sans faire augmenter le chômage, ou alors seulement très peu.

   C. faire augmenter l'inflation, mais de réduire le chômage dans des proportions exceptionnellement importantes.

   D. faire augmenter l'inflation sans réduire le chômage, ou alors seulement très peu.

18. Si le ratio de sacrifice est de 5, une réduction de l'inflation de 7 % à 3 % nécessiterait :

   A. une réduction de la production annuelle de 5 %.

   B. une réduction de la production annuelle de 15 %.

   C. une réduction de la production annuelle de 20 %.

   D. une réduction de la production annuelle de 35 %.

19. Si la Banque du Canada appliquait toujours une politique monétaire expansionniste afin de maintenir le taux de chômage sous le taux naturel, à long terme, il en résulterait :

   A. une augmentation du niveau de production.

   B. une baisse du taux de chômage.

   C. une baisse du taux d'inflation.

   D. Toutes ces réponses.

## Questions à réponse brève

1. En vous servant du modèle de l'offre et de la demande agrégées, expliquez pourquoi la pente de la courbe de Phillips à court terme est négative. _____

   _____

   _____

   _____

2. En vous servant du modèle de l'offre et de la demande agrégées, expliquez pourquoi la courbe de Phillips à long terme est verticale. _____

_____

_____

_____

3. La courbe de Phillips à court terme offre-t-elle en tout temps aux décideurs un choix de combinaisons d'inflation et de chômage ? Expliquez pourquoi. _____

_____

_____

_____

4. Qu'est-ce que l'hypothèse du taux naturel ?

_____

5. Si l'inflation observée excède l'inflation anticipée, le taux de chômage est-il supérieur ou inférieur à son taux naturel ? Expliquez pourquoi.

_____

_____

6. Dans quel sens la courbe de Phillips à court terme se déplace-t-elle quand il se produit un choc négatif sur l'offre agrégée, comme une augmentation du prix du pétrole importé ? Expliquez pourquoi.

_____

_____

_____

7. En vous reportant à la question 6, dites si l'arbitrage entre le chômage et l'inflation auquel l'économie fait face est accentué ou réduit après le choc négatif sur l'offre agrégée ? Expliquez pourquoi.

_____

_____

8. En vous reportant à la question 7, si la Banque du Canada accommode le choc négatif sur l'offre agrégée, qu'est-ce que cela révèle au sujet de l'importance qu'elle accorde aux objectifs de maintien du taux d'inflation et du taux de chômage à de faibles niveaux ?

_____

9. Si le ratio de sacrifice est de 2, de combien faut-il réduire la production si on veut faire baisser l'inflation de 4 points de pourcentage ? Si les gens se comportent conformément à la théorie des anticipations rationnelles, le ratio de sacrifice sera-t-il généralement supérieur ou inférieur à 2 ? Expliquez pourquoi.

_____

_____

212

## Problèmes pratiques

1. Décrivez l'effet initial de chacun des événements suivants sur la courbe de Phillips à court terme ou à long terme. Autrement dit, décrivez les déplacements le long d'une courbe donnée ou indiquez le sens du déplacement de la courbe.

   a) Une augmentation de l'inflation anticipée.

   _____

   b) Une augmentation du prix du pétrole importé.

   _____

   c) Une augmentation de l'offre de monnaie.

   _____

   d) Une réduction des dépenses publiques.

   _____

   e) Une réduction du salaire minimum entraînant une baisse du taux de chômage naturel.

   _____

2. Utilisez les courbes de Phillips représentées ci-dessous pour répondre aux questions qui suivent.

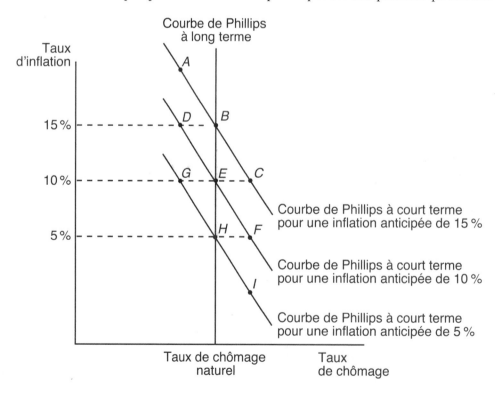

   a) À quel point se situe l'économie si les gens s'attendent à ce que le taux d'inflation soit de 10 % et que le taux observé est de 10 % ?

   _____

b) En vous reportant à la question a), dites si le chômage est supérieur, inférieur ou égal à son taux naturel.

_____

c) À quel point se situe l'économie si les gens s'attendent à ce que l'inflation soit de 10 % et que le taux observé est de 15 % ?

_____

d) Supposons que l'économie soit au point D. Avec le temps, dans quel sens les gens réviseront-ils leurs anticipations en matière d'inflation ? À la hausse ou à la baisse ?

_____

e) Supposons que l'économie soit au point D. Au fur et à mesure que les gens révisent leurs anticipations en matière d'inflation, dans quel sens la courbe de Phillips à court terme se déplace-t-elle ? Vers la droite ou vers la gauche ?

_____

f) Supposons que l'économie soit au point E. À court terme, vers quel point une réduction soudaine de la demande agrégée déplace-t-elle l'économie ?

_____

g) Supposons que l'économie soit au point E. À long terme, vers quel point une réduction des dépenses publiques aura-t-elle tendance à déplacer l'économie ?

_____

h) Supposons que les gens s'attendent à ce que le taux d'inflation soit de 5 %. Si le taux d'inflation observé est de 10 %, dans quel sens le chômage se déplacera-t-il ? Au-dessus ou au-dessous du taux naturel ?

_____

3. Servez-vous d'une courbe de Phillips pour répondre aux questions suivantes en supposant que l'économie est initialement à son point d'équilibre à long terme.

a) Qu'advient-il du chômage et de l'inflation à court terme si la Banque du Canada augmente le taux de croissance de la masse monétaire ?

_____

b) Qu'advient-il du chômage et de l'inflation à long terme si la Banque du Canada augmente le taux de croissance de la masse monétaire ?

_____

c) Peut-on maintenir le taux de chômage sous le taux naturel en imprimant de la monnaie ? Expliquez pourquoi. _____

_____

d) Si une banque centrale tente à plusieurs reprises de maintenir le chômage sous le taux naturel en imitant une politique monétaire expansionniste, quel sera le résultat final ? Expliquez pourquoi.

_____

4. Supposons que l'économie se situe au taux de chômage naturel et que le taux d'inflation soit élevé (point *A* dans le graphique suivant). La Banque du Canada annonce qu'elle va appliquer une contraction de la masse monétaire afin de réduire l'inflation. Deux trajectoires que peut suivre l'économie pour s'ajuster au nouveau taux de croissance de la monnaie, révisé à la baisse, sont représentées ci-dessous. Dites quelle trajectoire décrit le mieux ce qui pourrait se produire dans chacun des cas suivants, et expliquez votre raisonnement.

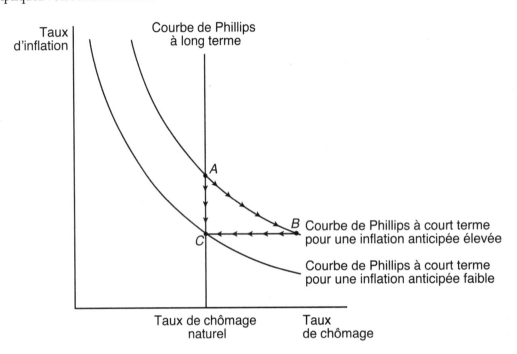

a) Les gens ne croient pas que la Banque du Canada va appliquer les mesures annoncées.

_____

_____

_____

b) Les gens croient que la Banque du Canada va appliquer les mesures annoncées et ils révisent rapidement leurs anticipations en matière d'inflation.

_____

_____

c) Les gens croient que la Banque du Canada va appliquer les mesures annoncées, mais les travailleurs ont signé des contrats fixant leur salaire et ils ne peuvent renégocier ces contrats.

_____

_____

_____

d) Lequel des cas a), b et c) décrit le mieux ce qui se passerait si la Banque du Canada, après avoir affirmé à plusieurs reprises que l'inflation est sa première priorité, ne met pas en application la contraction de la masse monétaire annoncée? Expliquez pourquoi.

_____

_____

## Pensée critique

Une sécheresse à l'échelle planétaire a malheureusement provoqué une baisse de la production d'aliments. Il en est résulté une hausse de l'inflation et le taux de chômage est grimpé au-dessus de son taux naturel. Les Canadiens sont contrariés par l'inaction du gouvernement. Votre colocataire émet l'opinion suivante : « Quelqu'un doit bien être responsable du bourbier économique dans lequel on se trouve. Il y a un an, l'inflation et le chômage étaient beaucoup moins élevés. Il faut élire d'autres politiciens qui savent comment corriger la hausse de l'inflation et du chômage. »

1. Qui est responsable de la stagflation qui caractérise l'économie ?

2. Les choix actuels en matière d'inflation et de chômage auxquels fait face l'économie sont-ils meilleurs ou pires qu'avant le choc d'offre ? Qu'est-il advenu de la courbe de Phillips à court terme ?

3. Si les décideurs stimulent la demande agrégée en réaction au choc d'offre, dans quel sens l'économie se déplacera-t-elle le long de la nouvelle courbe de Phillips à court terme ? Qu'adviendra-t-il de l'inflation et du chômage ?

4. Si les décideurs réduisent la demande agrégée en réaction au choc d'offre, dans quel sens l'économie se déplacera-t-elle le long de la nouvelle courbe de Phillips à court terme ? Qu'adviendra-t-il de l'inflation et du chômage ?

5. Existe-t-il une politique économique dont l'application réduirait immédiatement à la fois l'inflation et le chômage ? Si oui, laquelle et expliquez pourquoi.

## SOLUTIONS

## Questions de type « vrai ou faux »

1. Faux ; la courbe de Phillips illustre la relation négative entre l'inflation et le chômage.

2. Vrai.

3. Vrai.

4. Vrai.

5. Faux ; une augmentation de l'offre de monnaie pourrait faire baisser temporairement le chômage.

6. Vrai.

7. Faux ; quand le taux d'inflation observé est supérieur au taux anticipé, le taux de chômage est inférieur au taux naturel.

8. Vrai.

9. Vrai.

10. Faux ; une réduction des prestations d'assurance emploi entraîne un déplacement de la courbe de Phillips à long terme vers la gauche.

11. Vrai.

12. Faux ; une contraction soudaine de la masse monétaire fait bouger l'économie vers le bas le long d'une courbe de Phillips à court terme, ce qui fait augmenter le chômage et baisser l'inflation.

13. Vrai.

14. Faux ; il faut réduire la production de $4 \times 4\% = 16\%$.

## Questions à choix multiple

| | | | |
|---|---|---|---|
| 1. A | 6. A | 11. H | 16. H |
| 2. D | 7. D | 12. F | 17. B |
| 3. C | 8. B | 13. D | 18. C |
| 4. C | 9. C | 14. C | 19. C |
| 5. B | 10. D | 15. F | |

## Questions à réponse brève

1. Une augmentation de la demande agrégée fait monter le niveau des prix et de la production le long de la courbe de l'offre agrégée à court terme, ce qui provoque une baisse du chômage. L'inflation augmente et le chômage diminue.

2. Une augmentation de la demande agrégée fait monter le niveau des prix, mais la production reste à son niveau naturel parce que la courbe de l'offre agrégée à long terme est verticale. L'inflation augmente, mais le chômage reste à son taux naturel.

3. Non. Quand l'inflation monte au-dessus du taux anticipé, le chômage diminue temporairement. Cependant, une fois que les gens ont révisé à la hausse les prix anticipés, la courbe de Phillips se déplace vers la droite.

4. Le chômage revient à son taux naturel à long terme quel que soit le taux d'inflation.

5. Il est inférieur au taux naturel parce que, si les prix observés sont supérieurs aux prix anticipés, la production augmente, de sorte que plus de personnes occupent un emploi et le chômage diminue.

6. L'offre agrégée se déplace vers la gauche et la production baisse quel que soit le niveau des prix. La courbe de Phillips se déplace donc vers la droite et le taux de chômage augmente quel que soit le taux d'inflation.

7. Réduit. L'inflation augmente quel que soit le taux de chômage, ou le chômage augmente quel que soit le taux d'inflation.

8. La Banque du Canada souhaite avant tout maintenir le chômage à un faible niveau.

9. 8 %. Inférieur à 2 parce que les gens vont réviser plus rapidement les prix anticipés à la baisse, ce qui va entraîner un déplacement de la courbe de Phillips vers la gauche.

## Problèmes pratiques

1. a) Un déplacement vers la droite de la courbe de Phillips à court terme.

   b) Un déplacement vers la droite de la courbe de Phillips à court terme.

   c) Un déplacement vers le haut de la courbe de Phillips à court terme.

   d) Un déplacement vers le bas de la courbe de Phillips à court terme.

   e) Un déplacement vers la gauche de la courbe de Phillips à long terme.

2. a) *E.*

   b) Égal au taux naturel.

   c) *D.*

   d) À la hausse.

   e) Vers la droite.

   f) *F.*

   g) *H.*

   h) Au-dessous du taux naturel.

3. a) L'inflation augmente et le chômage diminue.

   b) L'inflation augmente et le chômage reste à son taux naturel.

   c) Non. Le chômage diminue temporairement, mais au fur et à mesure que les gens se rendent compte que l'inflation va monter, il revient à son taux naturel.

   d) Si on tente constamment de faire descendre le chômage sous son taux naturel, on fait monter l'inflation.

4. a) L'économie se déplace de *A* à *B* parce que les gens ne revoient pas les prix anticipés à la baisse et ils ne réduisent pas leurs exigences salariales, de sorte que le chômage augmente alors que l'inflation diminue.

   b) L'économie se déplace de *A* à *C* parce que les gens revoient les prix anticipés à la baisse et réduisent leurs exigences salariales de façon proportionnelle.

   c) L'économie se déplace de *A* à *B* parce que les gens sont incapables de revoir certains prix anticipés à la baisse et de réduire partiellement leurs exigences salariales, de sorte que le chômage augmente alors que l'inflation diminue.

   d) Le cas a), parce que les gens ont raison de ne pas croire les affirmations d'un dirigeant qui n'a pas tenu parole dans le passé.

## Pensée critique

1. Personne n'est responsable. Il s'agit d'un phénomène fortuit.

2. Pires, parce que la courbe de Phillips à court terme s'est déplacée vers la droite.

3. L'économie se déplace vers le haut le long de la nouvelle courbe de Phillips à court terme. Le chômage va diminuer, mais l'inflation va augmenter.

4. L'économie se déplace vers le bas le long de la nouvelle courbe de Phillips à court terme. L'inflation va diminuer, mais le chômage va augmenter.

5. Non, l'économie fait face à des arbitrages à court terme. Une politique qui réduit l'inflation fait augmenter le chômage ; une politique qui réduit le chômage fait augmenter l'inflation.

## CHAPITRE 17

# LES OUTILS DE LA FINANCE

## APERÇU DU CHAPITRE

### Contexte et objectif

Le chapitre 17 est le premier d'une série de deux chapitres traitant de questions macroéconomiques complexes et visant à inciter le lecteur à poursuivre l'étude de l'économie.

L'objectif du chapitre 17 est de présenter quelques-uns des outils qu'utilisent les participants des marchés financiers. On y montre comment comparer des sommes d'argent à différents moments dans le temps, comment gérer le risque et comment combiner ces concepts afin de déterminer la valeur d'un actif financier, comme l'action d'une société.

### Indications utiles

1. ***Les gens qui ont une aversion pour le risque tirent profit d'une assurance.*** Cette catégorie de personnes bénéficie de l'achat d'une assurance parce que, étant donné que son utilité marginale est décroissante, la réduction de l'utilité attribuable à une seule dépense importante excède la réduction de l'utilité attribuable à plusieurs petits versements à un fonds d'assurance. Par exemple, dans un village de 50 habitants où tous les ans une maison brûle, chaque habitant a 1 chance sur 50 de perdre sa maison et tout ce qu'elle contient, tous les ans. Les gens peuvent payer annuellement 1/50 de la valeur de leur maison en prime d'assurance et verser ainsi des primes dont la valeur totale est égale à celle de la maison au bout de 50 ans. Ils peuvent aussi décider de ne pas contracter une assurance qui couvre le risque d'incendie et de remplacer leur maison une fois tous les 50 ans. Bien que la valeur anticipée des deux dépenses soit la même, les personnes peu enclines à courir des risques choisissent de contracter une assurance parce que la réduction de l'utilité attribuable au paiement d'une maison tout entière en une seule fois est plus grande que la réduction de l'utilité attribuable au paiement, en 50 versements, de 1/50 d'une maison.

2. *La volatilité du rendement d'un portefeuille d'actions est d'autant plus faible que le nombre d'actions est élevé.* Si un portefeuille se compose d'une seule action, sa volatilité est identique à la volatilité de cette action unique. Si un portefeuille est formé de deux actions, il arrive que le rendement d'une action soit inférieur à son rendement moyen, et que celui de l'autre action soit supérieur à son rendement moyen, de sorte que les deux écarts s'annulent. Ainsi, le portefeuille est moins volatil que chacune des actions qui le composent. L'effet est de plus en plus important au fur et à mesure que le nombre d'actions dans le portefeuille augmente. Cependant, la plus grande partie de la réduction du risque est atteinte lorsqu'il y a de 20 à 30 actions dans le portefeuille. Il est à noter que, pour obtenir la réduction du risque associée à la diversification, il est essentiel qu'il n'y ait pas de lien entre les risques respectifs des différentes actions. Un choix aléatoire d'actions devrait donc produire une réduction du risque plus importante que le choix d'actions d'entreprises qui, par exemple, appartiennent toutes à un même secteur industriel ou à une même région géographique.

3. *Le prix d'une action dépend de l'offre et de la demande.* La demande d'une action dépend de la valeur actualisée des versements de dividendes successifs ainsi que du prix de vente final de l'action. Une augmentation des dividendes anticipés ou bien du prix de vente final, ou une réduction du taux d'intérêt en vigueur font augmenter la demande d'une action et, par conséquent, son prix. La demande d'une action dépend également des facteurs de risque qui y sont associés. Comme les gens ont une aversion pour le risque, une augmentation du risque de marché fait diminuer la demande de toutes les actions, de sorte que le prix de toutes les actions devrait baisser. Curieusement, une augmentation du risque spécifique (soit le risque associé à une entreprise particulière) ne devrait pas modifier la demande d'une action, parce qu'il est possible d'éliminer ce type de risque au moyen de la diversification.

# EXERCICES D'AUTORÉVISION

## Questions de type « vrai ou faux »

_____ 1. Si le taux d'intérêt en vigueur est de 10 %, alors, pour une personne rationnelle, le fait de recevoir 1000 $ aujourd'hui ou 1000 $ dans un an à compter d'aujourd'hui devrait lui être indifférent.

_____ 2. Vous savez que vous allez recevoir 100 000 $ en héritage dans 10 ans. Si le taux d'intérêt en vigueur est de 6 %, la valeur actualisée de votre héritage est de 55 839,48 $.

_____ 3. Selon la règle du 70, en moyenne, le revenu d'une personne double tous les 70 ans.

_____ 4. Une somme de 100 $ placée dans un compte bancaire qui rapporte 10 % d'intérêt devrait fournir un revenu d'intérêt de 30 $ en 3 ans si les intérêts sont composés annuellement.

_____ 5. Selon la règle du 70, si votre revenu augmente à un taux de 7 % par année, il doublera en 10 ans.

_____ 6. La valeur actualisée d'une somme future est la quantité de monnaie requise aujourd'hui pour produire, au taux d'intérêt en vigueur, cette somme future.

_____ 7. Si une personne a une aversion pour le risque, l'utilité acquise résultant du gain d'un pari de 1000 $ est égale à l'utilité perdue résultant de la perte de ce pari.

_____ 8. Si la fonction d'utilité d'un individu présente une utilité marginale décroissante, cela signifie que l'individu a une aversion pour le risque.

_____ 9. Le marché de l'assurance illustre le problème de l'antisélection dans le cas où les personnes dont la santé est généralement mauvaise sont précisément celles qui sont les plus susceptibles d'acheter une assurance-vie.

_____ 10. Les gens peuvent augmenter ce qu'on appelle le « risque de marché » en diversifiant leur portefeuille.

_____ 11. La diversification d'un portefeuille qui fait passer le nombre d'actions de 1 à 10 réduit l'exposition au risque par un même facteur qu'une diversification qui fait passer le nombre d'actions de 10 à 20.

_____ 12. Si un individu réduit la part de ses épargnes destinée à l'achat d'actions et augmente la part destinée à l'achat d'obligations gouvernementales, il obtient un meilleur taux de rendement, mais il doit accepter une augmentation du risque.

_____ 13. Selon l'hypothèse de l'efficience des marchés, comme les marchés sont efficients, il est facile, en appliquant l'analyse fondamentale, d'acheter des actions sous-évaluées et d'obtenir ainsi un rendement supérieur à la moyenne.

_____ 14. Si l'hypothèse de l'efficience des marchés est exacte, le prix des actions suit une marche aléatoire. Le fait de construire un portefeuille diversifié en achetant un fonds indiciel ou des actions choisies au hasard en lançant des fléchettes sur les pages financières d'un quotidien est probablement une stratégie aussi valable que n'importe quelle autre.

_____ 15. La valeur d'une action repose à la fois sur la valeur actualisée des versements de dividendes successifs et le prix de vente final de l'action.

## Questions à choix multiple

1. Comment nomme-t-on la quantité de monnaie que vous devriez placer aujourd'hui, au taux d'intérêt en vigueur, pour produire une somme donnée dans l'avenir ?
   A. La valeur composée.
   B. La valeur future.
   C. La valeur actualisée.
   D. La valeur équitable.
   E. La valeur initiale.

2. Si une personne dépose 100 $ dans un compte bancaire qui rapporte 4 % d'intérêt par année et que les intérêts sont composés annuellement, quelle somme y aura-t-il dans le compte après 5 ans ?
   A. 104,00 $.
   B. 120,00 $.
   C. 121,67 $.
   D. 123,98 $.
   E. 400,00 $.

3. La société Abitibi a l'occasion d'acheter actuellement une usine qui aura un rendement de 50 millions de dollars dans 4 ans. Si le taux d'intérêt en vigueur est de 6 %, combien devrait coûter le projet pour que la société Abitibi décide d'aller de l'avant ?
   A. 34 583 902 $.
   B. 39 604 685 $.
   C. 43 456 838 $.
   D. 50 000 000 $.
   E. 53 406 002 $.

4. Une augmentation du taux d'intérêt en vigueur :

   A. fait diminuer la valeur actualisée des rendements futurs de l'investissement et entraîne une réduction de celui-ci.

   B. fait diminuer la valeur actualisée des rendements futurs de l'investissement et entraîne une augmentation de celui-ci.

   C. fait augmenter la valeur actualisée des rendements futurs de l'investissement et entraîne une réduction de celui-ci.

   D. fait augmenter la valeur actualisée des rendements futurs de l'investissement et entraîne une augmentation de celui-ci.

5. Si deux personnes ont initialement le même revenu et que le revenu de l'une d'elles croît à un taux de 2 %, tandis que celui de l'autre croît à un taux de 4 %, alors :

   A. le revenu de l'une des deux personnes sera toujours supérieur de 2 % au revenu de l'autre.

   B. le revenu qui croît à un taux de 4 % s'écartera toujours davantage du revenu qui croît à un taux de 2 % à cause du phénomène appelé « capitalisation ».

   C. les revenus respectifs des deux personnes aboutiront au même résultat.

   D. l'année suivante, le revenu qui croît à un taux de 4 % sera égal au double du revenu qui croît à un taux de 2 %.

6. Selon la règle du 70, si votre revenu croît à un taux de 10 % par année, il doublera approximativement en :

   A. 700 ans.

   B. 70 ans.

   C. 10 ans.

   D. 7 ans.

   E. Il manque des informations pour répondre à la question.

7. Selon la règle du 70, si vos parents déposent 10 000 $ dans un compte bancaire le jour de votre naissance, quelle somme y aura-t-il dans ce compte au moment où vous prendrez votre retraite, à l'âge de 70 ans, si le rendement est de 3 % par année ?

   A. 300 $.

   B. 3000 $.

   C. 20 000 $.

   D. 70 000 $.

   E. 80 000 $.

8. Si des personnes ont une aversion pour le risque, alors :

   A. elles détestent davantage les événements fâcheux qu'elles n'aiment les événements agréables d'intensité comparable.

   B. leur fonction d'utilité présente une utilité marginale décroissante.

   C. la réduction d'utilité qu'elles subiraient en perdant un pari de 50 $ serait plus importante que l'utilité acquise résultant du gain du pari.

   D. Toutes ces réponses.

   E. Aucune de ces réponses.

9. Laquelle des actions suivantes ne contribue pas à réduire le risque auquel une personne s'expose ?

   A. Acheter une assurance.

   B. Diversifier son portefeuille.

   C. Accroître le taux de rendement de son portefeuille.

   D. Toutes ces réponses.

10. Laquelle des situations suivantes est un exemple d'aléa moral ?

    A. Après avoir acheté une assurance incendie, Jules se met à fumer au lit.

    B. Comme il ne se sent pas bien depuis quelque temps, David entreprend des démarches pour acheter une assurance-vie.

    C. Comme ses deux parents ont perdu leurs dents à cause d'une maladie des gencives, Suzanne achète une assurance dentaire.

    D. Toutes ces réponses.

    E. Aucune de ces réponses.

11. On appelle « risque spécifique » :

    A. l'incertitude liée à l'économie dans son ensemble.

    B. l'incertitude qui touche une entreprise particulière.

    C. l'incertitude associée à l'aléa moral.

    D. l'incertitude associée à l'antisélection.

12. La diversification d'un portefeuille est susceptible :

    A. de réduire le risque de marché.

    B. de réduire le risque spécifique.

    C. d'éliminer tous les risques.

    D. d'accroître l'écart type du rendement du portefeuille.

13. Comparativement à un portefeuille composé entièrement d'actions, un portefeuille comprenant 50 % d'obligations gouvernementales et 50 % d'actions présente :

    A. un rendement et un niveau de risque plus élevés.

    B. un rendement plus élevé et un niveau de risque plus faible.

    C. un rendement et un niveau de risque plus faibles.

    D. un rendement plus faible et un niveau de risque plus élevé.

14. Comment nomme-t-on l'étude des états financiers et des perspectives d'avenir d'une entreprise visant à déterminer la valeur de celle-ci ?

    A. La diversification.

    B. La gestion du risque.

    C. L'analyse informationnelle.

    D. L'analyse fondamentale.

15. Si l'hypothèse de l'efficience des marchés est exacte, alors :

    A. les actions ont tendance à être surévaluées.

    B. le marché des actions se caractérise par son efficience informationnelle, de sorte que le prix des actions devrait suivre une marche aléatoire.

    C. l'analyse fondamentale est un outil précieux pour accroître le rendement des actions d'un portefeuille.

    D. un fond indiciel est un mauvais investissement.

16. Laquelle des actions suivantes réduit le plus le risque associé à un portefeuille ?

    A. Augmenter le nombre d'actions composant le portefeuille de 1 à 10.

    B. Augmenter le nombre d'actions composant le portefeuille de 10 à 20.

    C. Augmenter le nombre d'actions composant le portefeuille de 20 à 30.

    D. Toutes ces réponses.

17. Laquelle des modifications suivantes devrait faire augmenter le prix d'une action ?

    A. Une réduction du risque de marché.

    B. Une augmentation des dividendes anticipés.

    C. Une baisse des taux d'intérêt.

    D. Toutes ces réponses.

    E. Aucune de ces réponses.

18. Des bulles spéculatives peuvent se produire sur le marché des actions :

    A. quand les actions sont correctement évaluées.

    B. seulement si les gens se montrent irrationnels.

    C. parce que des gens rationnels peuvent acheter une action surévaluée s'ils pensent qu'il est possible de la revendre plus tard à un prix encore plus élevé.

    D. lors d'une vague de pessimisme parce qu'un nombre important d'actions sont alors sous-évaluées.

19. Le prix des actions suit une marche aléatoire si :

    A. les gens choisissent des actions de façon irrationnelle.

    B. les marchés donnent toutes les informations disponibles de façon rationnelle.

    C. les actions sont sous-évaluées.

    D. les actions sont surévaluées.

20. Le rendement d'un fonds commun de placement à gestion active peut difficilement être plus élevé que celui d'un fonds indiciel :

    A. parce que les fonds indiciels reposent généralement sur une meilleure analyse fondamentale.

    B. parce que les marchés d'actions ont tendance à être inefficients.

    C. parce que les fonds à gestion active impliquent un plus grand nombre de transactions et que des frais sont associés à la présumée expertise des gestionnaires.

    D. parce que les fonds indiciels peuvent comprendre des actions sous-évaluées.

    E. Toutes ces réponses.

## Questions à réponse brève

1. Si le taux d'intérêt est de 6 %, que préféreriez-vous recevoir : 100 $ aujourd'hui ou 110 $ dans un an ? Expliquez pourquoi. _____

   _____

   _____

2. Supposons que vous déposiez 100 $ dans un compte d'épargne. Si ce compte rapporte 8 % d'intérêt et que les intérêts sont composés annuellement, quelle somme y aura-t-il dans votre compte au bout de un an ? De deux ans ? Combien d'intérêts avez-vous reçus de plus la seconde année, par rapport à la première ? Expliquez pourquoi. _____

   _____

   _____

   _____

3. Vous venez de gagner à la loterie trois sommes de 100 000 $ qui vous seront versées à la fin des trois prochaines années. On vous donne également le choix de recevoir une somme moins élevée qui vous serait versée entièrement aujourd'hui. Quel montant minimal devriez-vous accepter comme versement unique de manière à ne pas perdre par rapport aux trois versements égaux ? Et si le taux d'intérêt était de 9 % ? Expliquez pourquoi. _____

_____

_____

_____

_____

4. Selon la règle du 70, combien faut-il de temps pour que votre revenu double si on vous accorde une augmentation annuelle de 5 % ? Si vous commencez à travailler à l'âge de 23 ans, que vous gagnez 40 000 $ par année et qu'on vous accorde annuellement une augmentation de 5 %, combien gagnerez-vous au moment de prendre votre retraite, à 65 ans ? _____

_____

_____

5. Quelle propriété la fonction d'utilité d'un individu doit-elle posséder pour que ce dernier soit peu enclin à courir des risques ? Expliquez pourquoi. _____

_____

_____

6. Supposons que chaque conducteur ait, en moyenne, un accident tous les 10 ans et que son véhicule soit alors déclaré perte totale. Les gens peuvent acheter une assurance dont la prime annuelle est égale à 1/10 de la valeur du véhicule. Une personne qui a une aversion pour le risque achèterait-elle une garantie Collision ? Expliquez pourquoi. _____

_____

_____

7. Quels sont les deux types de problèmes dont souffrent les marchés de l'assurance ? Expliquez pourquoi. En quoi ces problèmes touchent-ils particulièrement les gens qui ont une aversion pour le risque ?

_____

_____

_____

_____

8. Quels sont les deux types de risques auxquels une personne s'expose lorsqu'elle achète des actions ? Quel type de risque peut-on réduire au moyen de la diversification et sur quel type de risque la diversification n'a-t-elle pas d'effet ? Expliquez pourquoi. _____

_____

_____

_____

_____

_____

9. Qu'est-ce qui présente le plus de risques : des actions ou des obligations gouvernementales ? Expliquez pourquoi. Comment les gens peuvent-ils utiliser cette information pour diminuer le risque auquel ils s'exposent ? Si les gens se servent de cette information pour réduire le risque, qu'advient-il du rendement de leur portefeuille ? Expliquez pourquoi. _____

_____

_____

_____

_____

10. Quelles sont les deux façons dont les gens peuvent réduire le risque de leur portefeuille de placement ?

_____

_____

11. Pourquoi serait-il prudent de limiter les choix en matière de régime de pension en obligeant les gens à verser des contributions à un régime de retraite d'entreprise ou au Régime de pension du Canada ?

_____

_____

_____

12. Qu'est-ce que l'analyse fondamentale et quelles sont les trois façons d'effectuer une telle analyse ?

_____

_____

_____

## Problèmes pratiques

1. L'entreprise Rapides blancs peut acheter actuellement des canots pneumatiques pour la somme de 100 000 $. Elle prévoit que les embarcations lui rapporteront 40 000 $ à la fin de chacune des trois prochaines années.

a) Si le taux d'intérêt est de 12 %, quelle est la valeur actualisée de chacun des rendements annuels que l'entreprise espère obtenir ? _____

_____

_____

b) Si le taux d'intérêt est de 12 %, l'entreprise devrait-elle investir dans les canots ? Expliquez pourquoi. _____

_____

_____

c) Si le taux d'intérêt est de 7 %, l'entreprise devrait-elle investir dans les canots ? Expliquez pourquoi. _____

_____

_____

d) Comparez vos réponses aux questions b) et c). Quelle relation entre l'investissement et le taux d'intérêt mettent-elles en évidence ? _____

_____

_____

2. Indiquez quel type de problème touchant le marché de l'assurance (antisélection ou aléa moral) chacune des situations suivantes illustre et expliquez votre choix.

a) Suzanne achète une assurance-vie au coût offert aux non-fumeurs et, après avoir effectué la transaction, elle recommence à fumer. _____

_____

b) Bruno découvre qu'il souffre d'une maladie du foie qui réduit son espérance de vie. Il entreprend des démarches pour acheter une assurance-vie afin de procurer à ses enfants les fonds dont ils auront besoin pour poursuivre des études universitaires. _____

_____

c) Frédéric vient de changer d'emploi, ce qui l'obligera à faire la navette entre son domicile et Montréal. Comme il craint d'être impliqué dans un accident de la route à cause de la densité de la circulation, il décide d'augmenter la protection garantie par son assurance.

_____

_____

_____

3. Rachel a de nombreuses aversions alimentaires. Quand elle choisit un restaurant, elle décide toujours d'aller là où on offre un buffet afin de ne pas avoir à commander un plat inscrit au menu qu'elle risque de ne pas aimer. Elle sait que dans les restaurants de ce type, la nourriture est très ordinaire, et qu'en ne fréquentant pas d'autres endroits, elle se prive de la chance de goûter à des plats exceptionnels qui lui procureraient un véritable plaisir. Par contre, il ne lui arrive jamais de se faire servir de la nourriture qu'elle ne veut pas manger.

a) Est-ce que Rachel retire autant d'utilité d'un repas gastronomique qu'elle n'en perd si elle doit manger un repas qui lui déplaît? Expliquez votre choix. _____

_____

_____

b) Que pouvez-vous affirmer au sujet de la fonction d'utilité de Rachel compte tenu de ses choix en matière de risque? Expliquez pourquoi. _____

_____

_____

_____

c) Comment le fait que Rachel puisse aller dans un restaurant où on offre un buffet l'aide-t-elle à réduire le risque? Expliquez pourquoi. _____

_____

_____

_____

_____

## Pensée critique

Vous êtes inscrit à l'École des hautes études commerciales d'une université de renom, où les frais de scolarité sont très élevés. Vers la fin de la dernière année, vos parents vous rendent visite à la résidence universitaire. Au moment où ils entrent dans votre chambre, vous êtes en train de lancer des fléchettes au hasard sur les pages financières d'un quotidien fixées à votre tableau d'affichage. Vous leur dites que vous avez reçu une prime à la signature du contrat avec l'entreprise où vous allez travailler après avoir obtenu votre diplôme, et que vous êtes en train de choisir les actions dans lesquelles vous allez investir. Vos parents sont consternés et se sentent en droit d'exiger qu'on leur remette l'argent qu'ils ont dépensé pour vos études. Votre père affirme: «Il existe sûrement un meilleur moyen de choisir des actions. Je peux te donner le numéro de téléphone de mon conseiller en placements, ou alors achète au moins un fonds commun de placement connu et bien géré.»

1. Quelle méthode d'évaluation des actions votre père vous suggère-t-il d'employer et quel est l'objectif de cette méthode? _____

_____

_____

2. Expliquez à vos parents ce qu'est l'hypothèse d'efficience des marchés. Si cette hypothèse est exacte, la méthode proposée par votre père pour choisir des actions permet-elle d'atteindre le même objectif?

_____

_____

_____

_____

_____
_____
_____

3. Si l'hypothèse de l'efficience des marchés est exacte, quel est alors le seul objectif que vous poursuivez en lançant des fléchettes ? Expliquez pourquoi. _____

_____

4. Si l'hypothèse de l'efficience des marchés est exacte, quelle méthode devrait vous assurer le rendement le plus élevé à long terme : le lancer de fléchettes ou l'achat de titres d'un fonds commun à gestion active ? Expliquez pourquoi. _____

_____
_____
_____
_____
_____
_____
_____

## SOLUTIONS

### Questions de type « vrai ou faux »

1. Faux ; la valeur actualisée de 1000 $ dans un an est égale à 1000 $/1,10 = 909,09 $.

2. Vrai.

3. Faux ; si le revenu d'une personne croît à un taux de $x$ %, alors il double en $70/x$ années.

4. Faux ; 10 $ la première année, 11 $ la deuxième et 12,10 $ la troisième, ce qui donne un total de 33,10 $.

5. Vrai.

6. Vrai.

7. Faux ; la réduction d'utilité associée à une perte de 1000 $ est plus grande.

8. Vrai.

9. Vrai.

10. Faux ; la diversification réduit le risque de marché.

11. Faux ; la diversification d'un portefeuille qui fait passer le nombre d'actions de 1 à 10 réduit davantage le risque.

12. Vrai.

13. Faux ; si les marchés sont efficients, les actions sont toujours correctement évaluées.

14. Vrai.

15. Vrai.

# Questions à choix multiple

| | | | |
|---|---|---|---|
| 1. C | 6. D | 11. B | 16. A |
| 2. C | 7. E | 12. B | 17. D |
| 3. B | 8. D | 13. C | 18. C |
| 4. A | 9. C | 14. D | 19. B |
| 5. B | 10. A | 15. B | 20. C |

# Questions à réponse brève

1. Vous devriez choisir de recevoir 110 $ dans un an parce que la valeur actualisée de 110 $ dans un an est égale à 110 $/1,06 = 103,77 $ ; elle est donc supérieure à 100 $.

2. Après un an : 100 $(1,08) = 108 $ ; après deux ans : 100 $(1,08)$^2$ = 100 $(1,1664) = 116,64 $. Le compte rapporte 0,64 $ de plus en intérêts la seconde année parce qu'il rapporte des intérêts sur les intérêts versés la première année : 0,08(8 $) = 0,64 $.

3. La somme minimale que vous devriez accepter est la valeur actualisée des versements successifs qui est égale à :

$$100\,000\,\$/1,09 + 100\,000\,\$/(1,09)^2 + 100\,000\,\$/(1,09)^3 = 91\,743,12\,\$ + 84\,168,00\,\$ + 77\,218,35\,\$$$
$$= 253\,129,47\,\$.$$

4. 70/5 = 14 ans. Votre revenu doublerait trois fois durant la période de 42 ans :
40 000 $(2)$^3$ = 320 000 $ par année.

5. L'utilité marginale décroissante. L'augmentation de l'utilité attribuable à un bénéfice de 1 $ est moins importante que la réduction de l'utilité attribuable à une perte de 1 $.

6. Oui. À cause de l'utilité marginale décroissante, la réduction de l'utilité attribuable à un seul paiement effectué pour remplacer un véhicule est plus élevée que la réduction de l'utilité attribuable au versement de 10 primes égales à 1/10 de la valeur du véhicule.

7. Antisélection : les personnes à risque élevé ont davantage tendance à acheter une assurance que les personnes à faible risque. Aléa moral : une fois que les gens ont acheté une assurance, ils ont moins de raisons de se montrer prudents. Il s'ensuit que le prix d'une assurance est souvent trop élevé pour les personnes à faible risque, de sorte qu'ils n'en achètent pas.

8. Le risque spécifique, qui est l'incertitude associée à une entreprise donnée, et le risque de marché, qui est l'incertitude associée à l'économie dans son ensemble. On peut éliminer le risque spécifique au moyen de la diversification, puisque si une entreprise a un mauvais rendement, une autre entreprise, n'ayant pas de lien avec la première, peut avoir un bon rendement, ce qui réduit la volatilité du rendement total. Il est impossible de réduire le risque de marché parce que, si l'économie dans son ensemble se porte mal, un portefeuille de placement a nécessairement un mauvais rendement.

9. Des actions, parce que l'écart type du rendement d'obligations gouvernementales est nul et que l'écart type du rendement d'actions est nettement plus élevé. Les gens peuvent modifier la proportion de leur investissement destinée à l'achat d'actions et la proportion destinée à l'achat d'obligations gouvernementales, qui ne comportent aucun risque. Les actifs à faible risque ont un rendement peu élevé, de sorte que le fait d'augmenter la proportion d'obligations gouvernementales d'un portefeuille en réduit le rendement total.

10. Diversifier leur portefeuille et accepter un rendement plus faible de leur portefeuille.

11. Certaines personnes ont peu de maîtrise de soi, prennent de mauvaises décisions et font preuve d'une confiance aveugle. Il s'ensuit qu'elles peuvent omettre de diversifier leur portefeuille et prendre des risques élevés.

12. La détermination de la valeur d'une entreprise au moyen de l'étude de ses états financiers et de ses perspectives d'avenir. On peut effectuer une telle analyse soi-même, s'en remettre à un analyste en investissements ou acheter des titres d'un fonds commun de placement à gestion active.

## Problèmes pratiques

1. a) $40\,000\,\$/1,12 = 35\,714,29\,\$$ ; $40\,000\,\$/(1,12)^2 = 31\,887,76\,\$$ ; $40\,000\,\$/(1,12)^3 = 28\,471,21\,\$$.

   b) Non, le coût est de $100\,000\,\$$, tandis que la valeur actualisée du rendement est de seulement $96\,073,26\,\$$.

   c) Oui. Bien que le coût soit toujours de $100\,000\,\$$, la valeur actualisée du rendement est alors égale à $40\,000\,\$/1,07 + 40\,000\,\$/(1,07)^2 + 40\,000\,\$/(1,07)^3 = 104\,972,65\,\$$.

   d) L'investissement est inversement proportionnel au taux d'intérêt ; une réduction des taux d'intérêt stimule l'investissement.

2. a) Aléa moral puisque, après avoir acheté une assurance, elle prend moins soin de sa santé.

   b) Antisélection puisque, après avoir appris que son espérance de vie est inférieure à la moyenne, il entreprend des démarches pour acheter une assurance-vie.

   c) Antisélection puisque que, une fois qu'il sait que le risque qu'il court d'avoir un accident de la route est plus élevé que la moyenne, il entreprend des démarches pour accroître la garantie que lui offre son assurance auto.

3. a) Non. Elle déteste davantage devoir consommer de la nourriture qui ne lui plaît pas qu'elle n'aime consommer de la nourriture qui lui plaît beaucoup.

   b) Rachel a une aversion pour le risque, puisqu'elle présente une utilité marginale décroissante (elle déteste davantage dépenser, par exemple 30 $ pour un repas qui ne lui plaît pas, qu'elle n'aime dépenser 30 $ pour un repas qu'elle adore).

   c) Elle peut diversifier le risque en fréquentant les restaurants qui offrent un buffet : elle ne met pas tous ses œufs dans le même panier. Ainsi, elle réduit l'écart type de la qualité des repas qu'elle prend au restaurant puisqu'ils sont toujours acceptables, mais jamais mauvais ni excellents. On peut comparer un buffet à un fonds commun de placement.

## Pensée critique

1. L'analyse fondamentale est l'étude détaillée des états financiers et des perspectives d'avenir d'une entreprise afin d'en déterminer la valeur. L'objectif est de choisir des actions sous-évaluées, c'est-à-dire dont le prix est inférieur à leur juste valeur.

2. L'hypothèse de l'efficience des marchés stipule que le marché des actions est efficient du point de vue de l'information, en ce sens qu'il reflète toutes les informations disponibles sur la valeur des actions négociées. Autrement dit, les participants de ce marché surveillent de près les nouvelles susceptibles de modifier la valeur des actions. Étant donné qu'à tout moment le nombre d'acheteurs d'une action est égal au nombre de vendeurs, le nombre de personnes qui pensent qu'une action est sous-évaluée est égal au nombre de personnes qui pensent qu'elle est surévaluée. Ainsi, une action est correctement évaluée en tout temps et son prix devrait suivre une marche aléatoire. Si l'hypothèse de l'efficience des marchés est exacte, il est impossible de n'acheter que des actions sous-évaluées.

3. La seule chose à faire est de diversifier son portefeuille de manière à réduire le risque spécifique.

4. Si vous lancez suffisamment de fléchettes pour éliminer le risque spécifique (de manière que votre portefeuille ressemble plus ou moins à l'ensemble du marché, comme un fonds indiciel) et si vous achetez des actions et les conservez (autrement dit, vous faites peu de transactions), alors le lancer de fléchettes vous permettra probablement d'obtenir le rendement le plus élevé. Cela s'explique par le fait que les spécialistes des fonds communs de placement à gestion active ont tendance à effectuer de nombreuses transactions, ce qui augmente les coûts d'opération, et qu'ils chargent des frais en échange de leur prétendue expertise, en étant toutefois incapables de réduire le risque de marché.

# PARTIE 7

## CHAPITRE 18

# CINQ CONTROVERSES SUR LA POLITIQUE MACROÉCONOMIQUE

## APERÇU DU CHAPITRE

### Contexte et objectif

Le chapitre 18 est le dernier chapitre du manuel. Il traite de cinq questions de macroéconomie non résolues, qui sont toutes au cœur de débats politiques actuels. On peut l'étudier en entier, séparément ou en étudier les différentes parties concurremment avec les chapitres consacrés à des sujets connexes.

L'objectif du chapitre 18 est de présenter des points de vue opposés sur cinq grandes questions en politique macroéconomique qui font l'objet de controverses. On y applique l'information et les outils acquis tout au long de l'étude du manuel. Il devrait aider le lecteur à prendre position sur les questions analysées ou, du moins, à comprendre le raisonnement de ceux qui prennent position.

### Indications utiles

1. *Une politique qui déstabilise l'économie éloigne celle-ci du niveau de production naturel.* On appelle « politique de stabilisation » l'application de politiques monétaire et budgétaire qui visent à rapprocher l'économie du niveau de production naturel. Cependant, si une politique de stabilisation ne produit ses effets qu'après une longue période, d'une durée imprévisible, l'économie sera peut-être revenue d'elle-même au niveau de production naturel (après un choc d'offre ou de demande agrégée) avant que la politique ne commence à agir. Si c'est le cas, la politique de stabilisation éloigne alors l'économie du niveau de production naturel et elle est en fait déstabilisante.

2. ***Un cycle politique comporte généralement une expansion monétaire avant une élection et une contraction monétaire après l'élection.*** Dans l'analyse du cycle politique présentée dans le manuel, il est question du comportement des dirigeants avant une élection. On y affirme qu'une expansion monétaire pré-électorale peut faire augmenter la production et réduire le chômage, et ainsi accroître les chances du parti au pouvoir d'être réélu. Cependant, comme une telle politique risque de causer de l'inflation, ce genre d'abus de pouvoir s'accompagne généralement de l'application après l'élection d'une contraction monétaire visant à réduire les pressions inflationnistes. Ainsi, l'économie aurait tendance à fluctuer entre une bonne performance avant une élection et une mauvaise performance après l'élection.

3. ***La majorité des économistes sont en faveur d'un équilibre budgétaire cyclique.*** Les dépenses du gouvernement fédéral et les revenus d'impôt dépendent du niveau de production. Par exemple, lorsque celui-ci est supérieur au niveau de production naturel, les versements de prestations d'assurance emploi diminuent et les revenus d'impôt augmentent, ce qui fait tendre l'économie vers un surplus budgétaire. Par contre, quand la production est inférieure à son niveau naturel, les versements de prestations d'assurance emploi augmentent et les revenus d'impôt diminuent, ce qui fait tendre l'économie vers un déficit budgétaire. L'application de règles rigides selon lesquelles le budget devrait constamment être équilibré exigerait que le gouvernement réduise ses dépenses ou augmente les impôts en période de récession, et qu'il augmente ses dépenses ou réduisent les impôts en période d'expansion économique, ce qui, dans les deux cas, ne ferait que déstabiliser davantage l'économie. La majorité des économistes suggèrent donc que le gouvernement équilibre le budget pour la durée d'un cycle économique, c'est-à-dire qu'il tende vers ce qu'on appelle un équilibre budgétaire cyclique, plutôt que de tenter d'équilibrer le budget pour une période d'un an, année après année.

# EXERCICES D'AUTORÉVISION

## Questions de type « vrai ou faux »

_____ 1. Une politique monétaire met un certain temps à se concrétiser, mais une politique budgétaire agit immédiatement.

_____ 2. Une politique monétaire peut faire l'objet d'incohérence intertemporelle parce qu'il est avantageux pour les dirigeants d'appliquer une politique qui diffère de celle qu'ils avaient annoncée antérieurement.

_____ 3. L'expression « cycle politique » désigne une situation où des dirigeants de sociétés jouent aussi le rôle de représentants élus.

_____ 4. Les opposants à l'indépendance de la banque centrale mettent de l'avant que la politique monétaire ne constitue pas un outil efficace pour influencer les électeurs.

_____ 5. Les partisans d'un objectif d'inflation nulle affirment que, d'une part, le coût de réduction de l'inflation est temporaire et que, d'autre part, les bénéfices sont permanents.

_____ 6. Les opposants à une politique monétaire ayant comme objectif une inflation nulle avancent que l'indexation des fourchettes d'imposition et des obligations d'État est susceptible d'éliminer certains des coûts associés à l'inflation.

_____ 7. La dette publique a comme effet de redistribuer la richesse de la génération actuelle aux générations futures.

_____ 8. Le gouvernement canadien a affiché un déficit budgétaire uniquement en période de guerre ou de récession.

_____ 9. Le remplacement de l'impôt sur le revenu par une taxe à la consommation est susceptible d'accroître l'épargne, mais il a aussi comme effet défavorable d'avantager les riches aux dépens des pauvres.

_____ 10. Une réduction de l'impôt sur le revenu du capital fait augmenter l'épargne seulement si l'effet de substitution d'une hausse du revenu d'intérêt net d'impôt est plus important que l'effet de revenu.

## Questions à choix multiple

1. Si les consommateurs et les entreprises sont pessimistes en ce qui concerne la conjoncture économique, laquelle des décisions suivantes est un exemple de politique de stabilisation contre-cyclique ?
   A. Les décideurs choisissent d'augmenter la masse monétaire.
   B. Les décideurs choisissent d'augmenter les impôts.
   C. Les décideurs choisissent de réduire les dépenses publiques.
   D. Les décideurs choisissent d'augmenter les taux d'intérêt.
   E. Aucune de ces réponses.

2. Lequel des arguments suivants n'est pas utilisé par les économistes qui affirment que les décideurs ne devraient pas essayer de stabiliser l'économie ?
   A. Étant donné que les effets d'une politique de stabilisation sur l'économie tardent à se concrétiser, une politique bien intentionnée risque d'être déstabilisante.
   B. Étant donné qu'il est difficile de prédire les chocs économiques, une politique bien intentionnée risque d'être déstabilisante.
   C. Une politique de stabilisation n'a aucun effet sur l'économie, que ce soit à court ou à long terme.
   D. Le premier principe à respecter lors de l'élaboration de politiques devrait être de ne pas nuire.

3. Quelle expression emploie-t-on pour désigner des fluctuations économiques attribuables à la manipulation de l'économie par un élu à des fins électorales ?
   A. Cycle politique.
   B. Incohérence intertemporelle des politiques.
   C. Effet discrétionnaire.
   D. Effet de substitution.
   E. Effet de revenu.

4. Comment nomme-t-on l'écart entre la politique annoncée et l'action entreprise ?
   A. Le cycle politique.
   B. L'incohérence intertemporelle des politiques.
   C. L'effet discrétionnaire.
   D. L'effet de substitution.
   E. L'effet de revenu.

5. Lequel des arguments suivants n'est pas utilisé par les économistes qui soutiennent que la politique monétaire devrait être élaborée par une banque centrale indépendante ?

   A. L'indépendance de la banque centrale élimine les problèmes liés au cycle politique.

   B. L'indépendance de la banque centrale assure un taux d'inflation moins élevé à long terme.

   C. L'indépendance de la banque centrale oblige les responsables à rendre des comptes quant aux décisions en matière de politique monétaire.

   D. L'indépendance de la banque centrale élimine le problème de l'incohérence intertemporelle des politiques.

6. Lequel des événements suivants est un exemple de politique active qui déstabilise encore davantage l'économie ?

   A. Les entreprises font preuve de pessimisme et la Banque du Canada réagit en réduisant les taux d'intérêt.

   B. Les consommateurs font preuve de pessimisme et les responsables de l'élaboration des politiques budgétaires réagissent en réduisant les impôts.

   C. Les entreprises font preuve d'un optimisme excessif et la Banque du Canada réagit en réduisant la masse monétaire.

   D. Les consommateurs font preuve de pessimisme et les responsables de l'élaboration des politiques budgétaires réagissent en réduisant les dépenses publiques.

7. Lequel des arguments suivants n'est pas utilisé par les économistes en faveur d'un objectif d'inflation nulle en matière de politique monétaire ?

   A. L'inflation comporte des coûts économiques, tels les coûts d'usure et d'affichage.

   B. Si on maintient l'inflation nulle, le niveau de vie n'est plus érodé par la chute des revenus associée à une hausse de l'inflation.

   C. Le coût de réduction de l'inflation au niveau zéro est temporaire, tandis que les bénéfices sont permanents.

   D. Le coût de réduction de l'inflation au niveau zéro est moins élevé si la politique d'objectif d'inflation nulle est crédible.

8. La dette publique :

   A. a comme effet de redistribuer la richesse des générations futures à la génération actuelle.

   B. a comme effet de redistribuer la richesse de la génération actuelle aux générations futures.

   C. n'a aucun effet de redistribution de la richesse.

   D. Aucune de ces réponses.

9. Lequel des énoncés suivants à propos du déficit budgétaire du gouvernement est faux ?

   A. Un déficit budgétaire redistribue la charge d'une partie des dépenses courantes aux futurs contribuables.

   B. Un déficit budgétaire réduit l'épargne nationale.

   C. Un déficit budgétaire est le seul moyen de répartir les impôts entre plusieurs générations de contribuables.

   D. Un déficit budgétaire réduit l'investissement en capital, la productivité à venir et, par conséquent, les revenus futurs.

10. Les économistes qui soutiennent que la banque centrale ne devrait pas se donner un objectif d'inflation nulle reconnaissent que :

    A. les coûts sociaux d'une désinflation sont moins élevés que ses coûts économiques.
    B. les coûts de réduction de l'inflation sont imposés essentiellement aux travailleurs qui perdent leur emploi.
    C. ceux qui perdent leur emploi sont souvent les travailleurs les plus qualifiés et qui ont le plus d'expérience.
    D. Aucune de ces réponses.

11. Lequel des arguments suivants n'est pas utilisé par les économistes qui soutiennent qu'il n'est pas nécessaire que le gouvernement réduise la dette publique ?

    A. La dette publique par habitant est peu élevée comparativement au revenu à vie d'une personne.
    B. Si les parents augmentent leur épargne, de manière à léguer plus de biens, les déficits budgétaires n'entraînent pas de redistribution intergénérationnelle de la richesse.
    C. Les déficits budgétaires ne causent pas de charge de plus en plus lourde à la condition que la dette n'augmente pas plus rapidement que le revenu nominal du pays.
    D. Les déficits budgétaires font augmenter la croissance économique parce qu'ils redistribuent une partie de la richesse de la génération actuelle aux générations futures.

12. Laquelle des modifications suivantes du régime fiscal est susceptible d'encourager l'épargne, mais d'augmenter aussi le fardeau fiscal des personnes à faible revenu ?

    A. Une réduction de l'impôt sur le rendement de l'épargne.
    B. Une augmentation de la contribution maximale des ménages à un REER.
    C. Une augmentation de la TPS de 7 % à 9 % et une réduction du taux d'imposition du revenu des particuliers.
    D. Le remplacement de l'impôt sur le revenu par une taxe à la consommation.
    E. Toutes ces réponses.

13. Une réduction des impôts qui engendre une augmentation du rendement après impôt de l'épargne fait augmenter l'épargne de l'économie nationale si :

    A. l'effet de substitution attribuable à l'augmentation du rendement après impôt de l'épargne est supérieur à l'effet de revenu.
    B. l'effet de revenu attribuable à l'augmentation du rendement après impôt de l'épargne est supérieur à l'effet de substitution.
    C. l'effet de revenu attribuable à l'augmentation du rendement après impôt de l'épargne est égal à l'effet de substitution.
    D. la politique fait l'objet d'incohérence intertemporelle des politiques.

14. Une réforme fiscale qui encourage l'épargne tend à :

    A. déplacer le fardeau fiscal des personnes à faible revenu vers les personnes à revenu élevé.
    B. déplacer le fardeau fiscal des personnes à revenu élevé vers les personnes à faible revenu.
    C. réduire le taux de croissance de la production.
    D. réduire le déficit budgétaire.

15. L'incohérence intertemporelle d'une politique monétaire a comme effet de :

    A. déplacer la courbe de Phillips à long terme vers la droite.
    B. déplacer la courbe de Phillips à long terme vers la gauche.
    C. déplacer la courbe de Phillips à court terme vers le haut.
    D. déplacer la courbe de Phillips à court terme vers le bas.

# Questions à réponse brève

1. Pourquoi l'amélioration de la capacité à prédire les chocs macroéconomiques permet-elle de mieux utiliser les politiques de stabilisation ? _____

   _____

   _____

2. Donnez deux raisons pour lesquelles les économistes sont en faveur de l'indépendance de la banque centrale. _____

   _____

   _____

3. Pourquoi les coûts de l'inflation sont-ils permanents, alors que les coûts associés à la réduction de l'inflation ne sont que temporaires ? _____

   _____

   _____

   _____

4. Que peut faire le gouvernement fédéral pour réduire une partie des coûts d'une inflation persistante ?

   _____

5. Nommez deux effets indésirables de la dette publique pour les générations futures.

   _____

   _____

6. Est-ce que l'équilibre du budget du gouvernement fédéral garantit l'élimination de toute redistribution intergénérationnelle de la richesse ? Expliquez pourquoi. _____

   _____

   _____

   _____

   _____

7. Si on veut qu'une augmentation du rendement après impôt de l'épargne entraîne une augmentation de l'épargne, lequel des deux effets, de substitution ou de revenu, doit être plus grand que l'autre ? Expliquez pourquoi.

   _____

   _____

   _____

   _____

8. Pourquoi une réforme fiscale visant à encourager l'épargne a-t-elle tendance à faire augmenter le fardeau fiscal des personnes à faible revenu ? _____

_____

_____

_____

_____

## Problèmes pratiques

1. Supposons qu'une vague de pessimisme frappe les consommateurs et les entreprises, et que cela les amène à réduire leurs dépenses.

   a) Représentez cet événement à l'aide du modèle de l'offre et de la demande agrégées en supposant que l'économie soit initialement à son niveau d'équilibre à long terme.

   b) Quelles politiques monétaire et fiscale constituent une politique active appropriée dans les circonstances ? Dans quel sens une telle politique active déplacerait-elle la courbe de la demande agrégée ?

   _____

   _____

c) Supposons que l'économie puisse s'ajuster d'elle-même un an après le déclenchement de la récession dont il est question en a), et que les pouvoirs politiques décident d'appliquer une politique budgétaire visant à stabiliser l'économie, mais que le débat à savoir si l'on devrait diminuer les impôts ou augmenter les dépenses dure depuis plus de deux ans. Représentez ces événements à l'aide du modèle de l'offre et de la demande agrégées.

d) Décrivez la série d'événements représentée par le graphique que vous avez tracé en c).

_____

_____

_____

_____

_____

e) La politique budgétaire active a-t-elle stabilisé ou déstabilisé l'économie ? Expliquez pourquoi.

_____

_____

_____

2. Supposons que la Banque du Canada annonce à plusieurs reprises qu'elle veut stabiliser les prix et qu'elle vise une inflation nulle. Toutefois, l'inflation se maintient à 3 %.

a) Le comportement de la Banque du Canada fera-t-il baisser le chômage sous son niveau naturel à long terme ? Expliquez pourquoi. _____

_____

_____

b) Une fois que les gens ont fixé l'anticipation inflationniste à 3 %, que se passerait-il à court terme si la Banque du Canada réussissait à atteindre l'objectif d'inflation nulle ?

_____

_____

c) Serait-il utile que le Parlement vote une loi selon laquelle la Banque du Canada doit viser une infla-tion nulle ? Expliquez pourquoi. _____

_____

_____

_____

## Pensée critique

Ceux qui s'opposent à ce que le gouvernement affiche un déficit budgétaire soutiennent, entre autres, qu'un déficit amène une redistribution intergénérationnelle de la richesse en permettant à la génération actuelle de jouir des effets bénéfiques des dépenses publiques, alors que les générations futures auront à en assumer le coût.

1. Selon vous, dans lequel des deux cas suivants la redistribution intergénérationnelle de la richesse est-elle plus importante ? Expliquez pourquoi.

   a) Le gouvernement augmente les dépenses en matière de programmes sociaux en achetant des pommes et des oranges pour les personnes à faible revenu, mais il n'augmente pas les impôts, ce qui entraîne une augmentation du déficit budgétaire.

   b) Le gouvernement augmente les dépenses relatives aux ponts, aux routes et aux immeubles, mais il n'augmente pas les impôts, ce qui fait augmenter le déficit budgétaire.

   _____

   _____

   _____

2. À partir de la question 1, quelle règle permettant d'évaluer si un déficit budgétaire est équitable ou non pour chaque génération peut-on tirer ?

   _____

   _____

   _____

3. Pourquoi la règle suggérée à la question 2 risque-t-elle d'être difficile à appliquer ?

   _____

   _____

## SOLUTIONS

### Questions de type « vrai ou faux »

1. Faux ; la politique budgétaire met beaucoup de temps à se concrétiser à cause du processus politique.

2. Vrai.

3. Faux ; on observe un cycle politique lorsque des élus manipulent l'économie afin d'augmenter leurs chances d'être réélus.

4. Vrai.

5. Vrai.

6. Vrai.

7. Faux ; la dette publique redistribue la richesse des générations futures à la génération actuelle.

8. Faux ; durant les années 1980 et une partie des années 1990, le gouvernement canadien a affiché un déficit budgétaire, même si c'était une période de paix et de prospérité relative.

9. Vrai.

10. Vrai.

### Questions à choix multiple

| | | | |
|---|---|---|---|
| 1. A | 5. C | 9. C | 13. A |
| 2. C | 6. D | 10. B | 14. B |
| 3. A | 7. B | 11. D | 15. C |
| 4. B | 8. A | 12. E | |

### Questions à réponse brève

1. Il faut prédire les chocs macroéconomiques des mois, ou même des années, à l'avance parce que la mise en application d'une politique de stabilisation active demande beaucoup de temps.

2. L'indépendance de la banque centrale permet d'éluder les difficultés liées au cycle politique et à l'incohérence intertemporelle des politiques.

3. L'inflation impose constamment des coûts économiques, notamment des coûts d'usure et d'affichage. La réduction de l'inflation au niveau zéro fait augmenter le chômage temporairement, mais elle élimine les coûts continus de l'inflation.

4. Indexer les fourchettes d'imposition et émettre des obligations indexées.

5. La dette publique fait augmenter les impôts futurs et baisser les revenus futurs en réduisant le capital national.

6. Non. Plusieurs politiques gouvernementales peuvent entraîner une redistribution intergénérationnelle de la richesse. Par exemple, une augmentation des prestations du Régime de pensions du Canada versées aux bénéficiaires actuels est financée par une augmentation des cotisations sociales payées par les travailleurs actuels. Ainsi, une partie du revenu est redistribuée des personnes ayant l'âge de travailler aux personnes à la retraite.

7. L'effet de substitution doit être plus grand que l'effet de revenu. Une augmentation du rendement après impôt de l'épargne incite les gens à épargner davantage, de sorte qu'ils consacrent à l'épargne des sommes qu'ils auraient autrement attribuées à des dépenses de consommation courante. Par contre, l'effet de revenu d'une augmentation du rendement après impôt de l'épargne amène les gens à réduire le montant de l'épargne effectuée en prévision d'une consommation future.

8. Les personnes à revenu élevé épargnent davantage que les personnes à faible revenu, de sorte qu'une réduction des impôts favorise les plus riches de façon disproportionnée. Donc, si on veut maintenir les recettes fiscales, il faudra peut-être accroître les taxes à la consommation, ce qui représente un fardeau additionnel pour les plus pauvres.

## Problèmes pratiques

1. a)

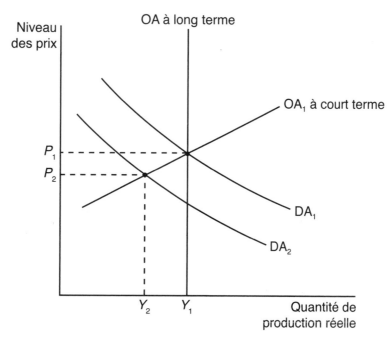

b) Augmenter la masse monétaire et les dépenses publiques, et réduire les impôts. Une telle politique déplacerait la courbe de la demande agrégée vers la droite.

c)

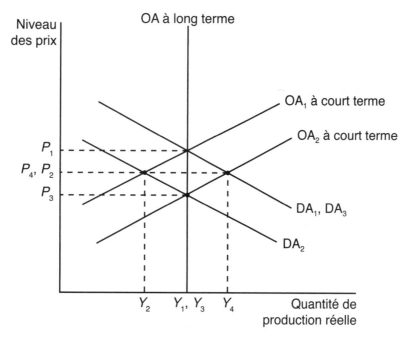

d) Au fur et à mesure que l'offre agrégée se déplace vers la droite, l'économie s'ajuste au point d'intersection de l'offre agrégée à court terme $OA_2$ et de la demande agrégée à court terme $DA_2$. La politique de demande agrégée expansionniste entraîne ensuite un déplacement de la demande agrégée en $DA_3$ et l'économie se déplace au point d'intersection de l'offre agrégée à court terme $OA_2$ et de la demande agrégée à court terme $DA_3$.

e) Elle a déstabilisé l'économie parce que celle-ci était déjà revenue au niveau de production naturel, de sorte que l'augmentation de la demande agrégée a fait augmenter la production au-dessus de son niveau naturel.

2. a) Non. À long terme, les gens vont s'attendre à ce que le taux d'inflation soit de 3 %, et les salaires et les prix vont augmenter en conséquence.

   b) L'économie se déplacerait vers le bas le long d'une courbe de Phillips à court terme et l'inflation diminuerait, tandis que le chômage augmenterait au-dessus de son niveau naturel.

   c) Oui. Une annonce de la Banque du Canada selon laquelle celle-ci viserait une inflation nulle serait plus crédible et le déplacement vers cet objectif provoquerait une hausse du chômage moins importante.

## Pensée critique

1. Dans le cas a), parce que le gouvernement achète des biens de consommation qui ne seront donc pas utilisés par les générations futures. Dans le cas b), le gouvernement achète du capital physique, qui est durable et peut donc servir aux générations futures.

2. C'est plus équitable que le gouvernement affiche un déficit et exige de ce fait que les générations futures paient des dépenses actuelles si ces dernières sont attribuées à des biens capitaux utilisables par les générations futures.

3. Presque chaque groupe d'intérêt peut soutenir que ses dépenses auront un effet positif sur les générations futures, qu'il s'agisse de dépenses dans le secteur militaire, dans le secteur de l'éducation, etc.